리더십 강의

리더십 강의

2017년 6월 15일 초판 발행
2018년 4월 10일 수정증보판 발행

지은이 | 이상국
펴낸이 | 이찬규
펴낸곳 | 북코리아
등록번호 | 제03-01240호
주소 | 13209 경기도 성남시 중원구 사기막골로 45번길 14
우림2차 A동 1007호
전화 | 02-704-7840
팩스 | 02-704-7848
이메일 | sunhaksa@korea.com
홈페이지 | www.북코리아.kr
ISBN | 978-89-6324-554-6 (93320)

값 19,000원

* 이 도서의 국립중앙도서관 출판예정도서목록(CIP)은 서지정보유통지원시스템 홈페이지(http://seoji.nl.go.kr)와 국가자료공동목록시스템(http://www.nl.go.kr/kolisnet)에서 이용하실 수 있습니다. (CIP제어번호 : CIP2017013743)

리더십 강의

LEADERSHIP

이상국 지음

북코리아

수정증보판 서문

"책은 읽는 것인가? 보는 것인가? 어루만지는 것인가?
이 모두가 되는 것이 책이다.
책은 인공으로 된 모든 문화물 가운데
꽃이요, 천사요, 또한 제왕이기 때문이다."(이태준, 『무서록』)

하여 이러한 책을 만들고자 하였으나 초판을 내고 보니 미진한 부분이 있어 독자 여러분께 송구스러운 마음을 금치 못하다가, 다행히 선배 · 동학 여러분의 성원에 힘입어 수정 보완할 수 있는 기회를 갖게 되었습니다.

이 수정증보판에서는 어루만지고 싶은 책이 되기 위해 잡티 하나라도 제거하려고 노력하여 오자의 수정은 물론 약간의 가필과 보완을 하였습니다. 구체적으로 보면 II장 '2. 상황파악의 중요성' 부분에 실례 하나, IV장 '3. 일체화의 요소' 부분에 시 두 편, VI장 '3. 모델링의 요소' 부분에 시 한 편, '4. 모델링의 방법' 부분에 수필 한 구절, 그리고 VII장 결론 부분에 예화 하나를 보강하였습니다.

이제 이 수정증보판을 내며 약간의 위안을 가져보지만, 독자 여러분과 선배 · 동학 제현의 지적에 얼마나 부응했는지는 아직 미지수라고 봅니다. 그러나 앞으로도 아낌없는 지도 · 편달을 받아 부끄럼 없는 책이 되도록 계속 발전시켜 나아갈 것을 다짐하며, 이 책을 읽는 독자분들께 다음의 기도를 드립니다.

그대의 손엔 언제나 행운을 쥐고
그대의 발길음엔 언제나 징검다리가 놓이기를
그대의 가슴엔 이상을 향한 무지개가 뜨고
그대의 얼굴엔 밝은 햇살이 비추기를
그대의 이웃들은 서로 존중으로 맺어지고
그대의 이웃들과는 서로의 도우미이기를
그대의 겪어야 할 미래 슬픔과 고난은
그대의 가장 큰 기쁨과 영광으로 빛나기를
그리고, 그대의 전신에는 사랑의 기도가 있고
늘 신의 축복이 함께 하기를.

끝으로 출간된 지 얼마 되지 않은 이 책의 가필에 쾌히 응해 주신 북코리아 이찬규 사장님께 감사드리며, 완벽한 편집 · 교정에 애써주신 편집부 직원분들께 고마움을 표하는 바입니다.

2018년 1월 20일

이상국

서문

모든 사람은 행복하길 원한다.

행복으로 향하는 길은 즐겁고 보람찬 길이어야 한다.

우리 모두는 행복한 삶을 원한다.

아침에 눈뜨면 기대와 희망으로 힘이 솟고, 저녁 잠자리에서는 내일을 향한 꿈에 부풀어 잠들어야 한다.

아침을 맛나게 먹고 발걸음 가볍게 출근하여 직장 동료들과 함께 신나게 일하고 그 일터에서 꿈이 영글어야 한다.

일터에서 퇴근하며 부모님, 아내 또는 남편, 그리고 자녀들을 생각하며 제과점을 들러서 집으로 가는 기쁨과 여유로움이 있어야 한다.

거리에서 만나는 친구 또는 이웃들과 인정을 나누고 서로에게 도움이 되고 싶은 마음이 있어야 한다.

집에 돌아와 부모님께 문안 인사를 올리고,

부인 또는 남편의 따뜻한 눈길과 자녀들의 존경과 사랑을 받고, 지극한 자녀 사랑의 훈훈함이 있어야 한다.

우리들 서로가 그리며, 반갑게 맞아 주고, 반기는 그런 세상이어야 한다.

"타인은 지옥이다."(사르트르)가 아니라

"타인은 사랑이요 기쁨이다"라고 말하는 세상이어야 한다.

금수저도 흙수저도 아닌 친환경 나무수저가 좋은,

조화로운 우리가 되어야 한다.

"내가 원하는 우리나라는 세계에서 가장 부강한 나라가 아니라 세계에서 가장 아름다운 — 인의가 넘치고 자비가 넘치고, 사랑이 넘쳐흐르는 — 나라가 되기를 원한다"(백범 김구)는 그런 나라가 되어야 한다.

"아! 대한민국

저마다 누려야 할 행복이 언제나 자유로운 곳

저마다 자유로움 속에서 조화를 이뤄가는 곳

우리의 마음속에 이상이 끝없이 펼쳐지는 곳

우리의 모든 꿈은 끝없이 세계로 뻗어가는 곳

원하는 것은 무엇이건 얻을 수 있고

뜻하는 것은 무엇이건 될 수가 있어

이렇게 우린 은혜로운 이 땅을 위해

이렇게 우린 이 강산을 노래 부르네

아아 우리 대한민국 아아 우리 조국

아아 영원토록 사랑하리라."(정수라, 〈아! 대한민국〉)

이 같은 나라, 이 같은 사회, 이 같은 조직을 위하여 리더십이 필요하고, 그 같은 일을 할 수 있는 사람이 참리더인 것이다.

이를 외면하고 자신의 부와 권세만을 탐하여 많은 사람이 피눈물을 흘리게 만드는 자는 결코 리더가 아니며 그런 자들이 리더라고 판치는 세상은 불행으로 가득 찬 세상이다. 이런 버러지들은 결단코 리더가 되어서는 안 된다.

"모든 사람의 눈에서 눈물을 닦아 주고 싶다"(마하트마 간디)는 따뜻한 마음을 가진 분이 리더가 되어야 한다.

"그대(시민, 조직성원)의 행복을 위해 내가 할 수 있는 것이 있다면
기꺼이 그것을 하겠습니다"(대니얼 하그한)라는 신념을 갖고,
'나보다 먼저 그대를 위해' 결정을 내릴 줄 알고
행동할 수 있는 사람이 참리더인 것이다.

그런 리더의 탄생을 바라며, 참고 문헌에 올린 이 분야의 뛰어난 작품들, 그리고 우리 글로 빼어나게 번역을 해낸 번역서들에서 가려 뽑은 명문들을 바탕으로 이 강의안을 작성하였다.

내일의 이 사회를 아름답게 만들어 줄 참리더를 위하여
이 강의안을 바친다.

아울러 이 책의 디자인에서부터 자료 수집과 정리에 이르기까지 열성을 다해 준 이지성 과장(유니닥스)과 어려운 여건에서도 본서가 나올 수 있도록 출간에 정성을 다하여 준 북코리아 이찬규 사장님을 비롯한 관계자 여러분께 진심으로 감사의 뜻을 전한다.

2017년 6월

이상국

CONTENTS

CONTENTS

CONTENTS

I

리더십의 의의와 방향

희망을 달리자

리더는 희망의 배달부

(공자)

1. 리더십의 의의

"엄마는 나를 달달 볶아!"

엄마는 지금 달달 볶고 있는 것인가? 그런 줄 모른다.

오히려,

"애들이 왜 이렇게 에미 말을 안 듣고 속을 썩이는지 모르겠어.

다 지들 잘되라고 그러는데."

뭐가 문제인가?

리더십이다.

리더십(Leadership)은 모든 조직의 바탕이자 핵이요, 엔진이자 생명력이다.

바탕이 튼튼하지 못하면 아무것도 제대로 설 수도, 세울 수도 없으며, 핵이 없고 생명력이 없이는 그것이 무엇이든 성장 · 발전할 수 없으며, 그것들이 태생적으로 누려야 할 모든 것이 상실 · 거부당하고 만다. 더욱이 뛰어난 감성과 이성을 지니고 있는 인간에게 있어서는 더 말할 필요도 없다.

존 맥스웰(John C. Maxwell)은 "모든 일이 리더십에 따라 흥하기도 망하기도 한다" 하였고, 워런 베니스(Warren Bennis)는 "리더십은 조직의 생존과 발전을 위한 핵심 요소(central ingredient)이다"라 말하듯, 리더십은 예나 지금이나 또는 미래에도 그것이 어떠한 형태로든 조직을 존속·발전하도록 해 왔고 앞으로도 그리될 것이다.

오래전에 『포춘(*Fortune*)』 지가 21세기에 조직의 가장 중요한 요소가 무엇인가에 대해 세계의 유수한 조직체의 장들을 대상으로 한 설문조사 결과를 발표한 바 있는데, 가장 많은 응답이 바로 리더십(98%)이었다. 왜일까? 리더십은 우리 인간에게 새로운 희망을 꿈꾸게 하고, 보람을 심어 주고, 날개를 달아 주는 학문이기 때문이다.

그렇다면 그 같은 리더십이란 과연 무엇인가?

우리는 흔히 '앞에서 끌어 주는 것, 또는 끌고 가는 것'이라고들 말하고 있는데, 틀린 말은 아니다. 과거 초창기의 리더십은 조직 내에서 잘난, 훌륭한 사람이 다수의 그만 못한 사람들을 진두지휘한다는 자질론(Traits theory)이 지배적이었다. 그러다가 잘난, 뛰어난 사람들이 늘어나면서, 리더십은 리더 개인의 자질이 아니라 그 리더를 보좌하는 추종자들의 능력에 의하여 유효성이 좌우된다는 추종자중심론(Follower theory)이 한때 지배하였다. 그러다가 오늘날은 상황에 의하여 리더십의 유효성이 결정된다는 상황론(Situational theory)이 지배하고 있다.

이제 주요론자들의 리더십의 정의를 들어 보면, 테리(George R. Terry)는 "사람들로 하여금 집단목표를 위해 자발적으로 노력하도록(strive willingly) 구성원들에게 영향을 주는 행위"라 하였고, 윌리엄 코언(William A. Cohen)은 "다른 사람들이 자발적으로 어떤 임무 또는 목표를 성취하도록 유도하는 능력"이라 하였으며, 스질라기(Andrew D. Szilagyi)와 월리스(Marc J. Wallace)는 "목표달성을 위하여 어떤 사람이 다른 사람에게 영향을 미치는 과정"이라 하였고, 데이비스(Keith Davis) 와 뉴스트롬(John W. Newstrom)은 "조직성원들이 목표를 향하여 열심히 일하도록 용기를 주고 도와주는 하나의 과정"이라 하였으며, 허시(Paul Hersey)와 블랜처드(Kenneth H. Blanchard)는 "어떤 주어진 상황 내에서 목표달성을 위해 개인 또는 집단에 영향을 주는 과정"이라 하였다.

이상의 논의를 바탕으로 상황론의 입장에서, '리더십이란 주어진 상황 내에서 조직성원들로 하여금 조직목표의 효율적 달성에 공헌하도록 영향력을 발휘하는 과정 및 역할'이라고 정의하고 있으나, 개인적으로는 리더십을 '주어진 상황 내에서 조직성원들로 하여금 희구하는 목표를 보람차게 추구하도록 조력(leading, helping, mentoring)하는 행위'라고 정의하고 싶다.

2. 리더십의 방향: 효율적 달성

리더십의 지향점은 두말할 것도 없이 조직목표의 달성일 것이다. 그러나 문제는 그 목표를 어떻게 달성하느냐가 중요하다. 이를테면 말을 물가까지 끌고 가는데, 어떻게 끌고 가느냐(스스로 가게 하느냐, 아니면 때려서 끌고 가느냐)와 끌고 간 그 말에게 물을 먹이는데, 어떻게 먹이느냐(스스로 먹게 하느냐, 아니면 강제로 먹이느냐)의 방법이 중요한 문제이다.

리더가 조직성원들을 동원하여 일을 이루는 과정에서 조직성원들이 마지못해 그 일을 행한다면 과연 그것은 방법 면에서 문제가 없는 것인가?

진실로 우리가 원하는 것은 스스로 즐겁게 그 일의 성취를 이루는 것이다. 이것이 오늘의 유능한 리더가 추구하는 목표달성의 방향이자 리더십의 방향이다.

다음의 〈도표 1〉에서 허시와 블랜처드가 제시하고 있는 성공적 리더십과 효율적 리더십을 통하여 그 방향을 깊이 있게 생각하여 보자.

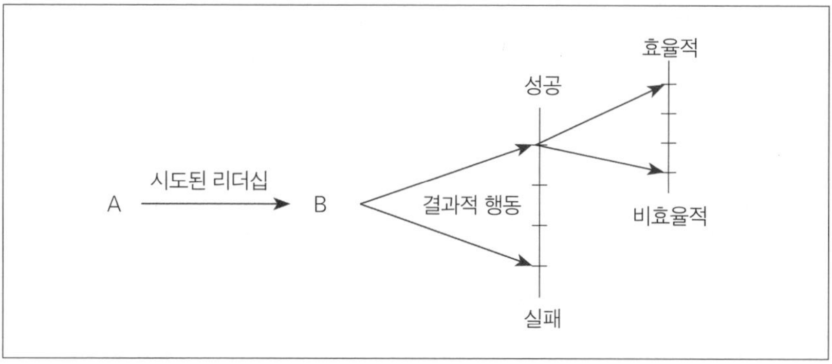

〈도표 1〉 성공적 리더십과 효율적 리더십

리더 A가 조직성원 B의 행위에 영향을 미치고자 한다면, 이것을 시도된 리더십(attempted leadership)이라고 할 수 있는데, A의 시도된 리더십은 B의 반응(행위 결과)에 따라 연속선 상의 성공과 실패 어느 쪽으로 그 결과가 나타날 것이다. 그런데 문제는, A의 시도된 리더십에 대한 B의 반응의 결과가 연속선 상의 성공 쪽에 위치한다 하더라도 그것이 과연 효율적이냐 하는 것에는 의문이 있다는 것이다. 만약 A의 시도된 리더십이 B의 기대에 배치되고 B가 A에 대하여 적대감을 가지고 있다면, 다만 A의 직권력(headship) 때문에 마지못해 일을 수행하였을 뿐이며, 그 결과는 성공적이라고는 말할 수 있어도 효율적이라고는 말할 수 없다. 효율적이기 위해서는 일차적으로 B의 만족이 있어야 하고, 종국적으로는 B의 행위 결과에 대한 모두의 만족이 있어야 하는 것이다.

다음의 두 예화를 통하여 이들을 이해해 보자.

〈예화 1〉

구소련의 개방과 개혁 정책을 주도한 고르바초프가 고향의 농업 담당 서기로 있을 때의 일이다.

그가 승용차를 타고 도로를 달리는데 앞서가던 트럭에서 감자가 떨어지고 있었다. 하지만 트럭 운전사는 떨어지는 감자를 무시하고 계속 달려갔다. 이를 이상하게 여긴 고르바초프는 트럭의 목적지까지 쫓아가 트럭 운전사에게 감자를 줍지 않고 달린 이유를 물었다.

트럭 운전수는 당당하게 "내 임무는 떨어진 감자를 줍는 것이 아니라 주어진 시간 안에 감자를 가져다주는 것입니다. 늦으면 벌점을 받거든요"라고 말했다.

〈예화 2〉

이 글은 법정 스님이 전하는 글이다.

종업원 여남은 명 있는 작은 제과점이 있었다.

그 제과점에 열아홉 살 된 여자 종업원이 있었다.

그 가게는 형식보다는 기본적인 생각을 중요시하는 가게였다.

인정(人情)을 잃으면 생각과 행동이 기계적으로 된다. 단지 사고파는 일에 그친다면 너무 야박하고 삭막하다.

그래서 이 가게에서는 "조그만 가게임을 부끄러워하지 말라. 그 조그만 가게에 당신의 인정의 아름다움을 가득 채워라"라는 모토를 갖고 다들 친절한 마음씨로 손님을 대한다.

하루는 이 열아홉 살 먹은 아가씨가 맨 늦게 가게 정리를 하고 문을 닫고 저만치 가다가 뒤돌아보니까 지붕 위에 눈을 잔뜩 뒤집어쓴 웬 승용차 한 대가 자신의 제과점 앞에 멈춰서는 것이 아닌가.

그래서 아가씨가 되돌아와 노크를 하니까 차창이 열리고 어떤 남자가 이런 얘기를 했다.

"내가 몇백 리 밖에서 오는 길인데 내 어머니가 앞으로 하루이틀밖에 못 사신다는 담당 의사의 말에 혹시 뭐 자시고 싶은 것이 있으시냐고 여쭈었더니, 어머니는 '예전에 어느어느 도시에 가니까 아주 맛있는 제과점이 있더라, 그 집 과자가 생각나는구나' 하시기에 이렇게 왔는데 아침에 출발했지만 눈이 많이 와서 차가 밀리는 바람에 이제(밤 10시)야 도착하게 되었습니다. 가게가 정확히 어딘지도 모를뿐더러 이 부근 제과점들이 이미 문이 닫혀 있어 실망이 너무 큽니다."

설명을 듣고 아가씨는 내가 이 가게 종업원이니까 잠깐만 기다리시라 하고, 안으로 들어가 불을 켜고 난로까지 켠 다음 그 손님을 들어오게 했다. 그러고는 어떤 과자인지도 모르지만 병석에 누워 계신 분이니까 소화가 잘될 것, 부드러운 것으로 자기가 골랐다.

과자를 싸 드리면서 아가씨는 눈길에 조심해서 가시라고 인사를 하며 과자 값은 안 받겠다고 한다. 그러면서 "이 세상 마지막에 저희 가게 과자를 잡숫고 싶다는 손님께 모처럼 저희가 드리는 성의입니다" 한다. 그러고는 혹시 과자가 더 필요할지도 모르니 명함이나 두고 가시라고 했다.

손님은 감격한 채 떠났고, 그 아가씨는 자기 지갑에서 따로 과자 값을 꺼내 자기가 대신 그날 매상에 추가했다. 그날 밤 그녀는 꿈을 꾸었는데, 노인이 과자를 먹다가 목이 메어서 고생하는 불길한 내용이었다.

다음 날 출근하자마자 마음에 걸려 명함의 연락처로 전화를 걸었다. 그러자 그 어머니가 운명하셨다고 하였다. 길이 막혀 돌아가는 길이 너무 늦어서 도착하기 30분 전에 돌아가셨다는 것이었다.

그 말을 들은 아가씨는 자세한 얘기도 하지 않고 가게 주인한테서 휴가를 얻어 내고, 바로 공장에 가서 장례식에 가지고 갈 과자를 주문했으며, 그 과자를 갖고 그 길로 장례식에 참석했다.

어제 과자를 사 갔던 그 손님이 깜짝 놀랐다. 그 고마웠던 아가씨가 장례식에까지 찾아올 줄이야.

아가씨는 영단에 향을 사르고 난 후,

"처음 뵙는 손님, 이 세상 마지막으로 우리 가게의 과자를 자시고 싶다고 말씀하신 분, 좋아하시는 과자를 떠나시는 길에 갖고 가시라고 인사차 왔습니다."

이렇게 축원을 한다.

이 글을 읽은 법정 스님은 그 아가씨의 모습에서 앞치마를 두른 천사와 보살의 모습을 볼 수 있었다고 하였다.

(류시화 엮음, 『산에는 꽃이 피네』, 동쪽나라, 1998)

앞의 〈예화 1〉은 성공적 리더십을 보여 준 것으로, 일이 효율적으로 이루어지지는 못하였다. 그러나 〈예화 2〉에서는 효율적인 리더십을 보여 주고 있다. 이 종업원은 그 조직에서 스스로 즐겁게 주인정신을 가지고 만족하며 일하고 있다. 그리고 그녀의 그 만족감이 자연스럽게 그녀의 상점을 찾는 고객에게 만족감을 갖게 만들고 있다. 아마도 그 고객은 그녀로 인하여 그 상점의 파트너 역할을 하게 될 것으로 생각된다.

나의 이 생각이 맞는다면 그녀의 만족감은 엄청난 힘(synergy의 힘)으로 그 상점에 번영을 가져오고 주위 고객들에게 행복감을 안겨 줄 것이다.

이 같은 주장을 장담하는 이유는 조직성원들에게 주인정신과 만족감(보람)만 있다면 오그 만디노(Og Mandino)가 말하는 일에 대한 마음 · 태도, 즉, "영원히 살 것처럼 일하라", "덤의 정신을 갖고 일하라", "실패와 더불어 일하라", "사랑으로 일하라"고 한 가치 있는 덕목들을 따를 것이기 때문이다.

다음의 글에서 사랑으로 일한다는 것이 어떤 것인가를 생각해보자.

사랑으로 일하라

칼릴 지브란(Kahlil Gibran)

사랑으로 일한다는 것은?
그것은 당신의 심장에서 뽑아낸 실로 옷을 짜는 것
마치 사랑하는 이가 입기라도 할 것처럼
그것은 애정으로 집을 짓는 것
마치 사랑하는 이가 살기라도 할 것처럼
그것은 자비로 씨를 뿌리고 기쁨으로 거두어들이는 것
마치 사랑하는 이가 그 열매를 먹기라도 할 것처럼
그것은 당신이 만드는 모든 것에
당신 영혼의 숨결을 불어넣는 것

우리가 진정 바라는 것이 이 같은 '일을 대하는 마음 · 태도'를 이끌어 내는, 바로 그런 리더십이 아닐까!

프레드 스미스(Fred Smith)는 "먼저 조직성원들을 돌보라, 그러면 그들은 우리 고객들이 요구하는 무결점 서비스를 제공할 것이고, 고객들은 우리의 미래를 보장하는 데 필요한 수익으로 보상해 줄 것이다"라고 말하였고, 하워드 슐츠(Howard Schultz)는 "우리가 고객들에게 진정 감동을 주려면 직원들에게 먼저 감동을 주어야 한다. 직원들을 결코 뒷전으로 미뤄 놓아서는 안 된다"고 하였으며, 할 로젠블루스(Hal Rosenbluth)는 "만일 직원들을 첫째로 생각해 주지 않는다면 그들은 고객들에게 최선을 다할 수 없을 것이다"라고 하였으며, 허브 켈러허(Herb Kelleher)는 "회사의 수준은 그 직원들만큼이며, 그 직원들이 차이를 만들어 낸다"고 말하고 있다.

우리의 리더십은 효율적 방향으로 나아가야 한다. 그 목표를 이루는 과정에서 일차 고객인 조직성원(내부 고객)이 만족하고, 그 만족이 이차 고객(외부 고객)에게 만족을 주는, 그리하여 그 고객이 장기적으로는 우리 조직의 파트너가 되는 (고객의 변화: buyer → client → customer → partner) 그런 리더십이 되어야 한다. 성공적이기만 한 리더십은 조직성원들의 행동에 단기적인 영향만을 미칠 수 있을 뿐이나, 효율적인 리더십은 리더의 영향력이 단기적으로 높은 수준의 성과를 유지하는 데 그치지 않고 조직을 계속 발전적으로 이끌어 갈 수 있다는 점에 주목하자.

3. 분석의 틀

앞의 리더십 정의에 따라, 특히 효율성을 지향하는 영향력 발휘에 초점을 맞추어 다음과 같은 연구의 틀(강의의 틀)을 제시한다.

〈도표 2〉 분석의 틀

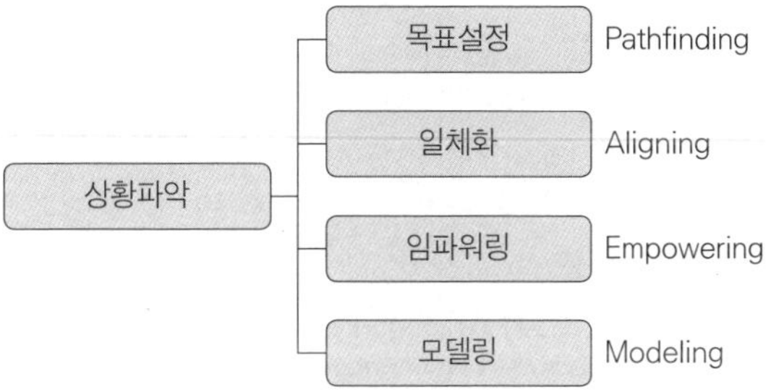

II

상황파악

보이는 것은 보이지 않는 것의 그림자

나는 지금 무엇을 보고 있는가?

1. 상황파악의 의의

상황파악이란 리더십 발휘에 영향을 줄 수 있는 모든 요소(요인)들을 사전에 찾아보고, 알아내고, 이해하는 모든 활동으로, 마치 의사의 진단 행위와 같은 것이다.

한 조직의 책임자(리더)는 그 조직이 당면하고 있는 과제를 해결하거나 조직목표를 달성하기 위해 구성원을 동원하기에 앞서 나아갈 방향이나 전략을 수립해야 하는데, 그러한 방향 · 전략을 합리적 · 과학적으로 수립하기 위해서는 바로 정확한 상황파악이 전제가 되어야 한다.

이는 전투에 임한 장수가 시간 · 공간적 상황은 물론 적의 능력까지도 정확히 파악하지 않으면 안 되는 것과 같은 이치인 것이다.

따라서 상황파악은 리더십 발휘의 전제 요건이며, 리더십의 성패를 결정하는 요체로서 상황파악이 전제되지 않고는 올바른 목표설정, 전략설정, 전략적용이 불가능한 것이다.

2. 상황파악의 중요성

인간 행위의 출발점은 아마도 상황파악일 것이다. 우리가 길을 나서며 일기를 보고 도로의 상태를 살피는 등의 상황을 살피는 것과 같은 것이다. 이는 스티븐 커비(Stephen Covey)가 "처방하기 전에 진단을 하라"고 말했듯, 환자에 대한 의사의 정확한 진단에서 분명한 처방이 나오고 그 처방에서 건강한 치유의 기쁨이 약속된다. 이같이 정확한 진단이 환자 치유의 출발점이듯, 상황파악이 리더십의 출발점이 되는 것이다.

만일 상황파악이 잘못된다면, 의사가 환자를 잘못 진단한다면 그 이후의 결과는 불을 보듯 명확하다. 이는 정책결정과정에서 3종 오류(정책문제를 잘못 인지하는 것)를 범하여 정책결정을 잘못하는 것과도 같은 논리인 것이다.

다음의 예화들을 통하여 생각해 보자.

〈예화 1〉

어느 날 내의녀 홍춘희가 식욕을 잃고 몸을 떨며 누워 있다. 이때 내의원 장학도가 홍춘희의 병을 학질로 진단하고 처방하여 학질 약을 먹게 하는데 병의 차도가 전혀 없다. 왜일까? 진단을 잘못한 탓이다. 정확한 병명은 허준의 진단 결과 실려병(상사병)이었던 것이다.

(드라마 〈허준〉)

〈예화 2〉 골드스미스 의사

James M. Baldwin

어느 날 한 가난한 부인이 골드스미스(Goldsmith)를 찾아와 남편이 아파서 먹지도 못하고 누워 있으니 가서 봐 달라고 부탁한다.

골드스미스는 그렇게 했다.

환자를 진찰한 후 그는 부인에게 "오늘 저녁 제 병원에 들러 주십시오. 제가 남편이 드실 약을 좀 드리겠습니다" 하였다.

저녁에 부인이 찾아갔다.

골드스미스는 부인에게 종이 상자를 하나 내주면서 "여기 약이 있습니다. 처방에 적힌 대로 쓰십시오. 그러면 남편에게 큰 효험이 있을 것입니다" 했다.

부인이 "어떻게 복용해야 합니까?" 하고 물었다. 그는 "상자 안에 사용법이 있을 것입니다" 하고 대답했다.

부인이 집에 돌아와 남편 곁에 앉았다. 두 사람은 상자를 열었다. 상자 안에는 돈이 가득 들어 있었다. 그리고 그 위에 다음과 같은 처방전이 들어 있었다. “필요할 때마다 복용할 것”

골드스미스는 그 남자가 오랫동안 직업을 갖지 못했고 근심에 잠겨 있었으며, 병이 든 것이 아니라 먹을 것이 없어 누워 있었다는 것을 알았고 이에 따른 처방을 내린 것이다.

(*Fifty Famous Stories*)

〈예화 3〉 ‘뇌성마비’로 13년 누워 지냈는데 약 바뀌자 이틀 만에 걸었다

1997년 태어난 ㄱ씨(20)는 만 3세가 넘어서까지 발뒤꿈치를 든 채 간신히 걷는 등 걸음걸이가 부자연스러웠다. ㄱ씨 가족은 1999년 10월 대구의 한 대학병원을 찾았다. 병원 측은 강직성 하지마비 증상을 보이는 뇌성마비라는 판정을 내렸다. 설마 하던 ㄱ씨 가족에게는 청천벽력이나 다를 바 없었다.

7세 무렵부터는 병상신세를 지다시피 했다. 13년간 누워 지내느라 후유증으로 척추측만증까지 발생해 수술을 받았다. ㄱ씨 아버지는 딸의 치료에 매달리느라 잘나가던 사업도 포기하다시피 했다.

그러다가 5년 전 기적 같은 일이 벌어졌다. 2012년 대구 한 병원에서 재활치료를 받던 중 물리치료사가 “뇌성마비가 아닌 것 같다”는 의문을 제기했다. ㄱ씨 가족은 그해 7월 서울의 한 대학병원을 찾은 결과, 의료진도 같은 답변을 내놓았다.

해당 병원은 대구의 대학병원에서 과거 촬영한 자기공명영상(MRI) 사진을 본 뒤 뇌성마비가 아니라 ‘도파반응성 근육긴장’(일명 세가와병)이라는 진단을 내렸다. 이 병은 신경전달물질의 합성에 관여하는 효소 이상으로 도파민 생성이 감소해 발생한다. 이 병은 도파민 약물을 소량

투여하면 특별한 합병증이 없이 치료가 가능하다. 주로 소아에게 발생하며 초기 치료가 무엇보다 중요한 것으로 전해진다.

ㄱ씨는 새로운 치료제를 복용한지 이틀 만에 혼자서 일어나 방에서 걸어 나왔다. 의료진의 잘못된 진단으로 13년간 누워 지내던 여성이 약을 바꾼 뒤 이틀 만에 일어났다.

(경향신문, 2017년 12월 7일 10면)

3. 상황파악의 대상

관리론의 입장, 그것도 리더십 상황론에서 볼 때 상황파악의 대상은 〈도표 3〉에서와 같이 '리더 자신, 조직성원, 그리고 주어진 환경적인 여건'이 될 것이다. 이는 우리가 리더십의 효율성을 이들 요소의 함수관계 즉, 상호작용으로 보기 때문이다. 이 공식에서 앞의 L은 '리더십의 효율성'이고 *f*는 '함수관계(function)', 상호작용이며, 괄호 내의 l은 '리더(leader)'이고 f는 '조직성원(follower)'이며 s는 '환경적 여건(situation)'인 것이다.

이는 아래 〈도표 3〉에서 보듯 동양의 손자(孫子)가 "나를 알고 상대방을 알며 그리고 지(地)와 천(天)이라는 환경적 여건까지 안다면 온전한 승리를 이룰 수 있다(知彼知己 知地知天 勝乃可全)"라고 한 말과도 같은 것이다.

〈도표 3〉 상황파악의 대상(상황론)(손자)

$$L = f(l \cdot \mathrm{f} \cdot \mathrm{s})$$

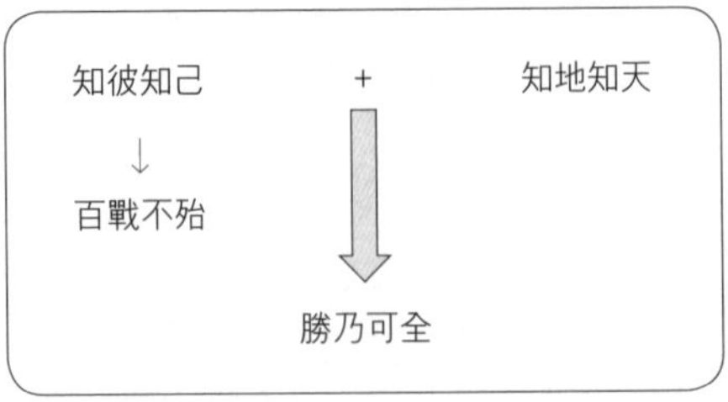

1) 리더 자신

리더가 자신을 알아야 하는 것이 왜 중요한가?

"내 삶의 주인공은 다른 사람이 아닌 바로 나 자신이다. 나를 알지 못하면 다른 사람을 알 수가 없다. 리더십 역시 자신을 아는 데에서부터 시작해야 한다"고 우리의 민족 지도자이신 도산 안창호 선생께서는 말한다. 스티븐 커비도 "우리가 자기 자신을 보는 시각이 어떤가에 따라 우리의 태도와 행동뿐 아니라 우리가 다른 사람을 보는 시각까지도 영향을 받게 된다"고 하였다.

우리가 잘 알고 있는 명언에서도 "너 자신을 알라"라든가 "자신을 아는 것이 가장 어려운 일 중에 하나이다"라고 말하고 있는데, 이것은 모든 일의 시발점이 자기 자신이라는 것을 보여 주는 것이다.

모름지기 리더는 자신의 성격으로부터 습관, 능력, 그리고 자신의 위치에 이르기까지 잘 이해하고 있어야 한다는 것으로, 리더가 자신을 모르고는 어떠한 일도 이루기 어렵다는 것을 또한 말해 주는 것이다.

그래서 리더가 자기 자신을 제대로 알지 못할 때 '주제파악도 못 한다'는 말을 듣게 된다. 이같이 비아냥거리는 말을 듣게 되면 나홀로 리더가 되고 만다.

다음의 블레인 리(Blaine Lee)가 전하는 "속지 말라"라는 말을 들어 보며, 자신을 바르게 판단하도록 하자.

속지 말라

블레인 리

내 자신에게 속지 말라.

내 가식적인 모습에 속지 말라.

나는 천 개의 가면을 쓰고 있다.

나는 그 가면들을 벗기를 두려워한다.

어느 것 하나도 진정한 내 모습이 아니므로,

나는 안정감 있고 태양처럼 밝고 강물처럼 고요한 듯 보이지만, 가식이다.

가면 속에 존재하는 실제의 나는 혼돈에 빠져 있다.

나는 그런 모습을 감추고 있다.

나는 누구에게도 이러한 모습을 보이고 싶지 않다.

나는 내 약점이 드러날까 너무 두렵다. 그래서 가면을 쓴다.

내가 밖으로 드러내는 모든 말 또한 진정한 내 말이 아니다.

조셉 바다라코(Joseph Badaracco)는 "훌륭한 리더는 스스로를 잘 안다." 라 하였고, 더 나아가 노자(老子)는 "다른 사람을 아는 자는 '지혜로운 사람'이나, 자기 자신을 아는 자는 '현명한 사람'이다(知人者智 自知者明)"라고 하였다. 현명하게 판단하고 지혜롭게 파악하는 리더가 되자.

2) 상대방(조직성원)

리더가 사람(상대방)을 파악 · 평가한다는 것은 상당히 중요한 일이면서도, 또 그만큼 어려운 일이다. 명언에도 이르기를 "열 길 물속은 알 수 있어도 한 길 사람의 마음속은 알기 어렵다"라든가, "사람들은 외적으로 드러난 모습과 다를 수 있다"라고 하였다.

웨인 다이어(Wayne Dyer)는 "사람들은 보는 것을 믿는 것이 아니라 이미 믿고 있는 것을 본다"고 하였다. 그만큼 우리는 사람을 상대방의 입장에서보다는, 그리고 객관적 입장에서보다는 대충 자신의 편의에 따라 또는 선입견이나 어떤 편견에 의해 쉽게 판단하는 경우가 허다하다.

다음의 법정 스님 말씀을 들어 보자.

강물처럼 흐르는

법정 스님

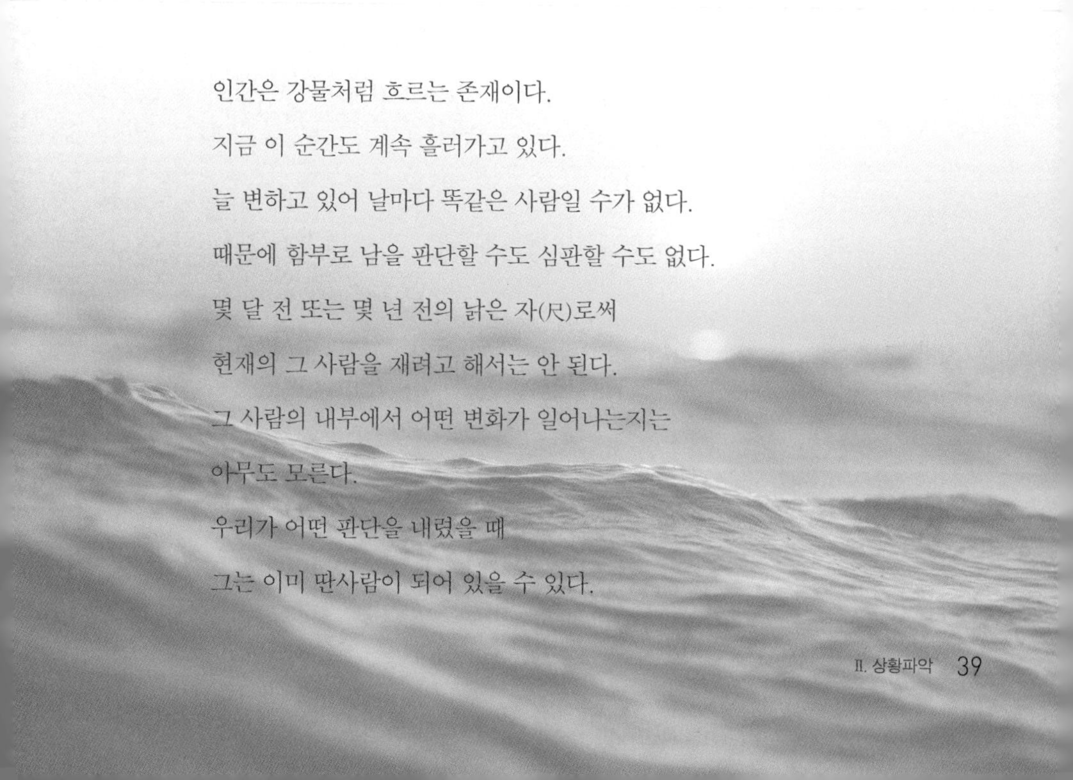

인간은 강물처럼 흐르는 존재이다.
지금 이 순간도 계속 흘러가고 있다.
늘 변하고 있어 날마다 똑같은 사람일 수가 없다.
때문에 함부로 남을 판단할 수도 심판할 수도 없다.
몇 달 전 또는 몇 년 전의 낡은 자(尺)로써
현재의 그 사람을 재려고 해서는 안 된다.
그 사람의 내부에서 어떤 변화가 일어나는지는
아무도 모른다.
우리가 어떤 판단을 내렸을 때
그는 이미 딴사람이 되어 있을 수 있다.

사람은 어제와 다르게 오늘 변하여 있을 수 있다. 그 대표적인 예가 삼국지(三國志)에 나오는 오나라 장수 여몽이다. 그는 "선비는 사흘만 헤어져 있어도 괄목상대합니다"라는 말을 남긴 인물이다. 가난하고 비천한 신분에 무지한, 그저 용장에 불과했던 그가 학문에 정진하여 지장이 된다. 장수 중의 장수인 관우는 변화된 여몽을 꿈에도 생각지 못하고 일개 용장으로만 치부하였고, 결국 여몽이 쳐 놓은 전략 그물망에 걸려 일세의 영웅 관우는 임저에서 생을 마감하게 된다.

블레인 리는 "상대방이 마음속으로 무엇을 생각하고 있는지, 현재 그들의 생활 속에서 어떤 일이 진행되고 있는지를 느끼고 바라보라"고 하였다. 즉, 리더는 상대방의 눈을 통해 세상을 바라보고 그들을 바라보아야 한다는 말이다. 다음 예화를 보자.

〈예화 1〉

어느 날 제임스 와트(James Watt)가 끓는 주전자를 가지고 놀고 있었다. 그는 주전자의 주둥이에 숟가락을 반복해서 가져다 대고 있었다. 이를 본 그의 고모는 한심하다 생각하여 "나가서 뭐라도 좀 해라" 하고 말했다.

그것이 곧 그의 유명한 증기기관을 발견해 내는 순간인 것을 그의 고모는 몰랐다.

〈예화 2〉

『초한지』에 보면 어느 날 범증이 항우에게 그의 수하에 수위장 정도의 하급 장교인 한신을 대장군으로 발탁하라고 천거한다. 그러나 항우는 거절한다. "한신 그놈은 가랑이 밑 기기를 한 놈이오. 불량배의 가랑이 밑을 기어서 빠져나간 놈이라면 보통 겁쟁이가 아니오. 그런 자는 쓸모가 없소" 하고 등용치 않았다.

그러나 결국 항우라는 영웅은 유방에게로 간 한신(자신이 그렇게도 무시한)에게 패하여 인생을 마감하고 만다.

3) 환경적 여건

사람, 즉 나와 상대방을 제외한 모든 것이 환경적 여건이 되겠는데, 이 환경적 여건 역시 흔히 속담에서 "나무는 보고 숲은 보지 못한다"는 말과 같이, 우리가 보는 것이 여러 관련 요소의 분석 · 파악 없이 어느 일부에 그치는 편협한 경우가 허다한 것이다. 다음 예화를 보자.

〈예화 1〉

『삼국지』에서 조조가 백만의 대군을 이끌고 동오를 압박하고 있다. "항복하면 무사할 것이나 저항한다면 마치 사슴처럼 사냥해 버리겠다"는 것이다. 이에 공명은 손권에게 이렇게 말한다. "상대가 백만의 군대라고 하나 식량의 보급이 쉽지 않을 것이며, 북쪽에서만 살던 병사들이라 강남 같은 비가 많이 오는 곳에 오면 풍토병에 적응하기 어렵고 많은 병자가 발생할 것이다. 또한 서들은 황하 이북의 군대로 육전에는 강하나, 이 드넓은 양자강에서는 수전이 될 것인바, 동오의 수군을 이길 수 없을 것이다."

〈예화 2〉

『삼국지』에서 적벽대전을 앞두고 공명과 주유는 조조군에게 화공을 하자고 전략을 세운다. 그런데 때는 늦가을, 이곳은 서북풍만 불고 있다. 역풍이라 불화살을 날릴 수가 없다. 동남풍이 필요하다.

공명은 천문기상에 통달한 사람으로 화공을 하자고 전략을 세울 때, 이미 동남풍이 언제쯤 불어올지를 예측하고 있는 사람이다. 그리하여 공명은 남병산에 칠성단을 쌓게 하고 "동남풍을 빌다"라고 하는 유명한 장면을 연출한다.

동남풍이 불기 시작하는 순간 주유의 진격 명령에 따라 일제히 불화살이 날아가고 적벽대전의 막이 오른다.

모든 것에는 그에 맞는 때가 있고 장소가 있다. 그 때와 장소를 제대로 알아 일을 행하는 자에게 성공이 약속될 수 있고, 그것도 상대보다 한 발 앞서서 알아야 한다. 제갈공명은 오나라 대도독 주유보다도 한발 앞서 알았고 그 누구보다도 앞서 알았다. 우리는 그런 눈을 가진 그런 리더가 되어야 한다.

4. 상황파악의 어려움

앞의 상황파악의 대상에서 이미 상황파악의 어려움을 "나무는 보고 숲은 보지 못한다"라는 속담을 들어 말했다. 이는 많은 의사들이 오진을 하는 것과 다르지 않다. 그래서 소포클레스(Sophocles)는 〈안티고네(Antigone)〉에서 "나의 분석과 판단은 언제나 옳은가"라는 질문을 던지며 다음과 같이 말하고 있다.

> 처음 떠오른 생각을 고집하지 마세요.
> 다른 길은 없는지 생각해 보세요.
> 자신만이 옳다고 말하고
> 자신만이 현명하다고 생각하는 사람이 있지만
> 사실은 천박한 영혼과 빈한한 속내를 드러내는 것입니다.
> 아무리 현명한 사람도 실수를 통해 배우고
> 때에 따라 굽힐 줄 아는 것은 수치가 아닙니다.
> 홍수가 났을 때 사나운 물살에 굽히는 나무는 쓰러지지 않지만
> 뻣뻣이 서 있는 나무는 가지도 뿌리도 다 부러지고 맙니다.

(Joseph L. Badaracco, *Question of Character*, Harvard Business School Press, 2006)

즉, 나의 정확하지 못한 판단과 괜한 고집은 결국 모두를 망치게 한다는 것이다.

다음 예화들을 통해 상황파악의 어려움을 생각해 보자.

〈예화 1〉 오이디푸스 왕

코린토 왕실의 왕자인 오이디푸스(Oedipus)는 자신이 누구인지를 알기 위해(누군가가 왕의 친자가 아니라며 그를 비웃었기 때문) 아폴로(Apollo: 예언의 신) 신전에서 여사제를 만나 자신의 친부모가 누구인지를 묻는다.

그러나 여사제는 그 물음에는 속 시원한 답은 없이 도무지 믿기지 않는 예언을 전한다.

"당신이 집으로 돌아가면 아버지를 살해하고 어머니와 결혼하게 될 것이오."

이 말을 들은 오이디푸스는 충격과 공포 속에 신전을 나와 예언의 일을 피하기 위해 코린토로 돌아가지 않고 테베로 향한다(사실은 테베가 자신의 고향인데 말이다).

그는 테베로 가는 길에 마차 여행 중인 노인을 만난다. 노인은 그에게 "길을 비켜라!" 하고 소리쳤다.

가뜩이나 사제의 예언 때문에 심란해져 있던 그는 화가 나서 "당신이 길을 비키시오!" 하고 맞받아쳤다. 그러나 노인이 길을 비키지 않자 그는 격분해서 노인을 내리쳐 살해하고 만다(그 노인이 바로 자신의 친 아버지인 테베의 왕이었는데 말이다).

〈예화 2〉 크로이소스 왕

고대 터키를 지배했던 리디아의 크로이소스(Croesus) 왕은 이웃 나라 페르시아를 침략할지 말지를 아폴로 신전의 예언자에게 물었다.

예언자는 "두 왕국의 국경인 강을 건너면 거대한 한 제국이 멸망할 것이오" 했다.

크로이소스는 매우 기뻐하며 군대를 동원해 페르시아의 국경을 넘었다. 예언은 적중해 거대한 한 제국이 멸망했는데, 그것은 크로이소스의 제국이었다.

크로이소스는 자기 나라가 멸망할 수도 있다는 가능성은 전혀 생각지 못하고 '잘못된 가정', '성급한 판단'으로 나라를 잃고 전쟁 포로가 되었다.

〈예화 3〉 좋고 나쁨의 경계

한 젊은 화가가 모두에게 사랑받는 그림을 그리고 싶었다.

그래서 열심히 연습했다. 만족스러운 수준에 이르자 화가는 자신의 그림 실력을 자랑하고 싶었다.

화가는 가장 마음에 드는 그림을 길거리에 내놓고, 오가는 사람들에게 부족한 부분을 표시해 달라고 부탁했다.

그날 저녁, 그림을 가지러 간 화가는 얼어붙고 말았다.

거의 모든 부분에 표시가 됐기 때문이다.

뜻밖의 결과에 충격 받은 화가는 자신감을 잃고, 자신의 재능마저 의심했다. 의기소침해진 그를 본 스승이 이유를 물었다.

그간의 이야기를 들은 스승은 껄껄 웃더니 방법을 바꿔 다시 시도해 보라고 했다.

다음 날, 화가는 똑같은 그림을 길거리에 내놓고 이번에는 잘 그렸다고 생각하는 부분에 표시해 달라고 부탁했다.

몇 시간 뒤, 지난번과 마찬가지로 모든 부분에 빽빽하게 칭찬이 표시됐다.

(『서울주보』 제2085호, 2016. 9. 18., 11면)

이 예화는 긍정적일 때와 부정적일 경우에 사물을 판단하는 관점과 능력이 다르다는 것을 보여 주고 있다.

다음 예화의 그림을 보자. 당신은 아래의 그림을 어떻게 보고 어떻게 파악해 내고 있는가? 이 그림이 당신에게 보여 주려는 것은 무엇이며, 당신은 무엇을 보는가?

〈예화 4〉 그림 해석

앞 그림에 대한 이명랑 작가의 말을 들어 보자.

굶주리던 독립투사의 젖줄

이명랑

저 여자는 어쩌자고 저리도 젊은가. 뒤로 틀어 올린 금발의 머리는 햇빛보다도 눈부시고 둥근 어깨는 만져 보고 싶을 만큼 선이 곱다. 여지의 빰은 여자가 입고 있는 붉은 드레스보나 붉어 생(生)이 여자를 가득 채우고 있음을 알 수 있다. 그래서일까? 여자는 드레스의 앞부분을 풀어 헤친다. 여자의 손끝에서 한 겹 얇은 천은 흘러내리고, 풀어 헤쳐진 천 사이로 터질 듯 부풀어 오른 젖가슴이 드러난다.

만개한 복숭아꽃 같은 가슴을 아래서 위로 어루만지다 여자는 왼손으로 오른쪽 젖가슴을 움켜쥔다. 오른손을 뻗어 노인을 끌어당긴다. 노인의 입술을 벌리고 여자는 젖가슴을 노인의 입에 물린다. 천천히 노인의 입이 움직이기 시작하고, 노인이 자신의 젖을 빠는 동안 여자는 노인의 등짝을 쓸어내린다.

저 노인은 어쩌자고 저토록 파렴치한 것일까? 생이 다했음을 인정하고 조용히 죽음을 받아들일 나이가 되어서도 젊은 여체를 탐하는 노인에게서 여자는 고개를 돌린다. 고개 들어 어딘가를 바라보는 여자의 눈에서는 당장이라도 눈물이 떨어질 것만 같아 나는 여자에게 묻는다.

"당신은 왜 당신의 소중한 젊음을 낭비하고 있나요? 그것도 저런 노인 때문에!"

내가 묻자 여자는 항의하듯 나를 바라본다. 여자의 등 뒤로 나 있는 창문의 쇠창살에 매달려 있던 간수들도 놀라 여자와 노인을 향해 소리치지만 여자는 다만 고개를 더 꽂꽂이 세울 뿐이다.

저 여자의 눈에 핏발이 선 이유가 무엇일까?

노인은 푸른 수의를 입고 있고, 두 손은 뒤로 묶여 움직일 수조차 없다. 노인은 푸에르토리코의 자유와 독립을 위해 싸운 투사였다. 독재자들은 노인을 가두고 '음식물 투입 금지'라는 가장 잔인한 형벌을 내렸다. 노인을 이 감옥에 가두고 그 몸에서 물기마저 마르게 한 독재자들을 향하여 여자는 온몸으로 항의하고 있는 것이다.

저 젊은 여자는 이제 막 아이를 낳았고, 아버지의 임종을 보기 위해 감옥에 왔다. 여자의 눈앞에서 아버지가 굶주려 죽어 가고 있었다.

지금도 푸에르토리코의 국립미술관에는 죽어 가는 아버지의 입에 젖을 물리고 있는 딸의 항변이 한쪽 벽면을 메우고 있다.

(『한겨레』, 2005. 8. 3., 27면)

이 명화의 해석에서 우리는 사회적 · 역사적 · 문화적 측면의 이해와 인식 부족이 상황파악을 그르치게 할 수 있음을 볼 수 있다.

윌리엄 블레이크(William Blake)는 〈지옥의 격언(Proverbs of Hell)〉이라는 시에서 "바보가 보는 나무는 지혜로운 사람이 보는 나무와 같지 않다"고 말한다. 이렇듯 우리는 지혜로운 사람으로서 상황을 보아야 한다.

5. 상황파악의 방법

앞에서 상황파악의 어려움을 살펴보았는데, 이는 상황을 다면적 · 근본적으로 보지 못하는 데에서 기인하고 있는 것이다. 그렇다면 상황파악은 어떻게 해야 하는가? 흔히 조지프 키플링(Joseph Rudyard Kipling)의 여섯 조력자들(육하 원칙: 누가who, 언제when, 어디에서where, 무엇을what, 왜why, 어떻게how)을 동원한 방법을 제시하거나, 예언(prophecy) 또는 예측(prediction)을 말하기도 한다. 메스키타(Mesquita)에 따르면, 예언은 통찰이나 직관에 기반을 둔 것이고, 예측은 정보와 자료에 근거한 방법이라고 했다.

흔히 "보이는 것은 보이지 않는 것의 그림자에 불과하다"고 말하듯, 우리가 보고, 알아야 할 중요한 것은 겉이 아닌 속을 보고 알아야 하며, 나타난 현상보다는 근본 원인을 찾아내야 하는, 보는 방법이 문제이다.

다음 범려(范蠡)의 예화를 들어 보자.

〈예화〉

기원전 5세기(약 2,500년 전)경 월(越) 왕 구천을 도와 오(吳) 왕 부차에게 복수를 하는 데 성공한 일등 공신인 대장군 범려에게 어느 날 그의 차남이 초(楚)나라에서 사람을 죽여 체포되는 사건이 일어났다. 범려는 당장 막내아들에게 막대한 황금을 주면서 초나라로 가서 차남의 구출 작전에 나서도록 하였다.

그런데 그것을 본 장남이 "그것은 장남이 해야 하는 일입니다. 꼭 제가 가도록 해 주십시오"하고 간청하였다. 그의 부인도 "이왕이면 장남을 보냅시다" 하고 거들자 그는 할 수 없이 장남을 보냈다. 그러나 장남은 구출 작전에 실패하고 처형당한 아우의 유해를 안고 돌아왔다. 그의 부인은 한탄하며 슬퍼하였으나 범려는 쓴웃음을 지을 뿐 담담하였다.

주위에서 어찌 그럴 수 있느냐고 묻자 범려는 "이런 결과가 되리라는 것을 나는 미리부터 알고 있었어"라고 하면서, "큰애가 동생을 생각하는 마음이 없는 것은 아니나, 다만 큰애는 어렸을 때부터 나와 함께 온갖 고생을 겪어 왔기 때문에 돈을 좀처럼 손에서 놓지를 못하는 거야. 그래서 가지고 간 대금을 쓰기가 아까워서 결국 구출 작전에 실패한 거야. 그러나 막내 녀석은 생활의 어려움을 모르고 자랐기 때문에 돈 쓰는 것을 아무렇지도 않게 생각하지. 내가 막내를 보내려고 한 것도, 막내라면 마음 놓고 돈을 쓸 수 있기 때문이었어. 큰애는 그것이 안돼. 결국 동생을 죽인 셈이 되었지만, 그것도 운명인데 슬퍼한들 뭣 하나." 하였다.

(이찬도 옮김, 『중국고전의 인간학』, 동양문고, 1989)

이렇듯 범려는 상황을 미리 읽어 내는 탁월한 능력을 지닌 인물이다. 놀라운 통찰력이다.

또한 마키아벨리(Niccoló Machiavelli)에 따르면 "인간은 대체로 그 내용보다는 외모로 판단하기 쉽다. 눈은 누구나 다 갖고 있으나 통찰력을 가진 사람은 드물기 때문이다"라 하였다.

다음의 드라마 〈대장금(大長今)〉에 나오는 예화를 하나 더 들어 보자.

〈예화〉

장금이의 중종의 병종 파악(상황파악)과정을 요약 정리하여 보면 다음과 같다.

① 그동안 내의원에서 전하의 병을 상한증이라 했기 때문에 상한증을 앓고 있는 병자들과 또 이와 유사한 증상을 보이고 있는 병자들을 모아 전하의 병부일지와 대조해 가며 임상실험을 하고, 아울러 그간 전하를 맡았던 의녀들을 통해 전하의 그간 상태를 세밀히 알아본 후 전하의 병이 호혹병임을 밝혀낸다.

② 호혹병이 왜 생겼는지 그 원인을 찾아내기 위해 전하의 몸 상태, 식욕 상태, 병증에 의한 손상, 그리고 진행과정 등을 살펴 간에 문제가 생긴 간경습열을 진단해 낸다.

③ 간경습열이 어떻게 생겼는지, 그리고 무엇으로부터 온 것인지를 밝혀내기 위해 모든 가능성을 열어 놓고 약방의 약재, 수라간의 식재료와 식수까지 점검한 후 식재료에 문제가 있음을 알아낸다.

④ 식재료 중 타락에 문제가 있음을 찾아내고, 타락에 무엇이 문제인가를 밝혀내기 위해 축사를 점검하고, 축사의 소들이 무엇을 먹는지, 어떤 물을 마시는지를 점검하여 소들이 마시는 물에 문제가 있음을 알아낸 후 멘토(mentor)인 수의녀의 조언까지 구한다.

⑤ 소들이 마시는 물의 원천을 점검하여 그 물에 미세한 양의 웅황

이 들어 있음을 알아내고 결국 전하의 호혹병을 가져온 주범이 바로 웅황임을 밝혀낸다.

이 드라마의 시나리오는 p. 63에 실었다.

(드라마 〈대장금〉)

이 드라마에서 장금이는 임상실험을 통하여 병증과 병인을 찾아내고, 그리고 그 병의 진행과정까지 파악해 낸다. 또한 그 병이 어떻게 하여 생겨난 것인지를 그 근본 원인까지 파악하기 위하여 모든 가능성을 열어 놓고, 기존의 권위 의서에 있다 하여 그대로 따르기보다 모든 상황, 심지어 환경 요소까지 꼼꼼히 살펴보고, 멘토의 조언까지 구한다. 살피고 또 살펴서 나타난 현상에서 보이지 않는 요소까지 알아내어 '호혹병←간경습열←타락←소←물←웅황(원천)'이라는 엄청난 인과 관계를 파악해 낸다. 이 같은 관계 파악이 없이 어찌 상황을 제대로 파악했다고 하겠는가!

조셉 바다라코는 소포클레스의 말을 빌려 "리더가 긴급한 현실의 문제에서 나타나는 징후들을 눈을 높이 들어 더 크고 더 심오한 맥락에서 바라보아야 한다. 당장 눈앞에 당면한 상황에서 한발 뒤로 물러서서 어려운 결정을 내리기 위한 더 넓은 관점을 찾는 것이 중요하다"고 하였는데, 이는 직관, 개인적 생각, 단편적인 추론이나 편견 등에 따라 쉽게, 그리고 성급하게 결론을 내려서는 안 되고 심오한 마음으로 보아야 한다는 것이다.

찰스 케터링(Charles F. Kettering)이 "아는 것과 이해하는 것 사이에는 커다란 차이가 있다. 무언가에 대해 많이 알 수는 있지만 정말로 이해하지는 못하고 있다" 하였는데, 존 맥스웰 또한 "누가 어떤 사람에 대해 많이 안다고 해도 여전히 그 사람을 이해하지 못할 수도 있다. 더 많은 정보가 항상 해답은 아니다. 사람을 진정으로 이해하려면 머리를 떠나 마음으로 이해해야 한다"고 말한다. 이러한 맥락에서 생텍쥐페리(Antoine de Saint-Exupéry)는 "제대로(올바로) 보려면 마음으로 보아야 한다. 진실로 중요한 것은 눈에 보이지 않는다" 하였고, 동양의 명저인 『대학(大學)』은 **"마음이 그곳에 없으면 보아도 보이지 않고, 들어도 들리지 않으며, 음식을 먹어도 그 맛을 모른다"**고 말하고 있다.

따라서 우리가 상황파악을 할 때 육안이 아닌 심안(心眼)으로 보고 마음으로 판단해야 한다는 것인데, 마음으로 보아야 하는 이유를 맹자(孟子)는 다음과 같이 말하고 있다.

> 귀와 눈 같은 기관은 생각하지 못하여 사물에 가리운다.
> 사물이 이목(耳目)에 얽히면 끌어당길 뿐이다(물욕에 빠질 뿐이다).
> 마음이라는 기관은 생각을 한다.
> 생각을 하면 이치를 터득하고, 생각하지 않으면 이치를 깨닫지 못한다.
> 이것이 하늘이 우리에게 부여한 능력이다.

육안으로 보는 것은 생각하는 능력이 없으므로 사리 분별이 어렵고, 생각하는 능력을 가지고 있는 마음으로 보아야만 제대로 된 사리 판단을 할 수 있기 때문에 마음의 눈으로 보아야 한다는 것이다.

그러면 어떻게 마음의 눈으로 보는가?

마음의 눈(心眼)으로 보기 위해서는 "마음을 비우고(empty), 하나에 집중하여 자세히 보아야 하며(one), 평상심을 잃지 않고 명경지수(明鏡止水)와 같은 고요함 속에서 보아야 한다(quiet)"고 순자(荀子)는 말하고 있다.

1) 허(虛: empty)

욕심을 버리고 텅 빈 마음으로 모든 가치판단을 내려놓고, 유보하고 있는 그대로의 모습을 따라 상황을 파악하자는 것이다. 욕심이 생기면 아집이 생기고 아집이 생기면 판단이 흐려지며, 그 욕심이 지나치면 조급증까지 더하여져서 지나친 집착으로 옹고집이 되고 자신이 그것의 노예가 되고 만다. 노예가 되고 나면 판단력도 빼앗기고 만다.

욕심을 버리고 텅 빈 마음이 되어야 제3자적 입장이 생겨나 객관적 판단, 올바른 판단을 할 수가 있게 된다.

다음 법정 스님의 글들을 읽어 보며 텅 비운 마음을 통한 상황파악을 생각하여 보자.

〈말씀 1〉

채우려고만 하는 생각을
일단 놓아 버리고 텅 비울 때
새로운 눈이 뜨이고
밝은 귀가 열릴 수 있다.
눈에 보이고 귀에 들리고 손으로 만질 수 있는 영역은
전체에서 볼 때 한 부분에 지나지 않는다.
존재의 실상을 인식하려면

눈에 보이는 부분과 보이지 않는 부분을
두루 살필 수 있어야 한다.
육지를 바로 보려면
바다도 함께 보아야 하고
밝은 것을 보려면
어두운 것도 동시에 볼 줄 알아야 한다.

(류시화 엮음, 『살아있는 것은 다 행복하라』, 조화로운 삶, 2006)

〈말씀 2〉

텅 비움이
여백과 공간의 아름다움
인간은 무엇이든 넘치도록 가득 채우려고만 하지
텅 비우려고는 하지 않는다.
텅 비어야 그 안에서 영혼의 메아리가 울린다.
우리는 비울 줄은 모르고 가진 것에 집착한다.
텅 비어야 새로운 것들이 들어찬다.

(류시화 엮음, 『살아있는 것은 다 행복하라』, 조화로운 삶, 2006)

마음을 비워 내야 새로운 것을 볼 수 있고 들을 수 있어, 어떤 부분만이 아닌 전체를 보게 된다는 것이 첫 번째 말씀이라면, 두 번째 말씀은 텅 비워야 새로운 영혼을 느끼며, 갇힌 사고의 틀에서 벗어나 새로운 생각을 할 수 있다는 것이다. 즉, 비움 없이 새로운 것을 찾아낼 수 없고 새로운 발상을 할 수 없다는 것이다.

2) 일(壹: one)

이것은 한 가지 일에 집중 · 몰두한다는 것이다. 이것저것, 이일 저일 생각하다 보면 아무리 시간을 소비하여도 생각이 정리되지 않는다. 순자는 "동시에 두 가지 일을 생각한다면 인식의 실이 엉키어 공연히 혼란해지기만 한다" 하였고, 불교 최초의 경전이라는 『수타니파타』는 "마음을 한곳에 모아 안으로 살펴야만 어려운 흐름을 볼 수 있다"고 말하고 있다.

다음 나태주의 〈풀꽃〉이라는 시를 읽어 보자.

풀꽃

나태주

자세히 보아야
예쁘다
오래 보아야
사랑스럽다
너도 그렇다

카를 폰 프리슈(Karl von Frisch: 오스트리아 동물학자)가 언어는 만물의 영장인 인간만이 지녔다는 기존의 상식을 깨고 꿀벌도 언어를 가지고 있음을 판독해 내어, 1973년 노벨 생리학 · 의학상을 수상했다. 그에게 이 위대한 발견의 비밀을 물었을 때, 그는 "바위틈에서 꼼짝 않고 장시간 동안

움직이고 있는 꿀벌을 집중 관찰한 결과"라고 말했다. 그렇게 하여 그는 채밀원의 꽃을 발견한 벌이 벌집으로 돌아와 다른 벌들에게 꽃이 있는 위치와 방향, 심지어는 꿀의 질과 양까지 전달한다'는 사실을 증명해 냈다.

이처럼 하나에 집중하여 오랜 시간 관찰할 때에만 그 진실을 정확히 알아낼 수 있다는 것을 이 시는 말해 주고 있는 것이다.

3) 정(靜: quiet)

이것은 마음의 흔들림이 없이 평상심을 유지해야 한다는 말이다. 마음이 들떠서 동요하거나 불안, 초조하여 마음이 흔들리면 무엇도 제대로 볼 수 없다.

우리의 선현들은 "평상시의 마음이 진리의 길에서 벗어나지 않아야 한다(平常心是道)" 하였고, 순자는 "공평한 마음은 밝음을 낳고, 편협한 마음은 어둠을 낳는다(公生明 偏生暗)"고 하였다. 즉, 마음이 진리에서 벗어나지 않아야 하고, 공평해야만 모든 사물을 밝게 볼 수 있다는 말이다. 우리의 마음이 애증(愛憎)이나 이해(利害) 등에 사로잡히면 편협하고 어두워져서 공정한 판단을 할 수 없게 된다.

다음의 『경향신문』이 전하는 말을 들어 보자.

정의 마음가짐

옛 선비들의 심미안이 요즘 사람들의 그것보다 훨씬 웅숭깊다. 왜 그럴까?

정보 접근 능력 면으로 보면 요즘 사람들이 한층 우월적 지위에 있는 것이 사실이다.

그런데도 요즘 사람들은 옛 선비들이 통찰했던 그윽한 내면의 아름다움을 왜 발견하지 못하는 것일까.

관찰력이 부족해서일까? 아니면 지능이 옛사람들에 미치지 못하기 때문일까?

마음의 여유가 그만큼 없기 때문일 것이다.

바쁘기만 하지 현대인에게는 고요의 정신, 정(靜)의 마음가짐이 없어서 그런 것 같다.

마음이 흔들리면 판단이 흐려진다. 명경지수와 같이 맑고 고요한 마음의 상태를 유지해야 착오 없는 판단을 할 수 있는 것이다.

물그릇에 물을 받아 놓고 그 물속을 들여다보면 자신의 얼굴이 물의 흔들림에 따라 달리 보이게 되나 물이 고요하면 자신의 얼굴이 제대로 보이는 것과 마찬가지로, 마음의 흔들림이 없어야 사물을 제대로 읽어낼 수 있는 것이다.

혹자는 "왜 마음으로만 보느냐, 오감(伍感)을 동원해서 보아야지" 한다. 틀림없이 맞는 말이다. 그런데 그 오감으로 본다는 것이 이미 앞에서 '마음에 없으면 눈이 있어도 보이지 않고, 귀가 있어도 들리지 않으며, 음식을 먹어도 그 맛을 모른다'고 한 『대학』의 말을 생각한다면 자연히 마음으로 보아야 한다는 것에 기반하고 있음을 알 수 있다.

존 러보크(John Lubbock)가 "누구나 귀도 눈도 있으나 정확한 판단력을 가진 사람은 별로 없다"고 한 이 말을 곱씹으며 마음의 눈을 뜨자.

6. 소결론

존 맥스웰이 "당신이 누구인가에 따라 세상을 보는 방법이 결정되며 당신이 어떤 사람인지는 당신이 보는 것이 말해 준다"고 하듯, 리더가 어떤 사람인가에 따라 상황파악의 질이 결정되고, 그의 수준은 그 상황파악의 정도에 따라 결정된다.

다음의 드라마 〈불멸의 이순신〉의 한 장면을 통해 이순신 장군과 원균의 상황파악에 대한 생각과 두 사람의 수준을 이해해 보자.

이순신 장군 VS 원균

원: 공격이 최상의 방어야.

이: 승리하는 군대는 먼저 승리할 수 있는 태세를 갖추고 적과 싸우며 패배하는 군대는 먼저 싸움을 걸어 놓고 승리를 추구하는 법이지요.

원: 안 되는 것을 되게 하는 것이 또한 군인의 정신이지.

이: 적정을 먼저 살피시오. 공격이냐 혹은 방어냐.

전략과 전술의 수립은 적의 실체를 정확히 아는 것에서 비롯되는 것이외다.

원: 자네가 아무리 그럴듯한 말로 전략과 전술을 주워섬긴다 해도 전하의 의지가 공격이면 이미 모든 것은 끝이 난 게야.
생각과 판단을 하기 이전에 그 명령부터 따라야 하는 것이 군인의 정신임을 잊지는 않았겠지.

이: 적이 온다면 나와 부하들은 물러섬 없이 싸울 것이외다.
그리고 기필코 이길 것이오.
허나 무모한 전략을 강요하며 부하들을 이끌고 사지로 가라 한다면 설령 그것이 전하의 명이라 해도 따를 수 없소이다.
그것은 결과적으로 이 나라 조선이 진정으로 승리하는 길이 아니기 때문이외다.

(드라마 〈불멸의 이순신〉)

이 드라마에서처럼 상사(선조)의 명령이면 무조건 복종하며 따라야 할 것을 강조한 원균은 칠천량해전에서 처참하고도 치욕적인 패배와 함께 인생을 마감했고, 모든 것에 앞서 상황파악을 강조한 이순신 장군은 명량해전에서 12척의 배로 왜선 330척을 격파하는 대승과 함께 세계 해전사에 다시 없는 금자탑을 세웠다.

혹시 많은 지식과 높은 학력 그리고 많은 부와 권력을 쥐고 있기 때문에 당신이 신분이 높은 사람이라고 생각한다면, 다음 제프 딕슨(Geoff Dixon: 호주 콴타스 항공사 CEO)의 글을 읽어 보는 것이 좋겠다.

우리 시대의 역설

제프 딕슨(Geoff Dixon)

건물은 높아졌지만 인격은 더 작아졌다.
고속도로는 넓어졌지만 시야는 더 좁아졌다.
소비는 많아졌지만 더 가난해지고,
더 많은 물건을 사지만 기쁨은 줄어들었다.
집은 커졌지만 가족은 더 적어졌다.
더 편리해졌지만 시간은 더 없다.
학력은 높아졌지만 상식은 부족하고,
지식은 많아졌지만 판단력은 모자란다.
전문가들은 늘어났지만 문제는 더 많아졌고,
약은 많아졌지만 건강은 더 나빠졌다.

피터 레샥(Peter Leschak)이 "모두가 눈은 뜨고 있지만 마음의 눈으로 보는 사람은 흔치 않다"고 말하는데, 그대는 마음의 눈을 뜬 리더가 되어 그런 눈으로 올바른 상황파악, 질 높은 상황파악을 할 수 있는 수준 높은 리더가 되어 주길 바란다.

그대의 순수하고 밝은 마음의 눈으로 최상의 상황파악이 이루어지기를 바라는 마음에서 윌리엄 블레이크의 시 〈순수의 전조(前兆)〉를 보낸다.

순수의 전조(Auguries of Innocence)

윌리엄 블레이크

한 알의 모래 속에서 세계를 보고
한 송이 들꽃에서 천국을 보며
한 순간 속에서 영원을 본다.
그대의 손바닥 안에 무한을 쥐고

pp. 52~53 예화 시나리오(드라마 〈대장금〉 중에서)

S#1 (다재원 병사: 중전으로부터 장금에게 전하의 병을 밝혀내라는 밀명이 내려지고 다재원에 병사가 꾸려진다)

상선: 중전마마의 말씀대로 네가 반드시 병을 밝혀내야 한다. 그것도 빨리.

수의녀: 우선은 지난번 상감마마처럼 상한증이 반복되는 병자들을 데려왔다.
그리고 지금도 상한 증세를 보이는 중이고,

장금: 다행히도 전하의 병부일지를 가지고 있어서 그동안 처방들을 알 수 있으니 맞춰 볼 수 있을 겁니다.
그 당시 전하께 올린 것이라고는 부자이중탕과 유황오리탕 두 가지 뿐입니다.

수의녀: 그래서 부자이중탕을 쓰면 좋을 듯한 병자도 십여 명 정도 데리고 왔다.

장금: (환자들을 시침하고 살피던 중) 수의녀님, 뭔가 이상합니다.

세 명의 병자에게 시침을 하였는데, 시침 부위가 이상합니다. (발진)

시침 부위가 발적이 되면서 아주 작게 곪고 있습니다.

상한증 병자들에게는 이 같은 증상이 없었습니다.

수의녀: 시침 시 그런 증상을 보이는 경우가 간혹 있단다.

장금: 아닙니다. (전하의 병부일지를 보여 주며) 여길 보세요.

전하께서 가시나무에 찔린 작은 상처 부위에 피부가 발적을 하면서 곪은 자국이 있다 하였습니다.

보통 사람이면 이 정도 상처라면 금방 낫습니다.

큰 환우도 아니고, 상한증을 앓으셨을 때의 증상도 아니어서 그냥 넘기려고 했는데, 혹 이것과 연관이 있지 않을까요?

(장금이 민정호에게 내의원에 신비 의녀를 통해 전하께서 시침을 받으신 후 시침 부위가 붉어지거나 곪으신 적이 있는지, 발진이나 발적이 얼마나 잦았으며 그 증상과 기간은 어땠는지, 그리고 그런 증상의 내용들을 병부일지에 기록하는지 등을 꼼꼼히 알아봐 달라 부탁한다. 그리고 계속 병자들을 살핀다)

(병자A에게) 혹시 예전부터 수시로 피부병이 있으셨습니까?

(병자B에게) 혹시 피부에 발적이 있으셨습니까?

(이렇게 병자들에게 일일이 증상을 묻고 시료를 한다)

S#2 (전하의 병증을 여러 의녀들에게 알아본 신비가 왔다)

수의녀: 장금이가 말한 것 알아보았느냐?

신비: 네, 전하를 맡았던 의녀들에게 하나하나 물어보았는데요,

전하께서는 시침 시 간혹 그런 증상이 있으셨답니다. 더구

나 전하께서는 수시로 발적과 발진이 있어 왔답니다.

헌데 피부병 수준이 아닌 데다가 하루 이틀이면 없어지곤 해서 병부일지에는 기록을 안 했답니다.

수의녀: 전하와 이들의 병증을 정리해 보면 입안이 자주 허는 구창에다가 멍울이 있는 붉은 반점이 자주 생기고, 피부에 민감한 증후가 있고, 심하면 창부에….

S#3 (전하와 같은 병증의 병자들을 찾아내어 임상실험을 한다)

장금: (임상실험을 하던 어느 날) 수의녀님, 효험이 있습니다. 차도가 보여요.

저 병자의 병세가 좋아졌습니다.

수의녀: 분명히 좋아졌구나. 병의 차도가 확연해.

장금: 확실합니다.

수의녀: 이제 중전마마를 뵈어도 될 텐데.

S#4 (대전 앞)

중전: 진정 전하의 환우를 알아냈느냐?

장금: 예, 전하와 같은 병증의 환자들을 모아서 보고 또 보았습니다.

허나 문제는 상한증이 아니었습니다.

전하께서는 상한증을 앓지 않는 중간중간에도 구창이 자주 나타나시며 다리의 피부가 붉게 변하시고, 딱딱하고 아픈 멍울이 만져졌으며, 가시에 찔리기만 하여도 그것이 낫지 않았고 상처 끝에 고름이 맺혔었다고 했습니다. 심지어는 침을 시술한 때에도 그러셨구요, 그것이 모두 한 가지 병이었습니다.

상한증과 그런 피부병은 같은 병이었습니다.

중전: 그래, 정말 그랬단 말이지. 병인이 무엇이냐?

뭣 때문에 그런 병이 드신 것이냐?

전하를 괴롭히고 있는 그 병의 이름이 무엇이냐?

내의정: 호혹병(베체트병과 유사한 질병)입니다.

중전: 허면 내의정은 알고 있었단 말이냐?

내의정: 처음부터 안 것은 아니나 상한을 너무 자주 앓으시기에 전하의 병증을 연구하던 중, 상한증이 너무 오래 지속되면 후에 후유증이 생긴다는 것을 알아냈고, 그 후유증의 하나인 호혹병을 장준경(중국 한나라 명의)의 『금계요략』에서 찾아냈습니다.

중전: 허면, 거기에 처방도 나와 있느냐?

내의정: 예 마마, 감초사심탕을 쓰면 됩니다.

장금: 안 됩니다. 용담사간탕을 써야 하옵니다.

이것은 간경습열(간장, 경락에 생긴 염증)로 생긴 것으로 간이 승한 것으로 보아야 합니다.

내의정: 무슨 소리냐, 간신음허(간과 신장이 화에 의해 상한 것)로 생긴 것으로 간허로 보아야 한다.

장금: 음주도 과하신 데다가 늘 정사를 돌보시느라 간기가 상승하여 간경습열이 울태가 되신 것입니다.

내의정: 음이 허해지면서 허열이 생긴 것이다.

장금: 이 병의 환자들은 모두 잦은 중한과 상한을 앓은 것은 사실이오나 상한을 앓기 이전에도 피부의 염증은 있었습니다.

단순한 상한의 후유증으로 볼 수 없습니다.

내의정: 그 말은, 네가 나나 한나라의 장준경보다 상한증과 호혹에 대해 잘 안다는 거냐!

장금: 그런 뜻이 아니오라….

내의정: 그것이 아니면 책에 나와 있는 것도 부정을 하는 이유가 무엇이냐?

우상: 중전마마, 전하의 옥체는 조선의 백년지계와 같은 것이옵니다.

헌데 한낱 의녀 따위의 말을 가납하려 하시다니요, 마마, 통촉하여 주시옵소서.

중전: 알았소. 내 도제조 대감과 내의정의 말을 따르겠소.

장금: 마마, 아니 되옵니다.

마마, 제가 다른 일이라면 이러지 않습니다.

이는 환우이옵니다. 잘못된 처방은 전하의 안위와 관계가 되옵니다.

제때 시료를 하지 아니하오면 창천공(창자에 구멍이 뚫린 병)이 생겨 극심한 통증을 막을 길이 없으며, 호흡곤란이 생기고 중풍이 되기도 합니다. 심지어는….

우상: 닥쳐라! 전하의 옥체에 대하여 어찌 그따위 망발을 늘어놓는 거야.

중전: 내의정은 즉시 전하를 시료하라.

장금: 마마, 마마.

S#5 (대전: 내의정이 전하께 시침을 하고 탕약을 올린다)

전하: 중전! 중전 (얼마 후 전하께서 고통을 호소한다)

중전: 장금이의 말이 모두 맞지 않느냐!
전하께서 복통으로 호흡도 곤란해하시고, 이를 어찌할 거야, 어찌할 거야!
이제 어찌하겠소, 장금이가 예견한 말이 모두 맞는데도 경들은 법도와 절차를 운운하며 전하를 저리 두실 거냐 말이오!
장금이는 전하를 시료하라!

장금: 탕약은 용담사간탕을 올려 주십시오.
시침은 대둔에서부터… 정명까지 모두 놓아 주십시오. (내의정에게)

신주부: 거기는 위험한 곳이다. 함부로 놓아서는 안 되는 곳이야.

장금: 그래도 놓아 주십시오.
저도 위험한 것은 아오나 벌써 병이 창과 호흡기에까지 뻗쳤다면 곧 그곳에까지 병이 펴질 것이라서….

전하: (얼마 후, 편안해 보이시던 전하께서) 중전, 중전 앞이….

중전: 전하, 왜 앞이 잘 보이지 않습니까? 제가 보이지 않습니까?

전하: 그렇소, 앞이 잘 보이지가 않소, 중전, 왜 이리 앞이 보이지가 않소.

중전: 이를 어찌할 거야 어찌할 거야, 저년을 당장 끌어내라!

S#6 (장금이 대전 뜰 앞에 꿇려 있다)

우상: 감히 의녀 따위가 전하의 환우를 알아낸다 어쩐다 하더니 이런 엄청난 결과를 초래하였다.

중전: 내 너를 믿었거늘, 어찌하여 이런 참담한 일을 저지른 것이냐?
내의원에서 시침이 위험하다고 만류하였는데도 시침을 하게 한 연유가 무엇이냐?

장금: 전하께서 실명하실까 저어하여 그리하였사옵니다.
시침의 자리가 위험하여 눈이 침침해지시는 것이 아니오라 병의 진행이 그러하옵니다.

내의정: 거짓입니다. 이제 와 발뺌을 하려고 갖다 붙이는 것이옵니다.

민정호: 서 의녀는 처음부터 그것을 예견하고 있었습니다.
다재원에 가면 전하의 병증과 같은 환자 중 한 명이 실명된 자이옵니다.

장금: 하오니 마마, 제가 전하를 직접 진맥하게 하여 주시옵소서.

내의정: 아니, 이것이 아주 실성한 것이 아니냐!
감히 의녀가 어찌 전하의 옥체에 손을….

장금: 소녀 비록 의녀이오나 저 또한 의술을 하는 자이옵니다.
전하의 병부일지만 보고 다른 환자들의 병증을 비교하여 보았을 뿐 정작 전하의 옥체는 단 한 번도 진맥지 못하였습니다. 마마, 제발 진맥게 하여 주시옵소서.

중전: 허면, 네가 고칠 수 있느냐?

장금: 마마, 아뢰옵기 황공하오나 병을 두고 의원의 장담은 있을 수 없나이다.

중전: 허면, 어차피 죽을 목숨 시각이나 연장해 보겠다는 것이냐?

장금: 마마, 황공하오나 병자를 두고 제 몸을 먼저 구하지는 않사옵니다.

중전: (한참 번민 후) 네 마음을 믿는다. 또한 네 말도 믿는다.

허나, 마음이나 말이 네 재주나 제 실력은 아니니다.

하여 난 착하고 실력 없는 사람이나, 실력 있고 못된 사람이나 사람을 해치기는 마찬가지라고 생각한다. 전자는 본의 아니게, 후자는 본의로 그러는 차이만 있을 뿐이지…. 어쨌든 내 모든 걸 네게 건다.

장금이는 전하를 진맥도록 하라!

S#7 (내의원 서고: 장금이 전하를 진맥하고 나와 의서들을 살피며 깊은 생각에 잠겨 있을 때 신비가 돌아온다)

신비: 장금아! 왜 그래, 네가 말한 처방이 틀려!

장금: 틀렸다기보다는….

신비: 그런데 지금까지 책만 계속 보고 있으면 어떻게 해.

장금: 좀 의아한 것들이 있어서, 꼭 알아보고 찾아야 해.

(하루 온종일, 그리고 꼬박 날밤을 새며 의서만 살펴보고 있다. 그리고 다음 날은 약방의 약재들을 살펴보고, 수라간의 식재료뿐만 아니라 음식들과 물동이의 물까지 맛을 본다)

S#8 (대전에 들어와 다시 전하를 진맥한다)

중전: 그래, 처방은 정하였느냐?

장금: 예.

중전: 무엇이냐?

장금: 하오나 처방을 하기 전에 꼭 들러 보고 싶은 곳이 있사옵니다. 윤허하여 주시옵소서.

중전: 들러보고 싶은 곳이라….

우상: 마마, 윤허하시면 아니 되옵니다.
당장이라도 고칠 듯하더니 어제 내내 책만 보았습니다. 딴, 무슨….

장금: 마마, 제 처방이 맞는지 마지막 확인(점검)을 해야 하옵니다.
그래야 전하의 실명을 고칠 수 있사옵니다.

중전: 다녀오너라!

S#9 (샘물과 온천물이 있는 곳)

군관: 이곳이 수고의 물을 대는 곳이다. 오로지 전하만이 쓰시는 물이다.

장금: (물을 떠서 맛을 본다. 그리고 또 옮겨서 원천의 물까지 맛을 본다. 그리고 또 이동하여 온천수를 살펴보고 온천수의 맛까지 본다)

군관: 전하의 목욕물을 대는 곳이다.
워낙 창증이 많으셔서 이 물을 대어 목욕물로 쓰신다.

장금: 전하의 고기와 타락을 대는 목장이 혹시 이 근처입니까?

군관: 그렇다. 따라오거라.

장금: (목장으로 가서 소들을 살펴본다. 목장을 나와 수의녀를 찾아가 이야기를 나눈다)
병명은 호혹이나 상한의 후유증에 의한 것은 아니고, 제가 병인에 대해 여러 가지를 파악해 보았습니다.

수의녀: 그런데 그것이다. 그럴 수도 있지.
그것이 간경습열을 만들 수도 있어, 급성으로 나타날 수도 있지만 10년 후나 20년 후에 나타나는 경우도 보았으니까.

장금: 제가 쭉 둘러본 결과 더욱 확신이 섰습니다.

S#10 (대전)

중전: 처방은 정하였느냐?

장금: 예.

중전: 무엇이냐?

장금: 방기와 홍삼입니다.

중전: 탕약을 올리거라. 시간이 없어.

장금: 예.

(얼마의 시간이 흐른 후 나갔던 장금이 돌아온다)

중전: 어서 이리 가까이 오너라.

네가 나간 후 의관들이 다시 전하를 살폈는데 아주 좋아지셨단다.

신주부: 전하의 피부가 아주 좋아지셨다.

정주부: 온몸에 피부병이 싹 들어가셨다.

중전: 의관들이 다 네 처방 때문이라 하는데 눈은 아직 그대로이시다.

얼른 보거라, 얼른 다시 봐.

장금: (꼼꼼히 전하의 상태를 살핀 후 시침을 한다. 온갖 정성으로 전하를 돌보며 얼마의 시간이 더 흐른 후) 전하, 한번 눈을 떠 보시옵소서.

중전: 전하, 제가 보이십니까?

전하: (잠시 여기저기를 둘러본 후) 보입니다. 보입니다, 중전.

중전: 전하, 다행입니다. 천만다행입니다.

(장금에게) 어찌한 것이냐! 어찌한 것이야.

장금: 전하의 병은 호혹병이었으나 병인은 간경습열로 인한 것이었사옵니다.

하여 비장을 상하게 하고 식욕이 떨어져 처음에는 상한증과 같은 병세를 보였던 것입니다.

그러나 이것은 다시 장과 혈, 기에까지 사기를 뻗치다가 눈으로까지 침습한 것이옵니다.

중전: 그러나 너는 호혹을 내의정과 달리 처방하지 않았더냐. 그것이 궁금하다.

장금: 제가 직접 진맥하여 보니 간경습열을 일으킨 원인이 따로 있는 것이 아닌가 생각이 들었습니다.

중전: 그것이 무엇이냐?

장금: 웅황(비소가 포함된 광물)에 중독되신 것이옵니다.

상선: 허면, 누군가가 전하를 음독했다는 것 아니냐?

중전: 누가 전하를 음독했단 말이냐?

장금: 자연이옵니다.

비소는 분명 적은 양만으로도 사람의 목숨을 앗아 가는 맹독이옵니다.

전하께서 창증을 몰아내기 위해 갖다 쓰신 온천수들이 눈에 보이지도 않고 기밀을 하여도 나타나지를 않고 또 맛으로도 가려낼 수 없는 아주 미세한 웅황이 있었사옵니다.

그런 미세한 양만으로는 몸에 들어간다 해도 증세가 나타나질 않사옵니다.

중전: 허면 드시지도 않고 온천만 하셨는데도 전하의 옥체에 웅황이 쌓였단 말이냐?

장금: 아니옵니다. 그것은 분명히 창증에 도움이 되었사옵니다.

허나 문제는 전하께서 꾸준히 드신 타락에 문제가 있었사옵니다.

타락을 대는 축사가 온천수 가까운 곳에 있는 관계로 그곳의 소들은 온천수와 같은 수원의 지하수를 먹고 있었습니다.

중전: 허면 그 물을 먹고 자란 소의 타락을 꾸준히 드셨던 전하께서….

장금: 예, 마마, 백성들은 타락을 쉽게 먹을 수가 없어 아무 문제가 없었으나 전하께서는 늘 그것을 드셨기에 그것이 아주 조금씩 계속 쌓이고 결국엔 전하의 간을 상하게 한 것으로 보이옵니다.

하여 웅황을 해독하는 방기와 몸을 보호하면서도 탁독합창(독을 제거하고 종기를 삭이며 저항력을 증진)에 효험이 있는 홍삼을 함께 올린 것이옵니다.

중전: 오, 대단하구나, 내의정도 알아내지 못한 전하의 환우를 알아내다니 정말 놀라웁구나, 놀라워.

전하: 네 이름이 무엇이냐?

장금: 장금이라 하옵니다.

III

목표(비전)설정

미래를 창조하는 가장 좋은 방법은

미래를 창안하는 것이다

(앨런 케이)

1. 목표(비전)설정의 의의
2. 목표와 비전
3. 비전설정
4. 목표설정

1. 목표(비전)설정의 의의

세상에 살아 있는 모든 생명체는 운동 · 활동을 하며 살아가는데, 그 운동 · 활동이 의식적일 수도 무의식적일 수도 있다. 우리 인간의 눈으로 볼 때 어떤 동식물의 행동이 무의식적인 것으로 보일(느껴질) 수도 있다. 그러나 그들의 입장에서는 그 행위가 의식적일지도 모르며, 만일 그것이 의식적이라면 반드시 어떤 의도가 있을 것이다.

더구나 우리 인간은 이성적인 동물이다. 이성적인 동물이라면 분명 어떤 의도를 갖고 행동하게 된다. 더욱이 인간이 합리적인 동물이라면 인간은 그 행위에 앞서 분명한 의도를 갖고 있을 것이다.

이같이 이성적 · 합리적 인간이 모든 행위에 앞서 고려하게 되는 그 이성적 · 합리적 의도가 목표(비전)인 것이며, 한 조직을 이끌어 나가는 리더라면 반드시 목표(비전)를 세우고 목적 있는 행위를 하게 될 것이다. 바로 이 목적 있는 행위를 그려 내는 작업이 목표설정(Goal-Setting: Pathfinding)인 것이다.

따라서 목표설정이란 '행위의 주체(조직)가 이루어 내고자 하는 바람직한 미래의 모습 또는 지향상(guiding image)을 수립하는(그려 내는) 것'이다.

2. 목표와 비전

조직의 리더는 적어도 '우리 조직의 사명(mission)은 무엇이고, 미래를 위해 무엇을 해야 하며, 우리 조직을 어느 방향으로 나아가도록 해야 하는가' 등을 늘 생각하게 된다. 이처럼 조직이 나아가야 할 방향이나 무엇을 왜 해야 하느냐를 제시하는 일이 바로 목표(goal)나 비전(vision)이 되는 것이다.

그런데 리더가 조직의 미래를 생각할 때, 바람직한 방향을 정하기에 앞서 조직의 바람직한 미래를 마음속으로 그려 보게 되는데, 여기에서 바람직한 방향을 정하는 것이 목표설정이고, 바람직한 미래를 그려 보는 것이 비전이 되겠다.

그러나 워런 베니스가 "비전이라고 부르는 이 이미지는 꿈처럼 막연할 수도 있고 목표처럼 명확할 수도 있다"고 하였듯이, 비전이나 목표나 별로 구별이 안 될 수도 있는 것이다. 또한 스탠 톨러(Stan Toler)가 "비전과 목표는 본래 그 특이성, 계획성이란 관점에서 구별할 수 없으며, 다만 비전이 큰 그림을 바라보는 것이라면 목표는 보다 더 한정적인 윤곽을 그려 내는 것이다"라고 말했듯이, 비전과 목표의 구분 자체가 무의미할 수도 있다.

그렇지만 학문의 연구상 조금은 구분하여, 비전을 좀더 현실성 있고 구체성 있는 그림으로 그려 낸 것을 목표로 보고, 비전으로부터 목표가 잉태된다고 보는 것이 옳은 생각일 것 같다. 아무도 가지 않은 길을 생각하는 것이 비전이요, 그 길을 그려 내는 것이 목표이다.

3. 비전설정

1) 비전의 개념

최근의 리더십에 대한 학문적 주요 연구들은 리더십 비전(leadership vision)에 중점을 두고 있는데, 시어도어 헤스버그(Theodore Hesburgh)는 "리더십의 본질은 비전을 갖는 데 있다" 하였고, 조 레슬린(Joe Leslin)은 "조직 내에 비전이 없으면 진정한 리더십도 없다"고 하였으며, 버트 나누스(Burt Nanus)는 "조직 성공의 열쇠는 리더십이며, 리더십의 열쇠는 비전이다"라고 하였다.

그렇다면 이토록 중요한 비전이란 과연 무엇인가?

우리는 보통 꿈, 희망, 이상이라고 부르는데, 라우드(Larwood)는 "비전은 조직이 미래에 도달하고자 하는 일종의 이상적인 모습(ideal picture)이자 조직의 전체적인 방향을 제시해 주는 청사진이다"라 하였고, 스나이더(Snyder)는 "조직의 미래가 어떠해야 하며 어떻게 보일 수 있는지에 대한 미래상이다"라고 하였으며, 스티븐 스콧(Steven Scott)은 "내 마음이 그리는 소망이다"라 하였고, 나폴리언 힐(Napoleon Hill)은 "비전은 내 영혼이 낳은 자녀요, 나의 궁극적 목표가 달성되는 청사진이다"라고 하였으며, 브라이언 트레이시(Brian Tracy)는 "이상적인 미래가 현실이 되기 전에 미리 그것을 시각화하고 상상할 수 있게 하는 것이다"라 하였다.

일반적으로 비전이란 '우리가 이루고 싶어 하는 원대한 이상이자 간절한 소망이요, 꿈'이라고 말하는데, 제임스 쿠지스(James M. Kouzes)와 배리 포스너(Barry Z. Posner)는 좀 더 구체화하여 마음과 같이 4가지 비전의 속성(미래지향, 이미지, 이상, 독특성)을 제시하고 있다.

① 미래지향(future-oriented): 앞을 내다보기

비전은 항상 미래를 다룬다. 비전은 과거나 현재에 있지 않고 미래를 지향한다. 그것은 비전이 미래 속에서 시작되는데, 리더와 비전을 공유하는 사람들이 장차 만들려고 노력하는 바가 비전에 포함되어 있기 때문이다.

비전은 미래를 창조하는 것으로, 앨런 케이(Alan Curtis Kay)가 "미래를 창조하는 가장 좋은 방법은 미래를 창안하는 것이다"라고 하였듯이, 비전은 미래의 특정 시점에서의 조직의 이상적 모습을 생각하는 미래의 지향상인 것이다.

② 이미지(image): 미래를 그리기

버트 나누스는 "비전은 조직의 보다 바람직한 미래에 대한 아이디어 또는 이미지이다"라고 하였다. 존 매든(John Madden)은 "훌륭하지 못한 리더는 사람들이 원하는 세상(결과)이 무엇인지 모르나 훌륭한 리더는 그것을 알고 있다"고 하였다. 따라서 훌륭한 리더는 미래를 창안하고자 할 때, 결과가 어떠할 것인지 일을 시작하기 전부터 마음속으로 그 형상을 그려 낸다. 마치 피겨 스케이터가 스케이팅을 하기 전에 마음속으로 자신의 스케이팅 모습을 상상하고 그려 보는 것과 같은 것이다.

이렇듯 비전은 현재 존재하지 않으며 과거에도 존재한 적이 없는 미래의 바람직한 상태의 그림 또는 이미지로서 우리가 마음속으로 그린 이미지인 것이다.

③ 이상(ideal): 가능성을 생각하기

비전은 하나의 이상이다. 비전은 분명히 그리고 확실히 현재보다 더 나은 미래의 모습을 제시하는 것이다. 비전은 미리 관찰과 증명을 할 수도 없고 실제로, 결코 현실로 나타나지 않을 수도 있는 가상의 세계를 그리지만 가능의 세계를 제시한다. 따라서 비전은 조직의 가능성에 근거한 미래에 대한 바람직하고 이상적인 정신적 모델(mental model)인 것이다.

④ 독특성(uniqueness): 차별성 보이기

비전은 지금까지 존재하지 않은 것이므로 새롭고 독특한 것이며, 다른 것들과의 차별성을 갖게 한다. 그 독특함, 차별성이 사람들에게 매력을 주는 것이고, 그러한 것이 없다면 그것은 이미 비전이 아니다. 따라서 독특함은 우리의 자긍심을 높일 뿐만 아니라 우리 조직과 관련한 모든 사람들에게도 자긍심을 갖게 한다.

독특함이란 꽃 장수 포데스타 발도치(Podesta Baldocchi)가 "우리는 꽃을 팔지 않는다. 우리는 아름다움을 판다"고 한 말과 같은 색다름이 있는 것이다. 발도치의 고객은 꽃 한 다발을 사지만, 그들이 산 그 꽃들은 예를 들면, 집 안을 아름답게 꾸며 준다거나 애정을 표현한다거나 어떤 기쁨을 느끼게 하는 그 이상의 것이라는 것이다.

이제 이상을 종합하여 볼 때 비전이란 '우리가 소망하는 이상적이고 독특한 미래의 이미지이다'라고 정의할 수 있다.

2) 비전의 중요성(역할)

수년간에 걸친 연구에서 "모든 위대한 리더들의 공통적인 한 가지 특성은 바로 비전에 있다"고 브라이언 트레이시는 말하고 있는데, 역사적 인물인 솔로몬(Solomon)은 "비전이 없으면 인간은 살 수가 없다" 하였고, 헬렌 켈러(Helen Adams Keller)는 "비전이 없는 것보다는 장님이 되는 것이 오히려 낫다"고 하였으며, 에리히 프롬(Erich Fromm)도 "인간은 꿈과 희망을 갖고 생활할 뿐만 아니라, 국가와 사회도 꿈과 희망 및 신념을 통해서 유지되고 있다. 만일 인간이 꿈과 희망을 잃으면 국가와 사회는 생명력의 부족으로 파괴되거나 소멸할 것이다"라고 말하였다. 그 중요성을 몇 가지 살펴보면 다음과 같다.

① 삶의 안내자(이정표)가 된다

비전은 꿈과 이상으로, "그 꿈이 우리들 모두를 이끌어 간다"고 아서 밀러(Arthur Asher Miller)는 말한다. 또한 "이상은 등대로서, 이상이 없으면 확실한 방향도 없고, 방향이 없으면 인생도 없다"고 톨스토이(Lev

Nikolayevich Tolstoy)는 말했다. 그리고 브라이언 트레이시는 "미래에 대한 가슴 설레는 비전이 없으면 하는 일에 대한 동기와 열정의 결핍으로 인해 안으로부터 무너져 내릴 것이다"라고 하는데, 이렇듯 꿈이 없으면 우리는 앞으로 나아갈 수가 없는 것이다.

우리는 꿈이 있을 때 목표를 세워 그 목적지를 향해 앞으로 나아가게 되나, 꿈이 없으면 되는 대로 살아가다가 주저앉고 만다.

따라서 비전은 우리가 가야 할 곳과 그곳에 가야 할 이유를 가르쳐 주는 것이다. 다음의 노랫말을 들어 보자.

꿈(그대)을 향한 내 사랑은 무엇으로도 바꿀 수 없어

내가 꿈(그대) 없이 살아야 한다면
낮은 텅 비고
밤은 길게만 느껴질 거예요
이제 꿈(그대)을 영원히, 그리고 분명하게 볼 수 있어요
우리의 꿈은 이제 막 피어납니다. 그리고
우리 모두(둘 다) 알고 있어요
그 꿈들이 우리가 원하는 곳으로 데려다줄 거에요
그 꿈(그대)만이 내 인생을 완전히 바꿀 수 있어요
우리 앞에 놓인 길이 그렇게 쉬운(편안한) 길이 아니더라도
우리의 꿈(사랑)이 그 길을 안내 별(어두운 밤 길을 인도해 주는 별)처럼
우리를 이끌어 줄 거예요
내게로 와서 그 꿈을 함께 지켜보아요
내 그대를 도와서 영원한 모습을 볼 수 있도록 해 줄게요

이 노랫말에서 보듯, 꿈이 우리를 안내해 주고 있다는 것인데, 이 노랫말은 글렌 메데이로스(Glenn Medeiros)가 부른 〈Nothing's Gonna Change My Love For You〉의 원가사에서 '당신(you)'을 '꿈'으로 바꿔 본 것이다.

② 삶의 원동력(활력)이 된다

"산다는 것은 꿈을 꾸는 것이다" 꿈이 없는 삶은 허무를 넘어 죽은 삶이다. 일찍이 윌리엄 클라크(William Smith Clark)는 "젊은이여, 대망을 가져라"하고 외쳤다. 우리는 꿈을 먹어야 생기가 솟고 영혼이 윤택해진다.

파울로 코엘료(Paulo Coelho)는 "인생을 살맛 나게 해 주는 것은 꿈이다" 하였고, 워런 베니스는 "비전은 활력과 영감을 주어 목적을 행동으로 전환시킨다" 하였으며, 존 하가이(John E. Haggai)는 "비전은 성공적 리더십의 핵심 요인으로 모든 리더십의 기초가 되며 보강제가 된다"고 하였다.

그리고 이미 앞에서 솔로몬이 "비전이 없으면 인간은 멸망하고 만다" 하였는데, 물론 이 말은 육체적 죽음이 아닌 영혼의 죽음을 의미하겠지만, 우리에게 비전이 없다면 우리는 인생에 대한 기쁨과 열정을 잃게 되고 그저 평범함이라는 늪지에 빠져들어 진정한 인간의 삶이 아닌 단순한 생명체로서의 그저 그런 삶을 살게 될 뿐인 것이다. 그리하여 스티븐 스콧도 "꿈이 없다면 내일을 향한 열정도 인내심도 없다"고 말하는데, 비전이 없다면 삶에 무관심한 사람이 되기 십상이라는 의미이다.

반면에 우리가 비전을 갖게 되면 삶의 무관심에서 벗어나 적극적인 행동을 하게 되는데 "적극적인 행동은 우리의 자신감을 불러일으키고, 그 자신감은 더욱더 적극적인 행동을 하도록 만든다"는 것이 존 맥스웰의 주장이다.

따라서 성공적 비전 제시는 조직의 성장 · 발전을 위한 강한 추진력이자 원동력이 되는 것이다.

③ 삶의 역경을 극복하게 한다

우리 인간의 삶은 때로 고난의 길이라고 했다. 우리는 그 고난의 길에서 한계를 감당하지 못하고 그대로 인생의 막을 내리는 경우를 종종 보게 된다. 그러나 우리에게 꿈이 있다면 한계를 극복할 수 있는 잠재력이 있음을 깨닫게 된다. 비전은 다른 사람들이 보지 못하는 것을 보게 하는 힘이 있기 때문이다. 사실상 우리 인간의 잠재력은 짐작할 수도 측정할 수도 없으나, "꿈을 추구하는 사람은 그 한계로 여겨지는 지점을 훨씬 뛰어넘어 나아간다"는 것이 로버트 크리겔(Robert J. Kriegel)과 루이스 패틀러(Louis Patler)의 주장이다.

우리나라 대중가요인 〈거위의 꿈〉을 들어 보면 입증이 될 듯하다.

거위의 꿈

이적 · 김동률 노래

난 난 꿈이 있었죠
버려지고 찢겨 남루하여도
내 가슴 깊숙이 보물과 같이 간직했던 꿈
혹 때론 누군가가 뜻 모를 비웃음을
내 등 뒤에 흘릴 때도 난 참아야 했죠

참을 수 있었죠 그날을 위해
그래요 난 난 꿈이 있어요
그 꿈을 믿어요 나를 지켜봐요
저 차갑게 서 있는 운명이란 벽 앞에
당당히 마주칠 수 있어요
언젠가 나 그 벽을 넘고서
저 하늘을 높이 날 수 있어요
이 무거운 세상도 나를 묶을 순 없죠
내 삶의 끝에서 나 웃을 그날을 함께해요

3) 비전설정의 방향

"리더의 중심에는 꿈이 있고, 그 꿈이 우리가 하는 모든 일에 영향을 미친다"고 조셉 바다라코(Joseph L. Badaracco)는 말하는데, 그처럼 중요한 비전을 세우고자 할 때 우리가 택하여야 할 방향은 다음과 같아야 한다.

① 결과를 눈앞에 보여 줄 수 있는 것

비전은 막연한 것이 아니라 결과를 눈앞에 그려 보이는 것이다. 성서에서 보면 모세는 사막의 모래밭이 결코 끝나지 않을 것 같은 상황에서, 그리고 먹을 것은 떨어져 가고 내부의 반대자들은 이집트로 다시 돌아가야 한다고 위협할 때, 그는 비전 — 비록 자신들이 한번도 본 적이 없지만 실제로 존재하는 젖과 꿀이 흐르는 땅 — 을 상기시켜 주었다.

② 꼭 만들어 내고 싶은 것

비전은 없애고 싶은 것이 아니라 만들어 내고 싶은 것에 초점을 두어야 한다.

다음 머크(Merck) 사의 예화를 통해 이해하여 보자.

〈예화〉

머크 사가 강변실명(river blindness) 질병 치료약 멕티잔(Mectizan)을 개발하기로 결심하고는 고민에 빠진다.

이 질병은 주로 아프리카, 강 유역에서 빌병하는 질병으로 피부가 악어 등처럼 갈라지고 정신적 장애를 일으키거나 심하면 실명하게 되는 고약한 풍토병이다.

머크 사는 이 질병 치료약의 수혜자인 아프리카 지역에 개발 비용의 일부 정도를 요구했으나 아프리카 사람들은 너무 가난하여 아주 작은 소액조차도 부담할 수 없었고, 세계보건기구도 임상실험 자원 지원 요구를 수혜 지역이 너무 멀리 있어서 현지 실험이 불가능하다는 이유를 들어 지원을 거부했다. 그리고 임상실험에도 위험이 따랐고, 과학적으로나 정치적으로도 많은 장애가 있었다. 또한 수익성은커녕 오히려 손해밖에 없다는 것이다.

결국 머크 사의 회장인 바젤로스(Roy Vagelos)는 그 약을 자체적으로 개발하여, 오히려 기본 프로젝트로 전환하기로 결정을 내린다.

당시 제약회사들은 그들의 목표가 "우선적으로 돈을 버는 데 있고 치료는 다음"이라는 비난을 받고 있었으나, 어쨌든 기업은 수익이 있어야 한다. 그런데 이 약은 주요 판매 시장이 빈곤 상태로 수익성도 없다.

그러나 바젤로스는 사람이 상하는데 수익성이 없다는 이유로 신약 개발을 포기할 수 없다며, 이 회사의 핵심 가치 — "약이란 수익을 위한 것이 아니라 사람을 위한 것이다" — 에 따라 '강변실명의 치료에만 초점을 두고 회사 이익은 염두에 두지 않기'로 하고 개발에 들어간다.

돈이 안 되는 것을 뻔히 알면서도 1978년부터 1987년까지 10년간 (사람들은 천문학적인 개발 비용이 투자되었다고 한다)의 연구 노력 끝에 드디어 신약이 개발되었고, 그 약은 최근까지 필요 지역에 필요한 만큼 공급되었으며, 그간 약 7억 명의 실명을 막았다.

머크 사는 1987년부터 연속 7년간 『포춘(Fortune)』 지에서 선정하는 '가장 존경받는 기업' 1위에 올랐다.

(Lorin Woolfe, *The Bible on Leadership*, AMACOM, 2002)

머크 사는 '자신의 민족이 아닌' 인류의 생명과 미래를 위한 그들의 따뜻한 마음으로, 한 시대의 존경받는 가장 위대한 기업으로 우뚝 서게 되었다.

③ 모든 구성원이 인정하는 것

조직의 비전은 한 사람의 작품이 아니라 모든 구성원이 인정해야 한다. 이와 관련해서는 다음의 노래를 들어 보는 것이 좋을 듯하다.

꿈꾸지 않으면

꿈꾸지 않으면 사는 게 아니라고
별 헤는 맘으로 없는 길 가려네
사랑하지 않으면 사는 게 아니라고
설레는 마음으로 낯선 길 가려하네
아름다운 꿈꾸며 사랑하는 우리
아무도 가지 않는 길 가는 우리들
누구도 꿈꾸지 못한 우리들의 세상 만들어 가네

(간디 대안학교 교가)

정말로 가슴 벅차게 느껴지는 노래다. 이 노래는 "모든 사람의 가슴에는 이상을 향한 불씨가 간직되어 있다"는 레지 잭슨(Reggie Jackson)의 말을 되새기게 하면서, 우리 모두가 더불어 행복한 그런 길을 찾는 속 깊은 비전을 설정해야 함을 말해 주는 듯하다.

4) 비전설정의 요건: CAR

앞에서 "꿈이 우리 모두를 이끌어 간다"고 하였는데, 꿈에는 좋은 꿈과 나쁜 꿈이 있다.

"좋은 꿈은 리더의 매우 중요한 내적 자원으로, 좋은 꿈은 시간이 지나면서 모습을 바꾸고 다른 사람과의 관계를 강화하며 더욱 깊게 만든다. 좋은 꿈, 건강한 꿈은 인간이 성장 · 발전하듯 그 꿈도 성장하고 진화하며 모습을 바꾼다. 이를테면 당대만을 위한, 나만을 위한 꿈에서 후대(후손)를 위한, 모두를 위한 꿈으로 진화한다는 것이다.

그러나 리더의 꿈이 잘못되면 리더 자신은 물론 가족이나 조직까지 파괴된다. 즉 나쁜 꿈은 천천히 몸에 퍼지는 독과 같아서 그 꿈은 주위의 여러 관계를 좀먹을 뿐만 아니라 그 장본인까지도 서서히, 조용히, 그리고 교묘하게 파괴한다"고 조셉 바다라코(Joseph L. Badaracco)는 말했다.

그러므로 우리는 좋은 꿈을 설계해야 한다. 그렇다면 과연 좋은 꿈을 설계하기 위한 요건은 무엇인가?

워런 베니스와 버트 나누스가 "비전이란 현실성 있고 믿을 만하며 매혹적인 조직의 미래상이다"라고 하였는데, 바로 이 세 가지가 비전설정의 요건이다. 그런데 본 강의에서는 이 요건 중 realistic(현실성)을 right(정의, 옳은 것)로 바꾸려 한다. 그 이유는 말미에서 이야기하겠다.

① 믿을 수 있을 것(credible)

자신이 꿈꾸는 이상적인 삶을 만들기 위해서는 자신에게 그런 일을 할 수 있고 가능하다는 믿음을 부여해야 한다. 될까, 안 될까 하는 그런 의혹은 버려야 한다. 월트 디즈니(Walt Disney)는 "꿈을 꿀 수 있다면 그것을 이룰 수 있다" 하였고, 올림픽 테니스 금메달리스트인 비너스 윌리엄스(Venus Williams)도 "아무도 당신을 믿지 않더라도 당신만은 자신에 대한 믿음을 가져야 한다. 당신을 승자로 만들어 주는 것은 바로 그것이다"라고 하였다.

최근 신경심리학자들(특히 기대이론을 연구하는)의 말에 따르면 "당신이 자신이 원하는 것이 실현 가능하리라고 믿기 시작한다면 당신의 뇌가 당신을 위해서 그 가능성을 달성시키는 일을 실제로 떠맡을 것이다"라고 하였다. 그리하여 나폴리언 힐은 "충분한 확신을 가지고 믿으며, 확고한 신념에 따라 행동한다면, 당신은 무엇이든지 될 수 있다. 왜냐하면 무엇이든지 마음에 품고 믿을 수 있다면 이룰 수 있기 때문이다"라고 하였다.

따라서 오늘날 사람들이 성공적인 삶을 살지 못하는 가장 치명적인 원인을 자신의 꿈에 대한 믿음 부족에 두고 있는 것이다. 우리는 꿈을 이룰 수 있다는 신념을 가져야 한다.

다음 콜럼버스(Christopher Columbus)의 예화를 보자.

〈예화〉 크리스토퍼 콜럼버스

콜럼버스는 지구가 둥글다는 확신을 갖고 서쪽으로 바다를 건너 인도에 가려는 결심을 하고 에스파냐의 이사벨라 여왕을 찾아간다.

에스파냐는 새 항로 개척을 두고 포르투갈과 경쟁을 하고 있었다.

포르투갈은 동쪽 항로를 택했고, 에스파냐는 서쪽 항로를 택했다.

1492년 8월 3일 이사벨라 여왕의 환송을 받으며 콜럼버스는 산타마리아 호를 비롯한 3척의 배를 이끌고 에스파냐 남부의 팔로스 항구를 떠난다. 항해 도중 불확실성과 파도 등으로 인해 배는 부서지고, 오랜 항해로 선원들과 항해사들이 더 이상의 항해는 불가능하다며 돌아가야 한다고 거센 항의를 하는 등 내부 갈등 또한 심화되었다.

1492년 8월 3일 이사벨라 여왕의 환송을 받으며 콜럼버스는 산타마리아 호를 비롯한 3척의 배를 이끌고 에스파냐 남부의 팔로스 항구를 떠난다. 항해 도중 불확실성과 파도 등으로 인해 배는 부서지고, 오랜 항해로 선원들과 항해사들이 더 이상의 항해는 불가능하다며 돌아가야

한다고 거센 항의를 하는 등 내부 갈등 또한 심화되었다.

이런 악조건 속에서 콜럼버스는 '바다 건너에 인도가 있다'고 선원들에게 확신을 심어 주며 격려했다.

콜럼버스는 '신대륙 발견'이라는 비전을 세우고 확고한 믿음을 갖고 선원들을 이끌어 에스파냐를 출발한 지 69일 만에 드디어 육지에 닿았고 그곳을 산살바도르(성스러운 구세주)라 이름 붙였다.

(중앙공무원교육원 역량과정 교재)

② 매혹적일 것(attractive)

생각만으로도 흥분되고 행복해질 정도로 '충분히 매혹적인 비전을 설정하라'. 그것이 비전의 공식이다. 자신의 마음속에 강한 흥미를 돋우는 — 갖고 싶고, 하고 싶고, 되고 싶은 것에 대한 강력하고 강한 흥미를 자아내는 — 그런 매력적인 비전이어야 성공을 확신할 수 있다. 남녀 관계에 있어서도 그러하듯, 매력이 있어야 끌리는 것이다.

"만일 당신이 삶에 싫증을 느끼고 있다면, 만일 당신이 아침마다 뭔가 기대와 열망을 가지고 벌떡 일어나지 못한다면 당신은 분명 충분히 좋은 비전을 가지고 있지 못한 것이다"라고 루 홀츠(Lou Holtz)는 말하고 있다.

충분히 좋은 비전이란 적어도 인간에 대한 사랑을 담고 있는 그런 것이어야 한다. 인간에 대한 사랑이 없는 것이 매력적일 수는 없지 않은가. 그리고 우리의 영혼을 울릴 그런 비전이 있을 때 벌떡 일어나게 된다.

매력적인 비전에는 그만큼의 어려움 또한 수반될 수 있다. 그러나 그러한 어려움을 극복해 내는 과정에서 얻을 수 있는 것은 바로 자신의 변화된 모습일 것이다. 매력적인 비전을 이루려면 당신이 먼저 더 매력적인 사람으로 변할 수밖에 없기 때문이다.

다음 모세(Moses)의 예화를 보자.

〈예화〉 모세

모세는 "이스라엘인을 이집트인의 손에서 구출하고 약속한 땅으로 가라"는 신의 계시를 받고 이집트로 들어가 파라오를 만나 이스라엘인들을 이집트에서 떠나게 해 달라고 부탁한다. 그러나 파라오는 거절한다.

그러자 모세는 열 가지 재앙을 일으켜 파라오를 위협하고 이를 견디다 못한 파라오는 이스라엘인들에게 "떠나가라"고 소리친다.

이스라엘 인들 60만 명은 모세를 따라 430년 동안 살아오던 이집트

땅을 떠난다. 모세는 어떻게 그들을 그들이 살아오던 땅으로부터 이끌어 낼 수 있었으며 그는 어떻게 그런 행동을 할 수가 있었는가? 그것은 바로 '젖과 꿀이 흐르는 하느님의 나라 건설'이라는 매력적인 비전 때문이었다.

(중앙공무원교육원 역량과정 교재)

③ 정의로울 것(right)

우리들 모두에게는 인생의 꿈이 있다. 그러나 그 꿈을 이루려는 이유는 다를 수도 있다. 여기에서 중요한 것은 그 꿈을 이루려는 이유가 옳고 분명하며 타당할수록 그 꿈을 이룰 확률도 높다는 사실이다. 따라서 우리의 꿈은 옳은, 의로운 것이어야 한다. 그것이 우리가 가야 할 길이다. 일찍이 맹자도 "인은 사람의 마음이요, 의는 사람의 길이다(仁 人心也, 義 人

路也)"라고 하지 않았던가.

아무리 탁월하고 위대한 리더라 하더라도 그가 지향하는 비전에서 가장 가치를 두는 것에 정의, 진리, 인간애 같은 것이 없다면 그가 과연 진정 위대한 리더이며, 그리고 그 꿈이 과연 모두에게 유익하게 작용하고 이루어지겠는가.

인간으로서 올바른 것, 사회적으로 정의로운 것, 그것이 우리 인간의 참된 길이고 인간 행위의 기본이 아니겠는가.

마이클 샌델(Michael J. Sandel)은 "정의란 공동체적인 삶을 살아가기 위해 지켜야 할 기본 원칙이다"라 하였고, 명언에서도 "신은 정의의 사람을 돕는다", 또한 "정의는 왕(리더)의 최고의 호위자다"라고 적시하듯, 우리의 비전은 요즘 우리의 세태가 보여 주는 황금만능에 매몰될 것이 아니라 옳은 생각에서 출발하여 옳은 결정, 옳은 행동으로 이어지는 모두를 위한 정의로운 것이어야 한다.

다음 예화에서 마틴 루서 킹(Martin Luther King Jr.)은 편견과 불의가 없는 나라를 꿈꾸었다는 것을 볼 수 있다.

〈예화〉 나는 꿈이 있습니다(I have a dream)

마틴 루서 킹

자유를 위한 가장 위대한 시위로 우리 역사에 길이 남을 오늘 이 모임에서 여러분과 함께할 수 있음을 기쁘게 생각합니다. 백 년 전 우리로 하여금 그의 상징적 그늘 아래 서게 해 준 한 위대한 미국인이 노예해방선언문에 서명을 했습니다. 이 선언은 불의의 폭압 속에서 고통당하던 수백만 흑인 노예들에게는 희망의 봉화였던 것입니다. 그것은 압

제의 긴긴 밤을 종식시킬 즐거운 여명이었습니다.

그러나 백 년이 지난 지금, 흑인은 여전히 자유롭지 못합니다. 백 년이 지난 지금, 흑인은 흑백 분리의 족쇄와 인종차별의 쇠사슬에 묶여 감금 상태를 벗어나지 못하고 있습니다. (…)

우리가 여기 모인 이유는 정부로부터 오래된 약속어음을 결제받기 위해서입니다. 우리 나라를 세우신 분들이 독립선언문과 헌법 속에 그 찬란한 말들을 적어 넣었을 때는 모든 미국인이 물려받을 약속어음에 서명한 것이나 다름없습니다. 이 어음은 모든 사람들, 그렇습니다. 백인뿐 아니라 흑인까지 포함한 모든 사람들이 생명, 자유, 그리고 행복을 추구할 권리를 보장받게 된다는 약속이었습니다. (…)

그러나 정의의 궁전으로 가는 따스한 문턱에 서 있는 우리 동포들에게 반드시 해 주고 싶은 말이 있습니다. 우리의 정당한 자리를 되찾는 과정에서 옳지 못한 일을 하는 죄를 범해서는 안 된다는 것입니다. 원한과 증오의 술잔을 마심으로써 자유에 대한 갈증을 풀려고 하지 맙시다. 우리는 언제나 품위와 절제의 드높은 평원에서 우리의 투쟁을 전개해야 합니다. (…)

그러나 정의의 궁전으로 가는 따스한 문턱에 서 있는 우리 동포들에게 반드시 해 주고 싶은 말이 있습니다. 우리의 정당한 자리를 되찾는 과정에서 옳지 못한 일을 하는 죄를 범해서는 안 된다는 것입니다. 원한과 증오의 술잔을 마심으로써 자유에 대한 갈증을 풀려고 하지 맙시다. 우리는

언제나 품위와 절제의 드높은 평원에서 우리의 투쟁을 전개해야 합니다. (…)

친구들이여, 그대들에게 말씀드리겠습니다. 이 순간의 많은 어려움과 좌절에도 불구하고 나는 아직도 꿈을 가지고 있습니다. 이것은 아메리칸 드림에 깊이 뿌리박힌 꿈입니다.

나는 꿈이 있습니다.

언제인가는 이 나라 국민 모두가 일어나, 모든 인간이 평등하다는 자명한 진리로, 이 신조의 진정한 의미를 반드시 실현하게 될 것이라는 꿈이 있습니다.

나는 꿈이 있습니다.

언젠가 조지아 주의 붉은 언덕에서, 노예의 후손들과 노예 주인의 후손들이, 형제처럼 한자리에 모이는 꿈이 있습니다.

나는 꿈이 있습니다.

언젠가는 여러분이 잘 아는 미시시피 주가, 악덕과 불의의 열기로 사막처럼 뜨겁고 억압의 열기로 타고 있지만, 인간이 원하는 자유와 정의의 오아시스로 변화하리라는 꿈이 있습니다.

나는 꿈이 있습니다.

나의 자녀들이 그리고 우리의 사랑하는 자녀들이, 언젠가는 그들의 피부색이 아니라 그들의 인격으로 평가되는 날이 오리라는 꿈이 있습니다.

나는 꿈이 있습니다.

언젠가 그리고 악독한 흑백의 인종차별이 있는 앨라배마 주에서, 존경하는 주지사 입에서, 인종차별을 철폐하겠다는 말이 나오리라고 나는 확신합니다.

나는 꿈이 있습니다.

언젠가는 사랑하는 작은 흑인 소년 소녀들이 작은 백인 소년 소녀와 함께 손잡고 형제자매처럼 걸을 수 있게 되리라는 꿈이 있습니다.

이것이 우리의 희망입니다. 이것이 내가 남부 지방으로 돌아갈 때 가지고 갈 신앙입니다. 이 신앙으로 우리는 절망의 산에서 희망의 돌을 다듬어 낼 수 있을 것입니다. 이 신앙으로 우리는 시끄러운 불협화음을 아름다운 형제애의 교향악으로 바꾸어 놓을 수 있습니다. 이 신앙으로 우리는 함께할 수 있고, 함께 기도할 수 (…) 있을 것입니다.

이날이 바로 그날일 것입니다. 이날이 바로 하느님의 모든 아들 딸들이 새 마음 새 뜻으로 다음과 같이 노래할 수 있는 날일 것입니다. "내 조국이여, 그대를 위하여, 달콤한 자유의 땅, 그대를 위하여 내 노래하리. 내 조상들이 돌아가신 땅, 순례자들에게 긍지가 되었던 땅, 이 땅 방방곡곡으로부터 자유의 종소리가 울려 퍼지게 하소서."

(중앙공무원교육원 리더십향상과정 · 커뮤니케이션과정 1999년 교재)

'정의는 인간 생활의 위대한 지도 원리'라 했다. 우리가 행하는 모든 일은 정의로운 것이어야 한다. 조직의 비전설정은 당연히 사회정의를 바탕에 두어야 한다. 조직의 비전 · 목표에서 정의가 없다면 조직성원들은 올바로 설 수가 없고, 바르게 나아갈 수가 없다. 우리 조직을 정의의 깃발 아래 옳은 길로 나아가도록 해야 한다.

④ '현실적일 것(realistic)'을 '정의로울 것(right)'으로 바꾼 이유

비전(꿈)이란 원래 비현실적인 것이 아니던가.

역사적으로 '모든 위대한 업적들은 어떤 면에서는 너무도 무모하고 불가능하게 보이는 것들이었다.'

예컨대, 다윗이 현실적이었다면 처음부터 골리앗과 맞서 싸우기보다 멀리 도망쳤을 것이라는 것이다. 그리고 에디슨이 현실적이고 성취 가능한 비전만을 생각했다면 "우리는 고작해야 약간 크고 성능이 좋아진 석유램프를 켜고 책을 읽을 것이고, 진공청소기 대신 빗자루로 마룻바닥을 쓸고 있게되었을 것이며, 한여름에도 에어컨 없는 집에서 무더위와 싸워야 했을 것이다. 그리고 레코드나 영화도 보지 못하고 살아갈 것이다"라는 것이 스티븐 스콧의 주장이다.

로버트 프리츠(Robert Fritz)도 "만일 당신의 결정을 성취 가능하고 합리적이라고 생각되는 것에만 한정한다면 당신은 자신이 진정으로 원하는 것과는 거리가 있는 타협물만을 남기게 될 것이다"라고 했다.

혹여 당신의 꿈이 너무 이상적이며 비현실적이라서 이루어질 수 없는 것이라고 말하는 사람들이 있을 것이나 개의치 말자. 그들은 "당신의 꿈을 그저 자신들의 꿈 수준으로 끌어내리려는 꿈 도둑들(dream-stealers)일 뿐이다"라고 몬티 로버츠(Monty Roberts)는 말했다.

다음 예화를 보자.

〈예화〉 꿈 도둑

몬티가 고등학교 시절, 그의 선생님으로부터 '어른이 되면 하고 싶은 것에 대해 써 오라'는 숙제를 받았다. 몬티는 "200에이커의 목장을 소유하고 서러브레드 순종 경마들을 키우는 것"이라고 써냈다. 그의 선생님은 몬티에게 F학점을 주면서 "너의 꿈이 비현실적이니 다시 써오면 좋은 점수를 주겠다"고 하였다.

그러나 몬티는 "그대로 F학점 주세요, 저는 제 꿈을 간직하겠어요" 하였다.

현재 몬티는 캘리포니아 주에 154에이커의 목장을 가지고 있고 서러브레드 순종 경마들(Thoroughbred racehorses)을 키우고 있으며, 수많은 트레이너들로 하여금 경마들을 좀 더 인간적인 방법(more human way)으로 훈련시키도록 하고 있다.

(Jack Canfield & Janet Switzer, *The Success Principles*, Harper Collins, 2005)

원래 비전이 과거에도 없었고 현재에도 없는 바람직한 미래의 모습을 그려 보이는 것이라면, 비전이 실현되어 현실화되었다고 한다면 그것은 이미 비전이 아니다.

따라서 비전이라는 것이 어차피 이상적인 것이라면 현실성 있는(realistic) 것보다는 '옳은 것, 가치 있는 것, 정의로운(right) 것'을 꿈꾸는 것이 바람직할 것이다. 그리고 현실성 문제는 조직을 위해 반드시 염두에 두어야 할 것이나, 이는 목표설정에서 받아들여질 것이다.

아울러 비전설정에서 좀 더 효과를 증대시키려면 "그 비전에 소리, 냄새, 맛, 그리고 느낌 같은 것들이 배어날 수 있도록 당신의 비전영상에 추가한다면 더욱더 바람직할 것"이라고 잭 캔필드(Jack Canfield)는 말하고 있다.

5) 비전의 기술

비전이 우리의 마음이 그려 내는 소망이라면, 우리는 그것을 글로 적어 놓을 수도, 그림(상징물)으로 그려 낼 수도 있어야 한다.

글로 적어 놓기를 강조하는 것은 비전에 대한 확신을 갖기 위함이고 행동화를 요구하기 위한 것이다.

제임스 쿠지스와 배리 포스너는 글로 표현하고자 할 때 우선 글자 수를 25자 내외의 단어로 작성할 것을 요구하고 있는데, 이는 우리가 비전을 다른 사람들에게 설명할 때 3~5분 내에 말할 수 있어야 하기 때문이라 했다. 그리고 더 바람직한 것은 표현하는 문장이 5~9단어 정도의 짧은 경구로 되기를 희망한다고 하였다. 간단한 경구는 커뮤니케이션에 유리하며, 때로는 완전한 의미 전달에 흠이 있을 수도 있으나 사람들이 본질을 기억하는 데 도움이 된다는 것이다.

다음으로 문장의 표현 형식은 현재 시제로 작성하기를 원했다. 이는 비전이 미래의 시점이기는 하지만 그 비전에 대한 확신을 위해서는 현재형이어야 한다는 것이다.

예를 들어 보면 "병이 있는 곳에 건강을 가져오는 것"(Albert Schweitzer), "무지가 있는 곳에 지식을 심는 것", "미움이 있는 곳에 사랑을 심는 것"(Gilbert Tennent) 같은 식일 것이다.

6) 어떤 비전, 어떤 사람

"우리 인간에게는 꿈을 꾸는 사람, 꿈을 깨트리는 사람, 꿈을 이루는 사람, 이렇게 세 종류의 사람이 있다"고 스티븐 스콧은 말하고 있는데, 큰 꿈을 이루는 사람은 큰 꿈을 품고 그 꿈을 현실로 만들어 내는 사람인 것이다. 우리도 비전설정의 요소에 맞는 꿈을 꾸고 현실로 만들어 나가자.

〈예화〉 가장 아름답고 위대한 비전: 한글 창제

따라서 백성들이 말하고자 하는 것이 있어도 자기의 뜻을 글로 써서 나타내지 못하는 이가 많으니라. 내가 이를 딱하게 여겨 새로 스물여덟 글자를 만들어 내놓으니, (…)

(『훈민정음』)

이 얼마나 백성을 사랑하는 말인가. 세종 임금님은 우리 백성들에게 우리의 소리를 찾아 주어 문맹에서 벗어나게 하겠다는 신념과 대의에서 '우리의 소리를 담을 그릇을 만든다'는 비전을 설정한다.

백성들이 자신의 의사를 자유롭게 표현할 수 있도록 하여 문맹으로부터의 해방과 인간으로서의 존엄성을 찾도록 한 이 업적(비전)이야말로 링컨(Lincoln) 대통령의 노예해방운동보다도 더 큰 해방운동이며, 진시황의 우민 통치와 비교한다면 이는 하느님의 역사인 것이다.

지금도 도처에서 국민의 눈과 입을 틀어막기 위해 공권력이 사정없이 투입되고 있는데, 그 당시에 세종 임금님은 백성들의 눈이 뜨이게 하고 백성들의 입이 열리게 하겠다는 일념하에 당대 최고의 석학이라는 최만리를 비롯한 관료, 학자들의 집요하고 끈질긴 반발과 왕권의 위협에도 불구하고 온 몸과 마음을 다 바쳐 한글 창제에 헌신하셨다.

세종 임금님의 한글 창제라고 하는 그 비전은 통제 행위를 위한 것이 아니라, 백성의, 백성에 의한, 백성을 위한 나라를 건설하겠다는 대의에 따른 숭고함이 깃든, 너무나도 아름다운 비전이 아닐 수 없다.

4. 목표설정

1) 목표의 의의

목표란 "어떤 행위의 주체가 달성하고자 하는 바람직한 미래의 상태(desirable future of affairs) 또는 조직이 미래에 실현(구현)하려는 바람직한 일의 상태"를 의미한다고 아미타이 에치오니(Amitai Etzioni)와 에드워드 그로스(Edward Gross)가 말했듯이, '행위주체가 추구하고자 하는 일종의 지향상이며 미래상(future image)'으로 정의된다.

목표는 미래의 상태로 현실의 존재적 상태는 아니지만, 미래의 상태를 실현하도록 현재의 조직행위에 영향을 미치는 현재적(顯在的) 및 잠재적(潛在的) 힘을 지니고 있다.

2) 목표의 중요성(역할)

우리 인생에서 중요한 것이 무엇일까? 그 답은 여러 가지로 나올 수도 있다. 그런데 괴테는 "인생에서 중요한 것은 위대한 목표를 세우고 그 목표를 달성하고야 말겠다는 결단을 내리는 것이다"라 하였고, 빅터 프랭클(Victor Frankl)은 "인간에게 가장 필요한 것은 삶의 의미와 목적에 대한 인식이다"라고 하였다.

그리고 행동과학자인 제럴드 벨(Gerald Bell)이 인생 황혼기에 접어든 많은 사람들에게 "만일 인생을 다시 산다면 어떻게 하겠느냐?"고 물었더니 "좀 더 일찍 인생의 주도권을 잡고 목표를 설정하겠다. 인생은 연습이 아니라 실전이다"라고 답했다는 것이다. 그리고 브라이언 트레이시는 "인간의 잠재력은 명확한 목표가 있을 때 가장 잘 기능한다"고 하면서, "대부분의 사람들이 엄청난 잠재력을 지니고 있음에도 그것을 제대로 사용치 못하고 있으나, 목표를 통하여 다른 사람들보다 더 많은 사고 능력을 사용할 수 있게 된다"고 하였다.

이는 우리가 목표를 세우고 행동하는 것이 얼마나 중요한 것인가를 말해 주고 있는 것인데, 다음 김상진의 〈이정표 없는 거리〉라는 가요를 통해 목표의 중요성을 생각해 보자.

이정표 없는 거리

김상진 노래

이정표 없는 거리 헤매 도는 삼거리 길
이리 갈까 저리 갈까 차라리 돌아갈까
세 갈래 길 삼거리에 비가 내린다

만약 우리에게 목표가 없다면 이는 마치 이정표가 없는 것과 같아 이리저리 헤매게 된다.

이제 몇 가지 중요성을 구체적으로 들어 보면 다음과 같다.

① 행동 지침의 제시

"목표 없이 살아간다는 것은 나침반 없이 항해하는 것과 같다"고 존 러스킨(John Ruskin)은 말하였고, 잭 캔필드는 "삶의 목표가 없다면 우리의 삶의 여정에서 옆길로 빠져 버리기 쉬워, 아무것도 성취한 것 없이 방황하고 헤매기 십상이다"라고 하였으며, 브라이언 트레이시는 "명확한 목표 없이 살아가는 것은 짙은 안개 속에서 운전을 하는 것과 같아 차가 아무리 성능이 뛰어나고 튼튼하다 하더라도 속도를 낼 수 없으며 가장 평탄한 길에서조차 나아가지 못한다"고 하였다. 즉, 목표가 없다면 우리의 열정은 과녁 없는 화살처럼 다다를 곳이 없게 된다는 것이다.

따라서 목표는 조직의 운영과 활동을 위한 방향 및 지침을 제시하여 주는 것이다.

② 정당성 근거의 제공

"우리가 진정한 목표를 가지고 있을 때 우리에게 필요한 사람(인재)들, 자원(수단)들, 그리고 기회들이 우리를 향하여 자연히 이끌려 오게 된다"고 잭 캔필드는 말하고 있는데, 이는 몽테뉴(Michel de Montaigne)의 "바람은 목적지가 없는 배를 밀어 주지 않는다"는 말과도 같다.

바로 우리의 목표가 어떤 가치를 가지고 있느냐가 중요하고 그 가치가 모든 것을 순리대로 돌아가게 해 주며, 동시에 한 조직의 존재가치와 행위 및 임무를 정당화시켜 주게 된다는 것이다.

③ 성과(효율성) 측정의 기준 제공

목표는 조직이 달성하려는 미래의 상태이므로, 그 미래의 시점에 이르러 그 목표가 어떻게 되었는지에 대한 성과, 즉 효율성을 객관적으로 평가할 수 있는 기준 내지 척도가 된다. 아무리 효율적으로 부지런히, 열심히 일을 하였다 하더라도 목표가 없다면 일한 성과를 측정할 수가 없는 것이다.

④ 주체적 삶의 제시

브라이언 트레이시는 "목표가 우리 삶의 방향을 결정하고 통제할 수 있게 해 준다"고 하였으며, 한편 존 맥스웰은 "우리 인생의 계획과 목표가 없다면 우리는 다른 사람 인생의 조연으로 전락하게 될 것이다"라고 하였는데, 우리는 진정 한 번뿐인 내 인생을 어떻게 살아야 하는 것인가?

우리는 우리의 운명과 영혼의 주인이 되어야 한다. 그런데 그 주인이 되게 해주는 것이 바로 목표인 것이다.

프레드 앨런(Fred Allen)은 "우리 인생은 단 한 번 밖에 못 사나 제대로만 산다면 그 한 번으로도 충분하다"고 하였다. 이것은 앞에서도 언급하였듯이 우리가 일찍 인생의 목표를 설정하여 주도권을 잡고 살았을 때의 이야기다.

따라서 우리가 주도적으로, 주연으로 인생을 살아갈 수 있으려면 가치 있는 바른 목표가 필요한 것이다.

3) 목표설정의 방향(수준)

앨버트 그레이(Albert E. N. Gray)가 "우리의 미래는 경제적 조건이나 외부 영향력 혹은 우리가 통제할 수 없는 환경에 달려 있는 것이 아니라 우리의 목표에 달려 있다"고 말하는데, 우리의 인생은 단 한 번뿐이다. 그 한 번뿐인 인생을, 그 인생의 미래를 아름답게, 보람차게 살기 위해 우리는 아름다운 목표를 세워야 한다. 그렇다면 그러한 목표는 어떠한 것인가.

존 맥스웰이 "목표는 계속해서 발전할 수 있도록 인생의 모든 영역을 아우르는 것, 그리고 자신의 잠재력을 모두 발휘했을 때에만 가능한(할 수 있는) 것, 그리고 무엇보다도 우리가 진실로 간절히 원하는 뜻깊은 목표를 세우는 것이 좋다. 그러면서도 목표는 달성하기에 너무 쉬워도, 너무 불가능해도 안 좋고 손에 닿을락 말락 한 수준이 좋다"고 하였다. 만일 목표의 수준이 너무 높으면 좌절하여 포기할 가능성이 크고, 수준이 너무 낮으면 그 낮은 수준에 만족하여 더 이상의 발전을 기대하기 어렵기 때문이다.

다음 god의 노래를 들어 보며 방향을 생각해 보는 것도 좋을 듯싶다.

길

god 노래

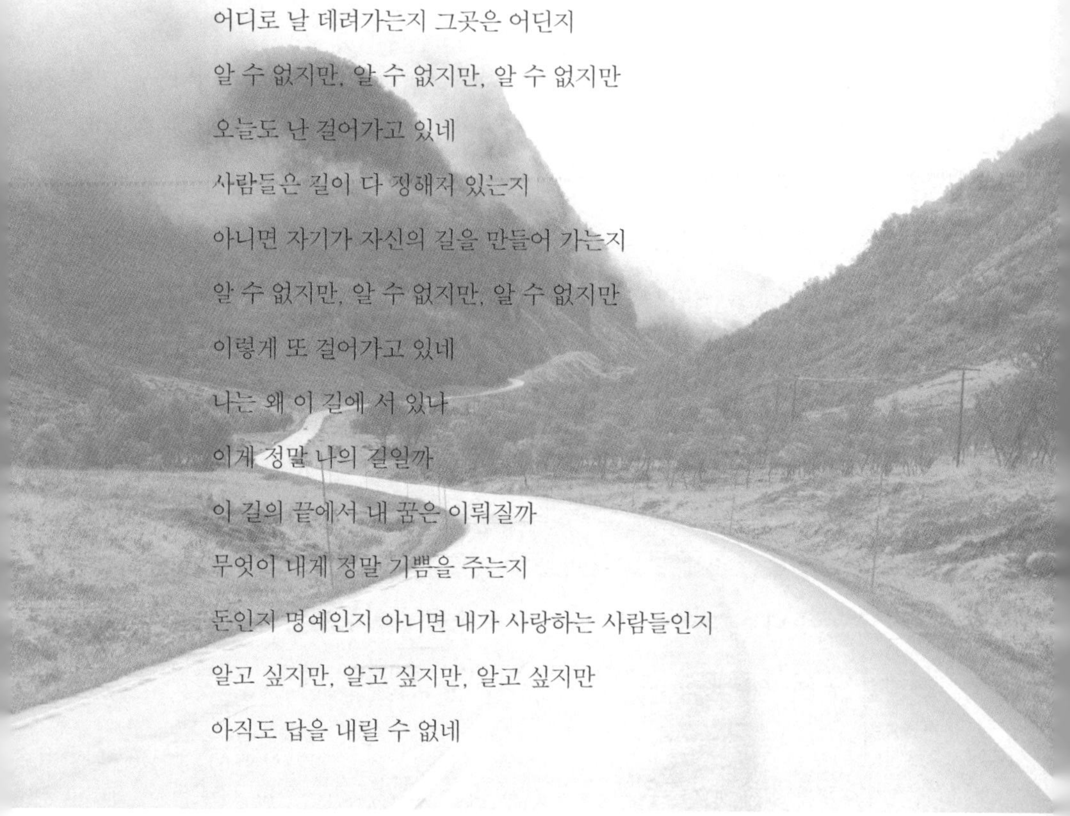

내가 가는 이 길이 어디로 가는지
어디로 날 데려가는지 그곳은 어딘지
알 수 없지만, 알 수 없지만, 알 수 없지만
오늘도 난 걸어가고 있네
사람들은 길이 다 정해져 있는지
아니면 자기가 자신의 길을 만들어 가는지
알 수 없지만, 알 수 없지만, 알 수 없지만
이렇게 또 걸어가고 있네
나는 왜 이 길에 서 있나
이게 정말 나의 길일까
이 길의 끝에서 내 꿈은 이뤄질까
무엇이 내게 정말 기쁨을 주는지
돈인지 명예인지 아니면 내가 사랑하는 사람들인지
알고 싶지만, 알고 싶지만, 알고 싶지만
아직도 답을 내릴 수 없네

이 노래에서 '나는 왜 이 길에 서 있나', '진정 이 길이 나의 길(사명)인가', '진정으로 내게 기쁨을 주는 것은 무엇인지'를 알고 싶다고 한다. 돈, 명예, 사랑, 이것 중에 있는가, 아니면 무엇인가!

로절린 카터(Eleanor Rosalynn Smith Carter)는 "리더는 자신이 원하는 곳으

로 사람들을 이끈다. 위대한 리더는 자신이 원하는 곳이 아니라 꼭 가야만 하는 곳으로 사람들을 이끈다"고 하였다.

따라서 훌륭한 리더라면 진정으로 가치가 있는 사명의 길을 택해야 하고 그 사명의 길에서 기쁨을 찾는 그 길, 즉 그런 사명의 목표를 찾아야 할 것이다.

4) 목표설정의 요건: SMART

『신데렐라(Cinderella)』에서 "꿈은 내 가슴이 그리는 소망"이라고 했듯이, 비전이라는 것이 조금은 현실과 거리가 있는 환상처럼 느껴지거나 공허해 보일 수 있다. 그래서 스티븐 스콧이 "당신의 꿈(비전)을 명확한(구체적인) 목표로 바꾸고, 그 꿈을 이루기 위한 지도를 그리라"고 하였다.

따라서 이상적인 꿈(비전)을 현실성이 있는 목표로 전환해야 하는데, 존 하가이와 아타라시 마사미(Masami Atarashi)는 'SMART'한 목표를 요구한다.

여기에서 'SMART'한 목표란 구체적(Specific)이고, 측정 가능(Measurable)하며, 달성 가능(Attainable)하고 유의미(Relevant)하며, 시한(Timely)이 있는 목표여야 한다는 것이다.

① Specific(구체적일 것)

로린 울프(Lorin Woolfe)는 "목표가 구체적으로 명확하고 바람직한 말로 그려져 있지 않으면 장애물들은 빈번히 그 목표를 가려 버리게 된다"

고 하는데, 목표가 이를테면 '정의사회구현에 힘쓴다'는 식의 추상적인 미사여구에 그쳐서는 안 되며 실제로 행동에 지침이 되도록 모든 측면에서 구체적이고 명확해야 한다(미래가 구체적일수록 그 미래를 현실로 바꾸는 데 도움이 될 수 있다).

이를테면, 건물을 세우기 전에 상세한 청사진을 설계하듯이, 또는 어떤 제품의 경우라면 모델, 색상, 크기, 무게 등의 세부 사항들이 포괄되어야 한다는 것이다. 그렇지 않을 경우 그것은 한낱 구호에 불과할 것이다.

잭 캔필드는 "목표를 명확히 하면, 그것은 당신을 이 세상의 성취가들 중 상위 3퍼센트 안에 들게 해 줄 것이다"라고 하였는데, 왜냐하면 만일 당신이 지금 가고 있는 곳(목표)을 분명히 알고 있고, 매일 그 방향으로 몇 걸음씩 걸어간다면, 결국 그곳에 도달하게 될 것이기 때문이라는 것이다.

② Measurable(측정 가능할 것)

목표가 막연히 예를 들어 '몸무게를 줄인다'는 식이라면 측정이 사실상 어렵다. 목표가 측정할 만한 기준이 없다면 그것은 그저 당신의 희망사항에 지나지 않는다.

브라이언 트레이시는 "측정되는 것은 행할 수 있고, 측정할 수 없는 것은 관리할 수 없다"고 말한다. 자신이 지니고 있는 잠재적 힘을 분출시키도록 하기 위해서는 그 목표가 측정 가능해야만 한다.

따라서 목표설정에 예컨대 '몸무게를 5kg 줄인다'와 같이 무엇을 얼마나 달성할 것인가에 대한 언급이 있어야 한다는 것이다.

③ Attainable(달성 가능할 것)

간혹 용기와 열정을 강조하는 사람들이 '해서 안 되는 일은 없다'고 말하지만, 만일 그것들이 일반 상식을 파기하고 또는 도달할 수 없는 목표에 자원과 노력을 투자하도록 조장하는 것이라면, 매우 좋지 않은 간계이다. 또한 간계가 아니라도 무리한 목표는 실패로 가는 지름길일 것이다.

예컨대 베이스 목소리를 가진 사람이 소프라노 독창자가 되기를 기대한다든가 80세 노인이 아기를 임신하기를 기대해서는 안 된다는 것이다.

따라서 목표가 너무 높으면 시작도 하기 전에 포기할 수 있으며 또 너무 낮으면 도전 의욕을 상실할 수가 있으므로 가능한 한 적정수준이 되어야 한다(일반적으로 현재 역량에서 10~15퍼센트 정도 상회하는 목표가 바람직하다고 한다).

④ Relevant(유의미할 것)

빅터 프랭클이 "인간은 가치와 의미를 추구하고 실현하는 존재다"라고 하였듯이, 우리가 추구해야 할 목표가 조직이나 사회에 어떤 공헌의 가치가 높게 느껴질 수 있어야 사람의 마음이 움직이게 된다(목표가 순수하지 못하고 누군가가 원하는, 누군가를 기쁘게 하기 위한, 또한 단지 돈벌이만을 위한 일그러진 목표가 되어서는 안 된다).

워런 베니스가 "목표는 동조(공명)와 의미를 만들어 내는 것이어야 한다. 즉, 목표는 의미가 있어야 하고 구성원들과 관련이 있어야 한다"고 하였으며, 헤겔은 "인생의 목표가 가치 있는 것일 때 비로소 인생은 가치를 지니게 된다"고 하였듯이, 우리가 세우는 목표가 의미 있는, 가치 있는 것이어야 한다.

더 강조한다면 목표는 가치관을 중심으로 설정되어야 한다는 것이다. 가치관의 정립 없이 명확하고 구체적인 목표설정은 사실상 어려운 것이다.

⑤ Timely(시한이 있을 것)

목표는 '언제까지'라는 시간제한이 있어야 한다. 이 시한이 정해져 있지 않고 '조만간에'라든가 '가능한 한 빨리'라든가 하는 것은 단순한 희망에 불과한 것이며, '언제까지'라고 시한을 정하게 되어야 더욱 효과적일 수가 있다. 브라이언 트레이시는 "목표를 이루고, 되고 싶은 사람이 되려면 시간을 통제할 줄 알아야 한다"고 하면서, "최종 기한이 없는 목표는 장전하지 않은 총탄과 같다. 최종 기한이 없는 목표는 한낱 탁상공론에 불과하며 최종 기한이 명확할수록 더 많은 것을 더 빨리 성취할 수 있다"고 말하고 있다.

예컨대 '체중을 8월 30일 18시까지 60kg으로 만든다'는 식으로 구체적인 날짜와 시간까지 제시해야 한다는 것이다. 다음 예화를 보자.

〈예화〉 이소룡(Bruce Lee)의 목표설정

나는 1980년에는 미국에서 가장 유명한 동양인 영화배우가 되어 있을 것이고, 1,000만 달러의 출연료를 받을 것이다. 그 대

신에 나는 매 순간 카메라 앞에서 내가 보여 줄 수 있는 최고의 연기를 할 것이다.

이것은 이소룡이 자기 자신에게 쓴 편지로 뉴욕 '플래닛 할리우드(Planet Hollywood)' 벽에 걸려 있다. 1970년 1월 9일 자 편지로 "극비 문서(secret)"라는 소인이 찍혀 있다.

5) 목표의 기술: 3P

대개는 목표를 써 놓을 때 '멋지게', '간단하게', 또는 '한자성어식' 등등을 생각하게 되는데, 이 목표 기술에 대해 브라이언 트레이시는 다음과 같이 3P 공식을 제시하고 있다.

① 긍정문으로(positive)

'나는 담배를 끊겠다', '나는 몸무게를 얼마 줄이겠다'가 아니라 '나는 비흡연자다', '나는 몸무게가 얼마이다'라고 기술한다.

명령은 긍정적이어야 한다. 잠재의식은 부정적인 명령을 처리하지 못하기 때문이다.

② 현재 시제로(present)

잠재의식은 현재 시제로 쓰인 긍정문을 통해서만 작동된다. 그러므로 목표를 기술할 때는 마치 이미 그것들을 성취한 것처럼 써야 한다.

'나는 다음 12개월 동안 5만 달러를 벌겠다'가 아니라 '나는 매년 5만 달러씩 번다'라고 기술한다.

③ 1인칭으로(personal)

목표는 '나는'이라는 단어로 시작한다.

'나는'이라는 단어로 시작되는 명령을 받으면, 잠재의식은 마치 생산 주문을 받은 공장처럼 즉시 활동을 시작해서 그 목표를 실현시킨다.

'나는 매년 5만 달러를 번다', '나는 몸무게가 얼마다', '나는 무슨 일을 성취한다' 등과 같이 기술한다.

이상 설명한 3P의 예를 앞에 있었던 체중 조절을 가지고 기술해 보면, '나는 체중이 8월 30일 18시에 60kg이다'가 된다.

6) 어떤 목표, 어떤 사람

우리가 음식을 만들 때 무엇이 가장 중요하다고 보는가? 물론 재료일 것이다. 그러나 그보다 더 중요한 것은 정성이라고 했다. 약을 달일 때도 마찬가지로 정성이 중요하다. 역시 목표를 설정하는 데도 'SMART'라는 질 높은 재료에 정성이 더해져야 할 것이다.

우리가 위대한 업적(성취)을 원한다면 먼저 위대한 목표를 세워야 한다. "위대한 일을 성취한 사람은 이미 위대한 목표를 가지고 있었던 사람이다"라고 오리슨 스웨트 마든(Orison Swett Marden)은 말하지 않았던가.

그런데 그 위대한 목표는 어떻게 만들어지는가? 바로 정성이다. "우리가 목표에 공을 들이면 목표도 우리에게 공을 들인다"고 짐 론(Jim Rohn)은 말하고 있다.

위대한 목표, 아름다운 목표는 허세에서 자라는 것이 아니라 정성의 밭에서 자란다. 국가와 국민을, 조직과 그 구성원을, 특히 인간을 위한 정성, 그것이 목표를 자라게 하는 열쇠다.

다음은 인간 최초로 달 위에 발을 내딛은 사람인 닐 암스트롱(Neil Alden Armstrong)의 달에서의 첫 말이다.

> 이것은 나 한 사람의 내딛는 작은 발걸음이지만,
> 인류 전체에 있어서는 위대한 발걸음이다.

참으로 장쾌한 말이 아닌가!
참으로 멋지지 않은가!
그런데 암스트롱은 어떻게 달에 설 수 있었는가?
그것은 바로 위대한 목표의 산물이었다.
그 목표를 들어 보자.

달 위에 선 인간(Man on the Moon)

케네디(John F. Kennedy)

드디어 우리가 전 세계에 지향하고 있는 자유와 독재 간의 전쟁에서 이기려 한다면 1957년 소련의 스푸트니크 호 발사와 같은 최근에 달성

한 우주 개발의 극적인 성과임이 분명해졌습니다. 이 우주 탐험이야말로 인류의 미래에 대해 방향을 제시해 주는 결정적인 요인이 될 것입니다.

본인은 취임 초기부터 우주 개발에 대한 우리의 능력에 대해서 현재 부통령과 국가 우주위원회 의장과 함께 우리 국력의 장단점과 성공과 성패의 여부를 검토해 왔습니다. 지금은 더 큰 발걸음을 옮길 때입니다. 위대한 미국의 건설과 또한 미국 전체가 우주 개발에 주도적인 역할을 할 때인 것입니다. 바로 이것이 앞으로 지구 상에서 미래에 대한 열쇠를 갖기 때문입니다.

우리는 이에 필요한 자원과 인력을 모두 갖추었다고 생각합니다. 그러나 우리는 이제까지는 이런 일을 위해서 국가적인 결단을 내려 보지도, 자원과 시간을 적절히 활용하지도 못했습니다. 우리는 당분간 소련이 먼저 이룩한 거대한 로켓 엔진으로 지금은 우리를 앞지르고 있으며, 앞으로도 더욱더 획기적인 성공을 거둘 것이라는 점도 인정을 합니다. 아울러 우리도 이에 대해 새로운 노력을 해야 합니다. 우리가 언젠가는 우주 개발에서 선두를 확보할 것이라는 보장은 없지만 노력하지 않으면 꼴찌가 된다는 것은 분명히 이 자리에서 보장합니다.

이는 기술 인력, 자원과 시설, 이미 노출된 다양한 각 분야의 기능성을 필요로 하는 것입니다. 즉, 우리의 헌신과 의지와 단결, 연구와 개발의 노력을 보여 주어야 하는 것입니다.

이는 무단 파업이나 자원과 임금의 인플레, 낭비와 고급 인력의 잦은 자리바꿈 등을 감당할 수 없는 것입니다. 새로운 계획과 많은 예산으로 해결되는 문제가 아닌 것입니다. 오히려 역효과가 날지도 모릅니다. 우리는 모든 과학자, 모든 엔지니어, 모든 용역인, 모든 기술자와 계약사와 공무원 등이 한 덩어리가 되어 우주 탐험을 위해 모든 노력을 아끼지 않고 전진하는 맹세를 해야 할 것입니다.

(중앙공무원교육원 리더십향상과정 1999년 교재)

그대!
주도적인 삶, 주연의 삶을 살고 싶은가.
나아가
위대한 성취, 위대한 인물이 되고 싶은가.
그렇다면
위대한 비전, 위대한 목표를 세워라.

IV

일체화(하나됨)

우리는 하나
공동으로 창조한다.

(허먼 메이너드)

1. 일체화(하나됨)의 의의
2. 일체화의 중요성(효과)
3. 일체화의 요소
4. 소결론

VI

1. 일체화(하나됨)의 의의

바람직한 삶이란 어떤 것인가?

이 질문에 대해 리처드 라이더(Richard J. Leider)와 데이비드 샤피로(David A. Shapiro)는 "자신이 속한 조직에서 목표를 갖고 좋아하는 사람들과 함께 올바른 일을 하는 것이다"라고 답하였는데, 일체화란 바로 '설정된 목표(비전)의 달성을 위하여 조직성원과 조직 시스템(system)을 한 몸, 한마음이 되도록 하는 것'이다. 하나됨(일체화)은 우리가 세운 목표(비전)를 효율적으로 달성하는 데 매우 중요한 작업이며, 이 같은 '하나됨'이 조직에서 이루어진다면 우리는 바람직한 삶, 성공적인 삶을 살아갈 수가 있게 된다.

"정신일도 하사불성(精神一到 何事不成)"이라고 하지 않았던가, 즉 정신이 한곳에 집중되면 이루지 못할 일이 없다는 이야기다. 또 "집중은 힘이다"라고도 했다. 우리가 볼록렌즈로 종이를 태우려 할 때 그 초점이 가장 잘 맞으면 불이 쉽게 일어나는 것을 경험하게 되는데, 이것이 집중이다.

워런 베니스가 "리더십은 이루어야 할 일과 그 일을 수행해야 할 사람들을 하나로 통합(integration)하고, 조화(harmony)시켜서 하나의 유기체(a single organism)가 되도록 만드는 능력이다"라고 하였듯이, 모두가 하나 된다는 것은 물리적인 하나가 아니라 바로 살아 숨 쉬는 유기체로서 하나가 되고, 따라서 모두가 공감하고 하나로 협력하여 통합된 힘을 발휘하는 것이다.

어떤 리더이든 '하나됨'의 조건이 문제일 뿐, 모두 하나됨의 힘을 알고, 하나됨을 원한다. 다음의 88 서울 올림픽 주제곡을 불러 보며, 하나됨의 의미와 어떤 하나됨, 한마음이어야 하는가를 깊이 생각하자.

손에 손잡고

하늘 높이 솟는 불
우리의 가슴 고동치게 하네
이제 모두 다 일어나
영원히 함께 살아가야 할 길
나서자 손에 손잡고
벽을 넘어서
우리 사는 세상 더욱 살기 좋도록
손에 손잡고 벽을 넘어서
서로 서로 사랑하는 한마음 되자
손잡고

(88 서울 올림픽 주제곡)

이 노래를 통하여 볼 때, 하나됨은 '손을 마주 잡는 것' 정도가 아니라 아름다운 세상을 만들기 위해(목표) 마음과 마음이 사랑으로 연결되는 하나됨을 말하고 있다.

2. 일체화의 중요성(효과)

허먼 메이너드(Hernman Bryant Maynard, Jr.)와 수전 머턴스(Susan E. Mehrtens)는 제4의물결시대에서 가장 중요한 가치관은 "우리는 하나이며 공동으로 창조한다"는 것이라고 하였다. 효율적인 목표달성을 위해서는 조직의 모든 노력이 통합되어 하나됨 · 한 방향 정렬(aligning)이 잘 이루어져야 하는데, 이 하나됨의 중심이 되는 효과를 살펴보면 다음과 같다.

1) 조화로운 공동체 형성

이미 앞에서 밝혔듯이, 하나됨은 구성원들의 마음(뜻)이 하나, 즉 '한마음(one mind)'이 되는 것을 우선시하고 있는 만큼 서로에게 관심과 이해가 깊어지고 열린 마음을 갖게 됨으로 더 큰 것을 향한 조화로운 공동체 형성이 가능하게 된다. 마이클 린버그(Michael Lynberg)가 "우리는 혼자 할 때보다 함께 일할 때 더 많은 것을 이룰 수 있다. 우리가 함께 조화를 이룰 때 우리의 노래는 품위 있는 음악회가 되기도 하고 웅장한 교향곡이 되기도 한다"고 한 말이 바로 그것이다.

이보(Ibo) 족 속담에 "우리가 있음으로 내가 있다"고 하듯이, 일체화가 잘된 조직에서는 '우리'를 강조하는 마인드가 넘쳐나는데, 안도현의 시, 〈철길〉이 이를 잘 표현해 주고 있다. 그 시를 한번 읽어 보자.

철길

안도현

혼자 가는 길보다는
둘이서 함께 가리
앞서지도 뒤서지도 말고
이렇게 나란히 떠나가리
서로 그리워하는 만큼
닿을 수 없는
거리가 있는 우리!
늘 이름을 부르며 살아가리
사람이 사는 마을에 도착하는 날까지
혼자 가는 길보다는
둘이서 함께 가리

이 시를 통해, 우리의 삶도 이처럼 서로를 필요로 하고, 서로를 도우며 목표를 향해, 목표를 위해 함께하는, 네가 있음으로 내가 있고, 내가 있음으로 네가 있는, 너와 나는 둘이되 하나인 아름다운 하나가 되는 그런 삶을 그려 보게 된다. 참으로 바람직한 삶, 조화로움이 느껴진다.

2) 역경의 극복

숀 아처(Shawn Achor)는 "강력한 팀워크를 기반으로 일하고 그 협력과정에서 보람을 느끼는 조직성원들은 위기 상황이 닥쳐도 동요됨이 없다"고 하였는데, 이는 도움이 가장 절실한 순간에 서로를 믿고, 극복에 자신감을 갖고 유연하게 스스로를 돌보고 있기 때문인 것이다.

우리 가요 〈너와 나〉에서 "나 혼자 노 저으면 험한 물결도 너와 나 둘이라면 헤쳐 나가리" 하고 가수 문주란은 노래하고 있는데, 이것이 하나됨의 힘이다.

우리는 역경이 닥칠 때, 다른 사람, 특히 동료의 도움이 필요하며 더욱더 하나됨을 강조한다. 다음 노래 〈우리의 소원〉을 들어보자.

우리의 소원

우리의 소원은 통일
꿈에도 소원은 통일
이 목숨 바쳐서 통일
통일이여 오라
이 겨레 살리는 통일
이 나라 찾는 데 통일
통일이여 어서 오라
통일이여 오라

이처럼 우리는 엄청난 시련 앞에서, 나라 살리는 길, 민족 살리는 길

을 '하나됨'에서 구하고 있다. 실제 우리 역사에서, 당나라의 장수 소정방은 "신라는 비록 작은 나라이나 그 임금과 신하와 백성들이 하나로 똘똘 뭉쳐있어 정벌할 수가 없었다"고 말했다.

3) 사기 진작

한때 IBM의 모토가 "일류 봉급이 일류 회사를 만든다"고 하던 때가 있었다. 그 당시 'IBM맨'이 된다는 것은 엄청난 자부심이었다. 누구나 그런 조직에 소속하고 싶어 했다. 물론 지금도 대다수의 잘난 인간들은 일류 회사의 제복에 그 회사 뱃지를 달고자 원한다. 그러나 더 잘난 인물들은 그런 일류 회사보다 스스로가 일류 회사를 만들 수 있기를 소망한다.

과연 일류 회사는 어떤 회사인가?

앞에서 "바람직한 삶이란 어떤 것인가?"라고 물었을 때 "좋아하는 사람들과 올바른 일을 하는 것"이라는 답이 있었는데, 바로 그런 회사(조직)가 일류 회사가 아닐까. 즉 돈이 아닌 인간다운 삶을 살아갈 수 있는 회사가 일류이며, 요즈음은 나를 아껴 주고, 내 가치를 인정해 주는 그런 조직에 몸담기를 원하는 사람들이 늘어나고 있다. 왜냐, 그런 조직에서는 '그 조직이 나이고 내가 그 조직이다'라는 일체감이 형성되어 있기 때문이다.

영화 〈삼총사〉에서 "한 사람은 모두를 위해, 모두는 한 사람을 위해!"라고 그들이 외칠 때, 작은 한 개체인 달타냥의 자부심은 어떠했을까.

조지 버나드 쇼(George Bernard Shaw)가 "나는 내 인생이 공동체에 속해 있다고 믿으며, 그 공동체를 위해 내가 할 수 있는 최선을 다하는 것이 내 생의 영예(특권)라고 생각한다" 하였듯이, 진정으로 '우리'를 중요시하며, 각 개인의 존엄성을 강조하는 그런 조직에 속한다면 누구나 버나드 쇼 같은 영예를 느끼며 사기충천할 것이다.

4) 시너지 효과

레이 크록(Ray Kroc: 맥도널드의 창립자)은 "우리 중의 어느 누구보다도 전체로서의 우리가 훨씬 낫다" 하였고, 헬렌 켈러도 "혼자서는 아주 조금밖에 할 수 없으나 함께 하면 아주 많은 것을 할 수 있다"고 하였는데, 이는 마치 많은 작은 빗방울들이 모여 강을 이루고, 또 더 모여 흘러가 바다를 이루어 엄청난 파도를 만들어 내는 것과 같은 것이다. 하여 '집중은 힘'이라 하지 않았는가.

로버트 케네디(Robert F. Kennedy)는 "역사의 흐름을 혼자서 바꿀 만큼 위대한 사람은 없을지라도, 여러 수많은 사람들의 용기와 신념에 찬 행동 하나하나가 모여 우리의 역사를 이루게 된다"고 외쳤다. 이 같은 시너지(synergy)의 힘이 일체화에서 나온다는 것이다.

다음 예화 톰 워삼(Tom Worsham)의 〈기러기 이야기〉에서 시너지 효과를 보자.

〈예화〉 기러기 이야기

추운 겨울을 남쪽 나라에서 보내기 위해 달밤에 날아가는 기러기 떼는 'V'자형으로 줄을 지어 난다. 'V'자형으로 날면, 혼자 날아가는 것보다 71%를 더 멀리 날 수 있기 때문이다.

팀이란 단순한 부분들의 합계 이상이라는 것을 이 기러기 팀은 보여 주고 있는 것이다.

3. 일체화의 요소

루 홀츠(Lou Holtz)가 "승리(성공)의 공식이 무엇이냐?"라는 물음에 대해, "팀워크가 승리의 기본이다"라 하였고, 브라이언 트레이시는 "자신의 일에서 장기적인 성공을 이루기 위한 가장 중요한 자질(특성)은 훌륭한 팀플레이어가 되는 것이다"라고 하였는데, 앞의 〈기러기 이야기〉에서 보듯 '하나됨'은 마력(magic)을 갖는다는 것으로, 이 'MAGICS'가 바로 하나됨의 요소가 된다. 여기에서 'MAGICS'는 사명(Mission), 자율(Autonomy), 목표(Goal), 상호작용(Interaction), 의사소통(Communication), 전략(Strategy)의 두문자(Initial)이다.

1) Goal(목표 비전)

"성공적 리더십의 가장 중요한 핵심 요소는 목표(비전)와 사명의 명확한 제시이며, 이 목표(비전)와 사명 두 가지를 조직성원 모두가 공유할 때 관련된 모든 사람의 관심을 조직목표(비전)로 집중시킬 수 있다"고 워런 베니스는 말하고 있는데, 그 조직의 진정한 사명과 바람직한 목표가 있고 그것이 조직성원 모두에게 공유될 때 구성원 모두는 하나가 되는 것이다.

모두에게 공유된 목표와 사명은 거기에 속한 구성원들로 하여금 조직에서뿐만 아니라 더 넓은 사회에서도 자신의 역할을 찾고 자신의 가치를 높이며 당당한 주인의식을 갖게 한다. 그리되면 일에 활력과 열정을 갖게 되고, 그 결과는 다시 개인의 열의를 강화하는 이 같은 선순환과정을 거치면서 개인도, 조직도 더 크게 성장 · 발전하게 되는 것이다. 그리고 그 성장 · 발선은 더더욱 그가 속한 조직의 결속력을 높이고 굳건한 하나됨을 이룬다. 공자도 "길(목표 · 뜻)이 같지 않으면 함께 일을 도모할 수 없다(道不同 不相爲謀)"고 말하듯, 목표의 공유는 하나됨의 주요소인 것이다.

잭 캔필드(Jack Canfield)가 "두 사람 이상이 조화의 정신 속에서 화합하고 명확히 정의된 목표를 향해 함께 일할 때, 그런 협력 관계를 통해서 그들은 무한한 지성의 보고로부터 직접적으로 힘을 흡수할 수 있게 된다"고 말하고 있는데, 이는 조직성원들이 하나가 되면 흔히 말하는 "두 사람의 지혜가 한 사람의 지혜보다 낫다"라는 것과 "하늘은 스스로 돕는 자를 돕는다"라는 명언이 말해 주는 힘을 갖게 한다는 것이다.

조직성원 모두가 하나가 되려면 조직의 비전(목표)이 사장에게는 한라봉이고 중간관리자에게는 귤이며, 일반 사원에게는 레몬으로 여겨지거나 보여서는 안 된다. 리더(사장)가 보는 것을 다른 사람들도 똑같이 볼 수 있도록 비전(목표)을 공유하여야 한다는 것이다.

휼렛 패커드(Hewlett-Packard)의 전 회장인 존 영(John A. Yong)이 "성공적인 조직은 아래로부터 위까지 모두가 합의된 목표를 공유하고 있다"고 하였듯이, 조직이 성공하기를 원한다면 조직성원 모두가 '하나됨'을 이루어야 하고, 그 하나됨을 위해서는 모두에게 바람직한 목표가 기본이 된다는 것을 인식해야 한다.

그러면 어떻게 바람직한 목표가 조직성원들을 하나 되게 할 수 있다는 것인가? 거기에는 인간에 대한 사랑이 있고, 정의와 진리가 있기 때문이다. 우리 인간에게서 사랑 · 정의 · 진리를 빼면 무엇이 바람직한 것인가. 하여, 우리는 그 바람직한 목표를 북극성처럼 바라보고 그 목표를 향해 함께 나아가며, 그리하여 그 목표를 이루게 되는 것이다. 생텍쥐페리(Sant Exupery)가 "사랑은 마주 보는 데 있는 것이 아니라 같은 방향을 바라보는 데 있다"고 한 말이나, 카라마 대주교가 "나 혼자 꿈을 꾸면 꿈에 지나지 않지만 모두가 그 꿈을 꾸면 현실이 된다"고 한 말은 바로 이를 두고 하는 말인 것이다.

그리고 조지 버나드 쇼가 "인생의 진정한 기쁨은 자신이 인정하는 위대한 목표를 위해 살아가는 데 있다"고 하였듯이, 조직성원들이 인정하는 믿을 수 있는 목표라면 진정한 기쁨을 위해 하나가 되지 않을 수 없을 것이다.

이 목표와 '하나됨'에 대하여 다음의 법정 스님 말씀을 한번 들어 보는 것도 의미 있을 것 같다.

> 한집, 한 도랑에 산다 하더라도
>
> 뜻이 같지 않으면 그 거리는 십만 팔천 리입니다.
>
> 뜻이 같아야 한 가정을 이루고 한 공동체를 이루고
>
> 한 도랑을 이룹니다.

2) Mission(사명)

'하나됨'의 근본요소(1차적 요소)는 이미 앞에서 보았듯이, 목표와 사명인 것이다.

인간은 누구에게나 사명이 있다고 했다. 사명이란 무엇인가? 다음의 법정 스님이 전하는 말을 잠시 들어 보자.

> 서마다 이 세상에 자기 짐을 지고 나온다
> 그 짐마다 무게가 다르다
> 누구든지 이 세상에 나온 사람은
> 남들이 넘겨볼 수 없는 짐을 지고 있다
> 그것이 바로 그 인생이다

누구도 넘겨볼 수 없는 자신만의 짐, '내가 그것을 위해 살고 그것을 위해 죽을 수 있는 것', 그것이 사명이다.

명언에 "인생에는 두 번의 중요한 날이 있다. 하나는 자신이 태어난 날이고 다른 하나는 태어난 이유(사명)를 발견한 날이다"라고 말하는데, 우리 인간에게 진정으로 중요한 날은 사명을 발견하는 날이라는 것이다. 하여, 인간은 사명적 존재이며 사명인이 되어야 참인간이 되는 것이라 했다.

"인간은 누구나 그 태어난 이유(사명)가 있는데, 그 이유를 분명히 알고 그것에 열정과 열의를 다하는 사람은 성공의 길로 가게 된다"고 잭 캔필드는 말했다.

다음 슈바이처 박사의 예화를 보자.

〈예화〉 슈바이처 박사

슈바이처는 1904년 어느 날 잡지에서 〈콩고 지방에 결핍되어 있는 것〉이라는 제목의 기사를 읽는다.

'아프리카 콩고 지방에는 의사도 선교사도 없습니다. 하느님은 지금 당신을 부르고 있습니다. 이 부르심에 응답하실 분은 안 계십니까?'

© Michael Mertens

이 기사를 본 슈바이처는 "제가 가겠나이다"하고 답한다.

그리고 그 약속을 실천하기 위하여, 당시 교수였고, 목사였으며, 바이올린 연주자였던 그가 의과대학에 입학을 하여 7년 동안 악전고투 끝에 의사가 된다.

그리고 1913년 부인을 동반하고 하느님께서 부르신 소명의 땅 람바레네(Lambarene)로 떠난다.

1965년 90세로 운명할 때까지 52년간 흑인들을 위한 의료봉사와 선교 사업에 일생을 바친다.

그는 노벨상을 수상했고,

인류의 양심이 되었고,

사랑의 사도가 되었고,

20세기가 낳은 가장 위대한 인물 중 한 사람이 되었다.

(안병욱, 『사람답게 사는 길』, 자유문화사, 1996)

신화 속의 사명을 하나 더 들어 보자.

〈예화〉 칼립소와 오디세우스

신비스러운 외모
하늘거리는 자줏빛 드레스
자연스럽고 우아하게 묶어 놓은 뒷머리
자칫 지나칠 수 있는 격렬함을
절제시켜 주는 온화함
금은보화의 장식은커녕
이토록 소박한 모습만으로도
보는 사람을 매혹할 수 있는 여인
그저 탄복하고 놀라울 뿐,
더 이상 아름다울 수 없다.

아름다운 여신 칼립소는 오디세우스에게
신들의 음식인 넥타와 암브로시아를 건네며
영원한 생명을 선사하려 한다.
이 제안을 받아들인다면
오디세우스는 죽음의 운명에서
벗어나 영원한 생명을 얻고(불로불사)
아름다운 칼립소 곁에 영원히 머물 수 있다.
〈부족한 것이라고는 하나도 없어 보이는 이 섬〉
한동안 지평선 너머를 바라보며 흐느껴 운다.

고향, 아내(페넬로페 Penelope), 아들(텔레마커스 Telemachus)이 그리워서가 아니다.

그가 자리를 비운 사이 고국(이타케)에서 자행되는 악행

— 텔레마쿠스를 시해할 음모와 페넬로페에게 남편 삼길 강요하는 귀족들 —

그 악행을 바로잡으려면 자신의 존재가 필요하다는 사실,

'자신이 아니면 할 수 없는 그 일을 수행코자'

(국왕으로서 그가 해야 할 일을 행하기 위해)

칼립소 곁을 떠나 이타케로 향한다.

(Stephen Bertman, *The Eight Pillars of Greek Wisdom*, Barnes & Noble, Inc., 2003)

여기에서 고대 이집트(Egypt)의 『사자(死者)의 서(書)』에 나오는 한 장면을 보도록 하자.

사자의 서

사자(죽은 사람)가 저승의 신인 오시리스(재판장) 앞에 끌려와 신들의 법정에서 천국행, 지옥행의 심판을 받게 된다. 사자가 심판대에 오르고 오른편에는 토트(문자의 신)가 사자가 생전에 했던 생각, 말, 행동 등을 기록한 생명 책을 들고 서 있다. 그리고 토트 신 밑에는 심판대에 선 자를 잡아먹으려는 괴물 암무트가 노려보고 앉아 있다.

오시리스는 묻는다.

"너는 자신이 꼭 해야만 할 마이트(사명)가 무엇인지 깊이 생각해 본 적이 있느냐?"

생각해 보았다고 답하면,

"너는 그것을 이루기 위해 목숨을 바칠 정도로 몰입했느냐?" 하고 또 묻는다.

사명이란 그토록 중요한 것이다. 죽어서도 심판받아야만 하는 것이 사명이다. 키에르케고르가 "온 천하가 다 무너진다고 하더라도 내가 이것만은 꽉 붙들고 놓을 수 없다. 내가 이것을 위하여 살고(live for), 이것을 위해서 죽을(die for) 수 있는 그 사명의 길을 찾아야 하고 그 길을 가야 한다. 나는 무엇을 알고 있느냐가 중요한 문제가 아니다. 나는 무엇을 해야 하느냐가 중요하다"고 하였듯이, 스위스 철학자 카를 힐티(Carl Hilty)는 "인생의 최고의 날은 바로 자신의 사명을 발견하는 날이다"라 하였다.

사명이란 어떤 것인가? 다음의 윤동주(尹東柱) 〈서시〉를 읽어보자.

서시

윤동주

죽는 날까지 하늘을 우러러
한 점 부끄럼이 없기를,

잎새에 이는 바람에도
나는 괴로워했다.
별을 노래하는 마음으로
모든 죽어가는 것을 사랑해야지
그리고 나한테 주어진 길을
걸어가야겠다.
오늘 밤에도 별이 바람에 스치운다.

우리의 생명은 사명을 위해 주어졌다.

내가 이 세상에 태어난 것은 하느님의 뜻을 받들고 태어난 것이다.

그것이 사명이다.

인간은 자신의 사명이 있기에 아름답게 빛나고 위대해지는 것.

이 시가 말해 주듯,

윤동주 님의 서시는 우리에게 사랑 · 진리 · 사명의 지극함을 주신다.

한 점 부끄럼이 없이 살고자 했고,

별을 노래하는 마음으로 나라와 민족을 사랑했으며,

자신에게 주어진 운명의 길을 주저 없이,거침없이 걸어갔다.

그는 그 길, 사명을 혼으로 노래하여

모두의 가슴에 안긴 모두의 연인이 되었다.

이 아름다움, 이것이 사명이다.

우리의 조직에 우리들의 목숨을 걸 그런 사명이 있다면 어찌 하나가 되지 않겠는가.

사명이 우리를 하나 되게 하는 원천이다.

3) Autonomy(자율 · 자유)

'인간은 자발적 행위자'로서 자유를 먹고 사는 동물이라 하였다. 즉, 우리의 생명 다음으로 중요한 것이 자유라는 말이다. 일찍이 그리스 정치가인 페리클레스(Perikles)는 "우리의 행복은 자유로부터 온다" 하였고, 독일의 시인 하이네(Heine)는 "자유는 인간의 새로운 종교다. 우리 시대의 종교이다"라고까지 하였다.

자율은 스스로를 자유롭게, 자기 스스로의 의지에 의해 이끌어 가는 것이다. 주인정신은 바로 여기에서 나온다.

여기저기에서 '주인정신을 가지고 주인의 자세로 일하라'고 외치지만 자율이 없는 상태에서의 그 외침은 공허할 뿐이다. 자율이 없는 상태에서의 인간 행위는 단지 노예의 행위이자 '비본래적 자기'의 행위이다.

소크라테스는 "사는 것이 중요한 문제가 아니라 바로 사는 것이 중요하다"고 하였는데, 바로 산다는 것은 '진실하게, 아름답게, 보람 있게 사는 것'이다.

그러면 보람 있게 살려면 어떻게 살아야 하는가?

스티븐 버트먼(Stephen Bertman)이 "자유는 우리가 공기로 숨을 쉬는 것만큼이나 우리 삶에 반드시 필요한 요소이다. 오직 자유 안에서만 활기찬 문제 제기가 가능하고, 오직 자유 안에서만 휴머니즘이 발전할 수 있다"고 하였듯이, 인간은 자율적 삶을 살아야 보람 있는 삶을 살 수 있는 것이다.

그리고 위르겐 푹스(Jürgen Fuchs)도 "인간은 스스로 하고 싶어서 일을 할 때 보람을 느끼고, 그 보람 있는 일이 인간을 행복으로 이끄는 원동력이 된다"고 하였다. 즉, 우리는 우리의 일을 스스로 선택하고, 스스로 행하고 싶을 때 행함으로써, 우리 자신을 만족시켜 보람된 삶을 살도록 만든다는 것이다.

이러한 자율 · 자유를 존중하는 사고가 인본주의 · 인간존중의 사고에서 나오며, 이것이 주인정신을 갖게 만들고, 아름다운 일을 만들어 내고, 그러한 일을 통하여 진실한 성과를 이루고 결국은 조직의 성장 · 발전으로 이어지게 한다.

그런데 윌리엄 배럿(William Barrett)에 따르면 "오늘의 인간은 이방인이 되었고 소외자가 되었으며 낯선 제삼자가 되었다"고 하였다. 어찌 비본래의 자기, 노예, 이방인, 제삼자가 주인같이 일할 수 있고, 어찌 나다운 나, 인간다운 나, 사명을 가진 나로 살아갈 수 있으며, 어찌 아름답고 진실되게 일하며, 어찌 보람되게 일하고 보람되게 살 수가 있겠는가.

브라이언 트레이시는 이렇게 말한다.

> 신은 결코 불필요한 것을 만들지 않는다.
> 우리는 위대함과 성공을 위해 창조된 존재이다.
> 우리의 내부에는 분명히 비상한 능력, 천재적 지능이 숨 쉬고 있다.
> 나보다 더 유능한 사람도 없고, 나보다 더 현명한 사람도 없다.
> 누구나 서로 다른 시기에 서로 다른 영역에서 다른 사람들보다 더 현명하거나 더 유능할 뿐이다.

이처럼 잘난 우리는 마음껏 날고 마음껏 목청 높여 노래해야 한다.

그런데 무엇이, 왜, 누가 우리를 이방인, 제삼자, 노예로 만든단 말인가. 형편없는, 졸렬한 무엇을 만들어 내어 우리를 규제하고 가두어 놓는단 말인가.

하느님께서 내려 주신 은혜로운 재능을, 되지 못한 것들이 되지 못한 짓거리로 방해하고 막아서 제대로 발휘할 수 없게 된다면, 이것은 하느님에 대한 반역이고 신성모독인 것이다.

지금도 도처에서 졸렬한 행위는 계속되고 있다. 그리하여 자율을 상실한 오늘날의 우리는 "혼 없는 기계, 개성 없는 기능, 인격 없는 상품으로 변질되어 버렸다"고 카를 야스퍼스(Karl Jaspers)는 말했고, 위르겐 푹스는 "모든 인간은 세상에 둘도 없는 유일한 진품으로 태어났으나 죽을 때에는 복제품으로 죽어간다"고 하였다. 우리는 마치 호리병 속의 박처럼, 서커스단의 호랑이나 코끼리처럼, 닭장 안의 독수리처럼 비본래의 자기가 되어 있는 것이다.

다음의 고려대 김예슬 학생의 말을 들어 보자.

> 탑을 반대하는 모든 우리 돌멩이들이 힘을 합쳐
> (탑을) 흔들어 보자
> 시장만능이라는 낡은 패러다임이 무너지고 있는 세상에서
> 한국 사회와 대학은 여전히 시장만능을 고집하고 있다.
> 대학은 별 고민 없이 지난 수십 년간 사용해 온
> 커리큘럼을 답습하고 있다.
> 시대에 뒤떨어진 낡은 커리큘럼,
> 창의성이라고는 찾아볼 수 없는 획일화된 교육 방식
> 그 어떤 비전도 찾을 수 없는 대학

(『경향신문』, 2010. 3. 31., 11면)

'내 운명의 주인은 나다' 그런데,

나는 커다란 뒤웅박이 되고 싶어도 그리될 수가 없고,

나는 산속 백수의 왕으로 '어흥' 하고 싶어도 그리할 수가 없고,

나는 밀림에서 지축을 흔들며 자태를 뽐내고 싶어도 그리할 수가 없고,

나는 창공에서 날개를 쫙 펴고 힘차게, 멋지게 날고 싶어도 그리할 수가 없고,

그들이 만들어 놓은 그 보잘것없는 규칙(rule) 속에서,

그들이 던져 주는 죽은 고깃덩어리에 만족해야 하고,

그들이 던져주는 제 맛이 들지 않은 바나나에 만족하며,

영혼 없는 삶, 인격 없는 삶, 매력 없는 삶을 살아야만 한다.

그래서 나는 호랑이처럼 포효하고 코끼리처럼 지축을 흔들고, 독수리처럼 푸른 창공을 멋지게 날고 싶어서 안전한, 간택된 그 룰 속의 삶을 포기(거부)한다는 것 아니겠는가!

리처드 바크(Richard Bach)가 "갈매기에게 있어 나는 것은 권리이고, 자유는 존재의 본질이므로, 그 자유를 방해하는 것은 그것이 형식이든지, 미신이든지, 의식이든지, 어떠한 형태로도 한계가 되게 하는 것은 반드시 파기(제거)되어야 한다. 진정한 법규는 자유로 인도해 주는 것뿐이다. 그 이외의 법규는 있을 수 없다. 우리는 가고 싶은 곳에 갈 수 있고, 되고 싶은 것이 될 자유가 있다"고 하였는데, 우리 현실은 역방향을 향하고 있다.

다음 김하나 선수의 예화를 보자.

〈예화〉 김하나 선수는 지금 어디에 있는가?

지난해 전국체전 4관왕에 빛나는 김하나 선수, 제90회 전국체육대회 육상 여자 200m에서 한국 기록을 23년 만에 갈아 치우는 등 100m, 400m 계주에 이어, 1,600m 계주에서도 금메달을 목에 걸었다.

특히 1,600m 계주에서는 4번째로 달리던, 메달 가능성이 희박했던 팀을, 바통을 이어 받으며 3위, 2위, 1위로 달리던 선수들을 차례로 제치며 대회 신기록으로 우승을 이끌었다.

그런 그녀가 지금 주법 변화로 심각한 정신 · 육체적 스트레스에 시달려 우울 증세까지 보이고 있다.

6개월간 대표팀에서만 훈련, 주법이 망가져 대회에 나갈 수 있는 상황이 못 되고 다시 훈련을 해야 하는 실정.

선수 개인의 특성을 무시한 채 훈련 방식을 주입해 부작용을 낳았다는 것.

(『경향신문』, 2010. 5. 20., 27면)

자율이 존중되는 조직에서 인간존중이 나오고, 인격적 존중 속에서 나다운 일, 보람 있는 일을 하게 되며, 그 같은 인간 존엄성이 중요시되는 조직에서 함께 숨 쉬며 조직을 위해 모두가 하나 되게 된다. 자율 · 자유가 없는 결속, 하나됨은 진정한 하나됨이 아닌 모아 놓은 것에 불과하다.

따라서 위르겐 푹스가 "사람에게는 자주적으로 일하고 싶어 하는 본성이 있다. 리더는 조직성원들 스스로 생각하고, 결정하고, 책임지고 스스로 자신들을 개발할 수 있는 분위기를 만들어 주어야 한다"고 말하듯, 리더가 조직성원들로 하여금 인간 존재의 본질인 자율에 따라 마음껏 능력을 발휘하도록 해 줄 때 조직성원들은 조직을 위해 한마음, 한 몸으로 뭉치게 된다.

다음에서 우리 가요 〈여자의 일생〉을 〈약자의 일생〉으로 바꾸어 불러보며, 우리 조직 내에는 자율이 없는 약자가 없도록 하는 것은 어떨까.

약자(여자)의 일생

이미자 노래

참을 수가 없도록 이 가슴이 아파도
약자(여자)이기 때문에 말 한마디 못하고
헤아릴 수 없는 설움 혼자 지닌 채
고달픈 인생길을 허덕이면서
아아 참아야 한다기에
눈물로 보냅니다 약자(여자)의 일생

법정 스님은 "인간의 궁극적인 목표는 자유에 있다. 온갖 관계로부터 자유로워져야 한다. 어떤 일을 하되 그 일에 얽매이지 말아야 한다. 얽매이면 그 일에 노예가 되어 버린다"고 하였다. 가수 김연숙은 〈숨어 우는 바람 소리〉를 노래했는데, 지극히 자유롭고 자연스러워야 할 바람마저도 숨어서 소리 내야만 하는 그런 조직환경을 만들어 내는 갑(甲)질들이 너무도 많이 일어나고 있다.

그대, 숨죽이고 숨 쉬어 본 적이 있는가?

적어도 그대가 이끄는 조직에서는 결코 그러한 경우가 없이 마음껏 숨 쉬고, 마음껏 자신들의 목소리를 낼 수 있도록 하는 그런 리더가 그대이기를….

4) Interaction(상호작용)

"리더십은 리더와 추종자 사이의 상호작용이다. 상대방이 없다면 나 또한 존재할 수 없다. 그리고 그들 사이에는 공명(共鳴)이 있어야 하고 연결이 있어야 한다"고 워런 베니스는 말하면서, "리더와 추종자 사이의 상호작용 없이는 조직의 활력은 생겨나지 않는다"고 하였다. 또한 그는 "리더십은 지휘자와 연주단원 사이든, 코치와 팀원들 사이든, 그리고 리더와 추종자 사이든 독단적이거나 일방적이 아닌 매우 인상적이며 오묘한 역학 관계, 즉 상호작용인 것이다. '그 상호작용이 하나됨을 만들어 낸다'. 그것은 지휘자와 오케스트라를 하나 되게 하고, 코치와 팀을 하나 되게 하며 리더와 조직을 하나 되게 한다"고 했다.

그러나 상호작용은 리더와 추종자, 즉 상하 간의 일체화만을 대상으로 하는 것이 아니라 상하좌우 모든 구성원들의 하나됨을 말하는 것이다.

캠피언(Campion), 페퍼(Papper), 그리고 메드스커(Medsker)의 조사연구에 따르면 "조직성원들이 서로에 대해 어떻게 생각하고 있느냐는 한 조직의 미래 성과를 위한 가장 중요한 전제가 된다"고 했는데, 이는 조직성원들

사이의 돈독한 관계야말로 조직 성과에 중요한 영향을 미치는 요소라고 보는 것이다.

그런데 앞에서도 말했듯이 현대인들은 조직 내에서 자꾸만 이방인을, 왕따를 만들어 내고 있다. 왕따를 만들어 내고 있는 대표적인 것이 '끼리끼리'일 것이다. '우리가 남이가', '우리끼리', 혈연, 지연, 학연, 교연(종교), 이런 것들이 '끼리'를 만들어 내어, 나와 같거나 비슷하지 않으면 배척한다.

다음의 〈고린도전서〉 이야기를 들어 보자.

몸은 한 지체로 된 것이 아니라 많은 지체로 되어 있습니다.

발이 "나는 손이 아니니까 몸에 딸리지 않았다"고 말한다 해서 발이 몸의 한 부분이 아니겠습니까?

또 귀가 "나는 눈이 아니니까 몸에 딸리지 않았다"고 말한다 해서 귀가 몸의 한 부분이 아니겠습니까?

만일 온몸이 다 눈이라면 어떻게 들을 수 있겠습니까?

또 온몸이 다 귀라면 어떻게 냄새를 맡을 수 있겠습니까?

그래서 하느님께서는 당신의 뜻대로 각각 다른 기능을 가진 여러 지체를 우리의 몸에 두셨습니다.

모든 지체가 다 같은 것이라면 어떻게 몸을 이룰 수 있겠습니까?

그래서 한 몸에 많은 지체가 있는 것입니다. 눈이 손더러 "너는 나에게 소용이 없다"고 말할 수도 없고 머리가 발더러 "너는 나에게 소용이 없다"고 말할 수도 없습니다. 그뿐만 아니라 몸 가운데서 다른 것들보다 약하다고 여겨지는 부분이 오히려 더 요긴합니다. 우리는 몸 가운데서 별로 중요하게 여기지 않는 부분을 더욱 조심스럽게 감싸고 또 보기

흉한 부분을 더 보기 좋게 꾸밉니다. 그러나 보기 좋은 지체들에게는 그렇게 할 필요가 없습니다. 이렇게 하느님께서도 변변치 못한 부분을 더 귀중하게 여겨 주셔서 몸의 조화를 이루게 해 주셨습니다.

이것은 몸 안에 분열이 생기지 않고 모든 지체가 서로 도와 나가도록 하시려는 것입니다.

한 지체가 고통을 당하면 다른 모든 지체도 함께 아파하지 않겠습니까? 또 한 지체가 영광스럽게 되면 다른 모든 지체도 함께 기뻐하지 않겠습니까?

(〈고린도전서〉 12:14-26)

끼리끼리만의 하나인, 그런 집단은 결코 좋은, 건강한 조직이 될 수 없다.

우리 인간은 사람 인(人) 자가 말해 주듯이 어쩔 수 없이 상호의존적인 존재인 것이다. 이런 점을 생각하며 마틴 루서 킹의 다음 말을 들어보자.

이 세상에 가난이 존재하는 한, 나는 결코 부유하게 될 수가 없다.

설사 내 손에 10억 달러가 있을지라도.

이 세상에 질병의 창궐로 수백만 명의 사람들이 20~30대에 죽어간다면 나는 결코 건강하게 될 수가 없다.

설사 일류 병원에서 건강 판정을 받았을지라도.

당신이 원하는 모습을 갖출 때까지 나는 원하는 모습을 갖출 수가 없다.

세상은 이렇게 만들어져야 한다.

혼자 독립적이라고 뽐낼 수 있는 개인도 국가도 없다.

우리는 상호의존적 존재이다.

이 얼마나 리더다운 말인가. 우리는 가진 것이 많든 적든, 있건 없건 상호의존적이며, 네가 바로 서야 나도 바로 설 수 있다는 운명 공동체적 발상이 아닌가.

다음의 〈유토피아 나무〉라는 시 한 수를 읊어 보자.

유토피아(Utopia) 나무

아름답고 행복해 보이는 꽃
아니, 줄기도 잎도 …… 모두 다
너 참 행복해 보이는데
당연하지 네가 있는데

줄기야 너 고마워
네가 있어 나는 사방으로 뻗어갈 수 있어
뿌리야 내가 고맙지
네가 있어 나는 설 수 있거든
너도, 너도 고마워
너희들이 있어 내가 잎으로 달려 있잖아
너희들 모두 고마워
너희들이 나를 이처럼 꽃피우잖아
아니, 아니지 우리가 고맙지

네가 아름답기에 우리가 사랑받거든

너, 너희들 다 고마워
너희들이 있어 나는 존재한다구
나, 나도 너희들이 있어 존재해
너희들 정말 고마워

너희들은 나의 기쁨이야
너희들이 있어 나는 행복해!

이 시는 어느 공직자가 쓴 것인데, 참으로 아름답고 부러운 유토피아 나무다. 상호의존적 존재인 우리도 서로를 고마워하고 상대방이 있음으로 자신이 존재한다는 마음을 갖는다면 '유토피아'(Thomas More)를 이룰 수 있을 것 아닌가. 참공직자다운 의미가 남다른 시다.

마이클 린버그는 "인류의 희망과 미래는 우리가 상호의존적 존재임을 깨닫는 데에 달려 있다"고 하였다. 끼리끼리만을 강조하는 집단은 오늘날과 같은 사회에서 경쟁력을 가질 수도 없다.

우리는 우리 모두의 중요성과 가치를 인정하고 상호 간의 조화와 협력이 건강한 힘이 된다는 것을 알아야 한다. 존 맥스웰은 "우리가 이루어내고 성취하는 모든 것들은 다른 사람들과의 상호작용, 그리고 조화의 결과이다. 조화는 다른 사람의 가치를 인정할 때 이루어진다. 팀에서 가장 똑똑한 한 사람이 결코 팀에 있는 모든 사람들보다 똑똑하지 않다"고 말하였다.

2011년 10월에 우리나라를 찾은 인기 가수 패리스 힐튼(Paris Whitney Hilton)은 우리나라의 '비빔밥'을 맛보고는 "비빔밥 너무 맛있어, 먹고 또 먹고 싶어" 하며 비빔밥을 격찬했다. 우리의 비빔밥은 모든 재료들이 각각의 고유한 맛을 그대로 간직하며 전체로서의 새로운 맛을 만들어 내기 때문이다. 바로 이것이 화합 · 조화의 극치가 아니겠는가!

© Glenn Francis, www.
PacificProDigital.com

잠시 행정가이자 시인인 전라북도 송하진 지사의 시 〈전주 비빔밥〉 몇 구절을 감상해보자.

전주 비빔밥

송하진

아삭이는 가지가지 나물들
산과 들이 함께 담겨 있다네
모두모두 함께하니 골동반(汨董飯)이라
누구는 화반(花盤)이라 했다지

섞고 섞이니 아름답지 않은가
온몸을 휘감는 맛
세상살이 맛이 나지 않는가

이건 격조(格調)네

아름다운 세상에 사는 사람들의 격조야

모름지기 한 조직의 리더는 이 같은 조화를 창출해 내어 살맛 나는 조직을 만드는 사람이 되어야 하지 않을까. 하여 숀 아처는 "팀을 하나로 뭉쳐 성취를 만들어 내는 존재가 리더이다. 조직성원들 간의 상호작용에 적극적 지원 노력을 기울이는 리더야말로 조직을 앞으로 나아가게 만드는 조직의 핵심 자원이다"라고 한 것이다.

그러나 존 맥스웰의 말과 같이 우리가 일하고 성취하고, 때로 위기를 극복하는 과정에서 무엇 하나 다른 사람의 도움 없이 이루어지는 것이 없다(어디에서든 어떤 상황에서든 사람에겐 사람이 필요하다)고 말들을 하면서도 우리는 계속 왕따를 만들어 내고 있다.

척 스윈돌(Chuck Swindoll)은 『화룡점정(The Finishing Touch)』에서 함께하고 있는 사람들의 중요성에 대해 다음과 같은 표현을 하고 있다.

혼자서 사슬을 이룰 수 있는 사람은 없다, 한 사람 한 사람이 연결고리다.

연결 고리가 하나만 빠져도 사슬은 끊어진다.

혼자서 팀을 이룰 수 있는 사람은 없다. 한 사람 한 사람이 선수다.

선수가 한 명만 빠져도 경기에서 몰수패를 당한다.

혼자서 오케스트라를 이룰 수 있는 사람은 없다. 한 사람 한 사람이 연주자다.

연주자가 한 명만 빠져도 교향곡은 미완성이 된다.

(…)

우리는 서로를 필요로 한다. 나는 네가 필요하고 너는 내가 필요하다.

인생을 제대로 살려면 우리는 서로 기대고 받쳐 줘야 한다.

서로 관계하고 반응해야 한다. 서로 주고받아야 한다.

(…)

서로 팔을 뻗어 끌어안아야 한다. 서로 품어 주고 의지해야 한다.

(…)

홀로 온전하고 전능한 초인은 없으므로.

(John C. Maxwell, *The 15 Invaluable Laws of Growth*, Center Street, 2012)

마이클 린버그는 "홀로 서겠다는 욕구는 함께 서고자 하는 욕구에 의거해야 한다"고 하였는데, 함께 서려는 것이 상호작용이고 상호작용이 필요한 이유이다.

속담에 이르기를 "지푸라기 없이는 벽돌을 만들 수 없다"고 하였다. 우리 눈에는 보잘것없는 존재처럼 보일지 모르지만 무언가 '하나됨'을 이루기 위해서는 없어서는 안 될 소중한 것이라는 말이다. 다음의 위르겐 푹스의 말을 들어 보자.

모든 기관은 그 자체로 하나의 단위를 구성하는 동시에 전체의 일부를 구성하는 요소가 된다. 그리고 그 전체는 부분의 합보다 크다.

유기체 내 각각의 기관은 다른 기관들도 자신들이 맡은 바를 알아서 수행한다는 확신을 가지고 일한다. 또 어떤 기관도 자기가 다른 기관보다 우월하다고 생각하지 않는다. 그리고 어떤 기관도(심장, 폐, 신경, 눈, 뇌 등) 다른 기관의 도움 없이 홀로 존재할 수 없다. 또 암세포를 제외하고는 그 어떤 기관도 다른 기관보다 더 몸집을 늘리려는 욕심을 부리지 않는다.

신체에 이상이 오거나 질병에 걸렸을 때 혹은 위험한 상황에 직면했을 때에도 어느 기관의 잘잘못을 따지지 않는다. 그보다는 신체의 균형을 찾기에 모두 함께 힘쓰고 모든 기관이 힘을 합쳐 문제를 해결하고자 노력한다. 거기에는 명령권을 지닌 기관도 명령에 무조건 복종해야 할 기관도 존재하지 않는다.

(강희진 옮김, 『리더의 지혜를 담은 동화책』, 새론북스, 2004)

우리가 일하고 생활하는 조직체는 살아 숨 쉬는 유기체라고 했다. 유기체의 각 요소들은 어느 것 하나 자기만이 홀로 잘났다고, 홀로 제일이라고 뽐내지 않으며, 서로 돕고 상호작용을 하며 유기체를 건전하게 유지 · 발전시켜 나가는 것이다.

이 부분에 대해서는 플라톤(Plato)의 말을 더 들어 보자.

인성의 각 요소는 본연의 역할을 수행하며 균형을 유지해야 한다.

두뇌(사고), 심장(감정), 위장(욕구) 가운데 한 가지만 있다면 인간이라 할 수 없다.

이 모든 요소가 협력(상호작용)할 때 온전한 인간이 된다.

사고가 감정을 억누르거나 욕구가 사고를 밀어낸다면 이상적인 인간상은 구축될 수 없다.

(Stephen Bertman, *The Eight Pillars of Greek Wisdom*, Barnes & Noble, Inc., 2003)

우리가 생활하는 조직에서 누구도 중심인물이 아닌 주변인(outsider)으로 살고 싶어 하지 않는다. '우리'를 강조하면서 혹시라도 어떤 개인이 내팽개쳐진 '개인 없는 우리'가 되어서는 안 된다. 리더는 조직성원들로 하여금 각자가 자신이 속한 조직에서 '활동의 중심'에 있다는 자부심을 갖도록, 자신의 가치를 느끼도록 하기 위해 상호작용에 항상 마음을 써야 할 것이다.

그리고 조직성원들 모두는 같은 목적지를 향하여 함께 가는 동반자로서 서로에게 잉글레제의 다음 글과 같은 그런 사람이 되는 것은 어떨까.

매일 당신과 동행하는 이웃의 길 위에
한 송이 꽃을 뿌려 놓을 줄 안다면,
지상의 길은 기쁨으로 가득할 것이리

아울러 동반자인 나는 동반자로서 걸맞도록(걸맞기를 요구하거나 요구되어서가 아니라), 함께 그들과 보조를 맞추어 나감에 손색이 없도록 노력함이 또한 마땅하지 않을까. 다음 알베르 카뮈(Albert Camus)의 시에서 보듯이 말이다.

내 앞으로 걸어가지 마라
나는 따라가지 않을 테니
내 뒤를 따라오지 마라
나는 이끌지 않을 테니
내 옆에서 걸으면서
친구가 되어 다오

5) Communication(의사소통)

"리더십의 효과는 훌륭한 의사소통 능력에 의해 크게 좌우된다"고 존 맥스웰은 말하였다. 리더는 조직의 목표달성을 위해서 조직성원들의 노력과 상호작용을 질서 있게 통합 · 조정하여야 하는데, 이 같은 통합 · 조정을 가능케 하는 것이 바로 의사소통이기 때문이다.

리더가 조직의 의미를 조직해 내고, 조직성원들이 그 의미를 공유하게 될 때 그들은 조직의 목표를 위해 하나가 되며, 이 과정에서 의사소통이 중요한 역할을 하는 것이다.

의사소통이란 무엇인가?

"의사소통이란 둘 또는 그 이상의 사람들 사이에 사실 · 생각 · 의견 또는 감정의 교환을 통하여 공통적 이해를 이룩하고 나아가 의식이나 태도 또는 행동의 발전적 변화를 일으키게 하는 일련의 행위이다"라고 하였다. 이처럼 사람의 생각과 감정을 서로 통하게 하고 이해를 낳게 하는 것이 의사소통이라고 한다면, 이것이 왜 리더십에 중요하지 않을 것이며, 어찌 모두를 하나 되게 하는 중요 요소라고 아니할 수 있을 것인가.

다음의 우리 가요 노사연의 〈바램〉을 들어 보자.

바램

노사연 노래

내 손에 잡은 것이 많아서 손이 아픕니다
등에 짊어진 삶의 무게가 온몸을 아프게 하고
매일 해결해야 하는 일 땜에 내 시간도 없이 살다가

평생 바쁘게 걸어 왔으니 다리도 아픕니다
내가 힘들고, 외로워질 때 내 얘길 조금만 들어 준다면
어느 날 갑자기 세월에 한복판에 덩그러니 혼자 있진 않겠죠
큰 것도 아니고, 아주 작은 한마디, 지친 나를 안아 주면서
사랑한다 정말 사랑한다는 그 말을 해 준다면
나는 사막을 걷는다 해도 꽃길이라 생각할 겁니다
우린 늙어 가는 것이 아니라 조금씩 익어 가는 겁니다
저 높은 곳에 함께 가야 할 사람 그대뿐입니다

우리가 저 높은 곳, 즉 목표를 향해 함께 가야 할 사람들이라면 우리는 소통해야 한다. 소통이 제대로 되어 우리가 함께한다면 우리가 가는 길이 황량한 사막이라 할지라도 꽃길처럼 아름다운 길이 될 것이다. 당 태종은 "군주와 신하는 일심동체의 관계에 있는 것이오. 나는 그대들을 나의 눈과 귀로 의지해 왔소. 만일 군신(君臣) 사이에 의혹이 생겨, 서로 마음속의 말을 할 수 없게 된다면 이것은 나라의 큰 재앙이 될 것이오"라고 중신들에게 말했다.

우리는 서로 말을 주고받으며 통해야 한다. 말이 통하면 이해와 신뢰가 되고 말이 통하지 않으면 오해와 불신을 낳는다. 자의든 타의든 소통이 되지 않는 것은 밀폐된 방이자 흐르지 못하고 갇혀 있는 강물과도 같은 것으로, 발전은 고사하고 질식하여 모두가 죽고 만다.

인간이 만물의 영장이 되게 한 것이 말이라고 했다. 그런데 우리가 말이 통하지 않는다면 우리는 무엇이란 말인가, 바로 짐승이 아니겠는가, 인간이라면 마땅히 말하고 들어서 소통해야 한다.

의사소통은 거대한 건축을 공고하게 만드는 시멘트와 같은 것이라

했다. 바벨탑을 보자. 야훼께서 인간들의 오만 방자함을 보시고 바벨탑을 쌓고 있는 사람들 간에 말이 서로 통하지 않도록 하자 하늘 높은 줄 모르고 올라가던 웅대한 탑이 삽시간에 무너지고 만다.

의사소통은 인체 내의 혈관계통이나 신경계통과 같은 것이라고도 했다. 우리 인체 내에서 혈관계통이 막히거나 끊어져 버린다면, 우리 인체는 과연 온전할 수 있겠는가, 불가능하다.

미국 버클리대학의 김성호 박사는 "만일 우리 인체를 구성하고 있는 세포에서, 그 세포의 구성 분자 간에 의사소통이 제대로 안 된다면 어떻게 되겠는가?"라고 질문을 던지며 이렇게 답했다. "그리된다면 그 세포는 죽게 된다" 그런데 "만일 그 세포가 죽지 않는다면 어찌 되겠는가?"하고 또 묻고 답하기를 "그리되면 그 세포는 암세포가 된다"고 하였다.

그렇다면 우리 조직 내에서 구성원들 간에 의사소통이 제대로 안 된다면 우리 조직은 어찌 되겠는가? 아마도 망해 없어지거나, 그렇지 않고 계속 남아 있게 된다면 우리 조직은 이 사회의 암적 조직으로 존재할 것이다.

우리의 조직이 암적 조직이 되지 않기를 바란다면 말이 통하도록 해야 한다. 그것은 가정도, 사회도, 국가도 마찬가지이다.

다음의 글을 읽어 보자.

소통 부재로 전쟁터가 되어 버린 가정

누구나 행복한 가정을 꿈꾸지만, 가족 간 불화로 스트레스와 피로를 안고 사는 사람들이 많다.

가정은 언제부터 안식처가 아닌 전쟁터가 됐을까.

사회 구조적 문제로 발생된 일들이 가족 간 갈등과 불화를 낳았다.

'시대의 위기'가 '가족의 위기'를 가져온 것이다. 가정의 붕괴는 개인의 위기이며, 개인의 위기는 사회 기반을 흔든다.

현대인은 인터넷 커뮤니티와 소셜 네트워크 서비스(SNS)에서 보이지 않는 상대와 끊임없이 소통하면서도, 정작 한집에 살고 있는 가족과는 말을 별로 나누지 않는다.

소통의 부재는 결국 테러처럼 끔찍한 결과를 초래한다.

산후우울증 역시 마찬가지다.

최근 한 산모가 자신의 아기를 살해하고 자살을 시도했다.

어느 순간보다 행복해야 할 아기와 산모에게 그 어떤 테러보다 끔찍한 일들이 왜 자꾸 늘어나는 것일까.

모성 본능이 가장 강한 시기에 왜 그런 선택을 할 수밖에 없는가.

현대 의학에선 출산 후 스트레스 호르몬 증가와 과중한 육아 부담 때문이라고 말한다.

과연 육아 부담 때문에 갓 난 자기 자식까지 죽였을까.

그렇다면 현세대의 육아 부담이 예전보다 그토록 심해졌단 말인가.

흔히 할머니들은 "집에서 애 낳고 다음 날 바로 애 업고 밭일 하러 갔다"고 말한다.

육아 부담과 호르몬 변화는 진짜 원인이 아니라 표면적 현상에 불과하다.

산후우울증이란 그림자 뒤엔 남편에 대한 지독한 분노가 숨어 있다. 남편과의 소통 부재라는 막다른 골목에 직면할 때 발생한다.

모든 산모에게 느닷없이 스트레스 호르몬이 많아지진 않는다. 그 이면에는 남편과의 소통 부재가 있다. 그 어떤 대화나 절박한 호소도 더 이상 내 남편에겐 통하지 않는다는 좌절감이 준 극단적 분노다. "남편과는 더 이상 말이 안 통해요." 결국 "나만 없어지면 모두가 행복해질 것 같다"는 위험한 착각에 빠진다.

(『경향신문』, 2013. 5. 10., 25~26면)

로브 파슨스(Rob Parsons)는 "대화의 부재, 특히 상대방의 말을 귀담아 듣지 않기 때문에 오늘날 파경에 이르는 부부가 많이 생겨나는 것"이라 하였다. 그리고 우리 속담에는 "천금을 주고도 못 사는 인정"이라는 말이 있지만 "말 한마디에 천 냥 빚을 갚는다"는 말도 있다. 이것은 말이 통하면 뭔가가 이루어질 수 있다는 말이다. 다음 예화를 보자.

〈예화〉 용서해 테오

질 티보(Jill Thibault)

죽은 형을 그리워하는 테오의 이야기이다.

테오의 형은 축구공을 주우려 달려가다 사고를 당해 그 자리에서 죽고 말았다.

테오는 교통사고를 낸 아저씨를 죽도록 미워하면서 살아간다.

어느 날 아빠가 테오에게 사고를 낸 아저씨를 만나러 가자고 한다.

'"세상에서 가장 미운 괴물"을 만나러 가다니 말도 안 돼!'

아저씨에겐 부인과 어린 딸이 있다. 테오는 아저씨의 딸을 향해 말했다.

"네 아빠가 우리 형을 죽였어."

그렁그렁한 눈물을 흘리는 여자아이.

그 아이는 테오의 손을 잡고 말했다.

"우리 아빠도 오빠의 형을 죽게 했다는 것 때문에 죽어가고 있어.

그리고 나도 죽을 것 같아. 우리 엄마도 마찬가지야.

오빠가 우리를 용서하지 않으면 죽은 사람은 모두 네 명이야."

자신의 슬픔만이 제일 크다고 여겼던 테오.

결국 괴로움과 고통 속에서 두 가족 모두 죽어가고 있음을 깨닫게 된다.

테오는 아저씨를 미워한다고 슬픔이 줄어드는 것이 아니라는 것을 알게 된다.

'죽어도 용서할 수 없을 것만 같았던 마음의 응어리'가 조금씩 풀어진다.

우리 조직을 말이 잘 통하게 하여 건강한 조직, 아름다운 조직, 그리고 모두가 하나로 되게 하자.

워런 베니스가 "성공적 리더십의 가장 중요한 일 가운데 하나가 조직의 목표와 사명을 조직성원들이 공유하도록 하는 것인데, 그 목표와 사명을 공유하도록 역할을 하는 것이 바로 의사소통이다. 따라서 성공적 리더십과 의사소통은 분리될 수 없는 것이다"라고 하였다.

스탠 톨러(Stan Toler) 또한 "아무리 훌륭한 비전이라도 의사소통 능력 없이는 그것을 조직성원들에게 제시할 수 없으며, 제대로 전달이 되지 않는 비전은 무미건조하고 사람들의 심장(가슴)을 움직이게 할 수 없다"고 하였다.

다음의 〈엄마 딸이 엄마 되었어요〉라는 글을 읽어 보자.

엄마 딸이 엄마 되었어요

9시간의 진통 끝에 딸이 태어났습니다.

출장지에서 급히 올라오던 남편, 이틀 전 암 수술을 받으신 엄마….

가족과 함께 있는 옆의 산보들을 보고 있자니 병원에 혼자 누워 있던 그 시간이 참으로 서러워지더군요.

그때, 휴대폰이 울렸습니다.

"옆에 있어 주지 못해서 미안해, 우리 딸."

혼자서 큰일을 겪었을 딸 생각에 엄마는 목 놓아 울고 계셨습니다.

저 역시 휴대폰을 붙잡고 펑펑 울었지요.

"엄마, 병실 못 지켜 드려 죄송해요…."

(SK Telecom 광고, 『경향신문』, 2007)

제럴드 포드(Gerald R. Ford) 전 미국 대통령이 "인간 삶에서 효과적인 소통 능력보다 더 중요한 것은 없다"고 말하듯, 우리는 서로가 말이 통해야 한다. 소통하지 않는 일방적인 말은 이미 인간의 말이 아니다. 그것은 개 짖는 소리에 불과하다. 이제 소통과 불통이 우리에게 줄 영향에 대해 몇 가지 적어 보자.

우리 인생 · 삶은

소통하면 즐겁게 되나 불통이면 괴롭게 된다.
소통하면 윤택해지나 불통이면 메말라 간다.
소통하면 보람차게 되나 불통이면 좌절하게 된다.
소통하면 화평하게 되나 불통이면 불화하게 된다.
소통하면 사랑이 열리나 불통이면 증오가 싹튼다.
소통하면 상생의 꽃이 피나 불통이면 공멸의 낙엽이 된다.
소통하면 행복이 피어나나 불통이면 불행이 움튼다.
소통하면 희망가가 울려 퍼지나 불통이면 절망가가 난무한다.

소통에서 중요한 것은 무엇인가? 물론 "가는 말이 고와야 오는 말이 곱다"는 속담도 있지만, 실제로 소통은 '듣는 것'이 더 중요하다. 우리는 가끔 "사람은 눈이 둘이고, 귀도 둘인데 왜 입은 하나인가?"라고 이유를 묻기도 한다. 그것의 답은 "말하는 것의 두 배로 보고 들으라는 뜻"이라고 말한다.

우리는 잘 들어야 한다. 누군가가 아이젠하워에게 "귀하께서는 어떻게 그리 훌륭하게 사람들을 잘 이끌어 가십니까?"라고 질문을 했을 때 "나는 내 귀를 빌려주었을 뿐이요"라고 답했다는 고사가 있다. 이같이 잘 듣기에는 상대방에 대한 배려의 마음이 깃들어 있는 것이다.

다음 윤재천의 글에 있는 '잘 듣기'에 대해 한번 생각해 보자.

〈예화〉

한 나이 든 여인이 빵을 훔쳐 먹다가 붙잡혀서 재판을 받게 된다. 판사가 빵을 훔친 이유를 묻자, 그 여인은 "여러 날을 굶었지만 돈을 구할 수 없었습니다. 할 수 없이 빵을 훔치게 되었습니다"라고 대답했다.

여인의 대답을 들은 뒤, 골똘히 생각하던 판사는 지갑에서 10달러를 꺼내며 다음과 같이 말하였다. "당신의 행위는 벌금 10달러에 해당합니다. 그 벌금은 제가 대신 내지요." 방청객들이 술렁거리기 시작했다.

판사가 다시 말을 이었다. "저는 이 여인과 달리 그동안 좋은 음식을 많이 먹었습니다. 오늘 저는 이를 참회하며 이 여인 대신 벌금을 내겠습니다. 여러분들 중에도 저와 같이 참회하고 싶은 분은 벌금으로 생각하시고 50센트씩 내시기 바랍니다."

판사의 배려에 감동한 사람들은 너나없이 돈을 걷어 그 여인에게 전달하였다.

(윤재천, 〈글쓰기의 즐거움〉)

어떻든 우리가 하나됨에 있어서 의사소통이 중요한 요소가 되고 있음은 부인할 수 없는 사실이다. 우리는 잘 말하고 잘 들어야 한다. 여기에 잘 말하기에 도움이 될 김수환 추기경 잠언집의 〈말 한마디〉를 잠시 들어 보자.

말 한마디

부주의한 말 한마디가 싸움의 불씨가 되고
잔인한 말 한마디가 삶을 파괴합니다.
쓰디쓴 말 한마디가 증오의 씨를 뿌리고
무례한 말 한마디가 사랑의 불을 끕니다.
은혜스런 말 한마디가 길을 평탄케 하고

즐거운 말 한마디가 하루를 빛나게 합니다.
때에 맞는 말 한마디가 긴장을 풀어 주고
사랑의 말 한마디가 축복을 줍니다.

6) Strategy(전략)

리더십은 어떤 면에서 전략과 동일시하는 사람들도 있는데, 그만큼 리더십에서 전략이 차지하는 비중이 크기 때문일 것이다. 또한 비중이 큰 만큼 '하나됨'의 중요 요소가 되는 것이다.

흔히 군사문화에서는 "전략이 다른 자와는 공존할 수 없다"고 말한다. 전략이 일치하면 아무리 취미나 사고방식이 다르더라도 조직의 목표 달성에는 크게 장애물이 되지 않는다는 것이다. 전략만 일치한다면 목표를 위한 협력이 가능하기 때문이다.

전략이 일치하려면 그 전략을 설정하는 일관성 있는 원칙, 즉 어떠한 여건 변화에도 변함이 없는 원리 · 원칙이 있어야 한다. 그 같은 전략원리가 제대로 구사된다면 조직성원들의 일체화된 행동으로부터 막강한 협력의 힘이 발휘된다. 이제 그 하나 된 힘을 일으키는 전략원리에 대해 인류 최고의 병법서라고 하는 『손자병법』을 중심으로 간략히 적어 본다.

① 체계성의 원리

리더는 부분의 능률이 아니라 전체체계의 관점에서 조직 전체의 유불리 또는 대의명분(당위)에 따라 행동하여야 한다.

무릇 싸워 승리하고 공격하여 획득했으면서도 그 전쟁 목적을 달성하지 못한다면 그것은 낭비이다.

그러므로 총명한 군주는 이런 점을 깊이 생각하여 전쟁을 시작해야 하고 훌륭한 장수는 그 명을 받으면 깊이 숙고하여 용병을 결정해야 한다.

따라서,
국가에 이롭지 않으면 전쟁을 하지 않으며
승리할 수 없으면 군대를 사용하지 않으며
국가가 위기에 처해 있지 않는 한 싸우지 않는다.

② 위임성의 원리

리더는 자신 및 상대의 능력을 비교 · 분석하여 집중 및 분산에 따른 이점을 살려 각자 맡은 일에 소신껏 전념할 수 있도록 권한위임(분산)을 할 줄 알아야 한다.

장수가 유능하고 군주가 간섭하지 않으면 승리한다.

③ 적응성(융통성)의 원리

리더는 상황변화를 정확히 판단하여 일을 아무 무리 없이 자연스럽게 추구해 나아가야 한다.

훌륭한 장수는 상황에 따라 아군의 이로움에 기초하여
끊임없는 변화를 시도한다.
마치 물이 지세에 따라 흘러갈 곳이 결정되듯
군대도 적의 상황변화에 기초하여 승리를 쟁취하는 것이다.

④ 적시성의 원리

리더는 일의 추진과정에서 그 시기의 장단점을 효과적으로 활용할 줄 알아야 한다.

싸울 곳과 싸울 때를 알지 못하면 서로 도울 수가 없다.

승리하는 군대는 먼저 이겨 놓은 뒤에 싸움을 구하고
패배하는 군대는 먼저 싸움을 시작한 뒤에 승리할 길을 찾으려 한다.

⑤ 신중성의 원리

리더는 모든 일을 경솔하게 즉흥적 · 감정적으로 처리해서는 안 되며 다양한 측면에서 신중하게 고려하여 합리적 · 이성적으로 대처하여야 한다.

전쟁은 국가의 중차대한 일로서,
국민의 생사는 물론 국가의 존망이 좌우되는 것이니
신중히 숙고하지 않으면 안 된다.

다각적이고 체계적으로 전략을 세우면 승리할 수 있으나
단편적이고 조잡하게 전략을 수립한다면 승리할 가능성은 희박하다.

장수가 결단을 내림에는 반드시 이해(利害)를 아울러 참작해야 하는데
이(利)를 참작하게 되면 일에 대한 확신을 가질 수 있고
해(害)를 참작하게 되면 환란을 방지할 수 있다.

⑥ 주도성의 원리

리더는 상대방에게 조종되어서는 안 되며 항상 자신이 원하는 대로 상대방을 이끌어 가야 한다.

용병을 잘하는 자는 적을 조종하되 적에게 조종당하지 않는다.
그러므로 주도권을 잡아
정세가 유리하면 행동을 감행하고 불리하면 중지하는 것이다.

닐 콜(Neil Cole)은 전략이 효과를 발휘하려면 전략수립의 '단순함이 비결'이라고 하면서 다음과 같은 세 가지를 제시하고 있다.

첫째, 내면화할 수 있는가?
둘째, 쉽게 되풀이할 수 있는가?
셋째, 효과적으로 전달할 수 있는가?

4. 소결론

원래 컴퍼니(company)라는 말은 '한솥밥을 먹는 사람들'을 가리키는데, 라틴어 companion(동행)에서 유래된 단어로 함께 가기 위한 사람들이 모여 만든 집단인 것이다.

그리고 회사(company)의 직원들을 CEO 같은 분들이 부를 때 "우리 ○○ 가족 여러분"이라고 한다. 그렇다면 우리 가족이 생활하는 조직체는 어떠해야 하며 구성원 간, 특히 리더와 조직성원 간의 관계는 어떠해야, 말 그대로 한 가족으로서 확고한 하나 된 가정이 이루어질 수 있겠는가?

한 가정은 남녀가 결혼을 함으로써 만들어지고, 이 결혼 생활의 영위는 원만한 협조(협력) 관계 속에서 이루어지며, 그 원만한 관계, 행복하고 만족스러운 관계형성은 자기 헌신과 성실한 노력이 필수인 것이다. 어떤 분들은 "나는 회사와 결혼했다"고 말씀하시는데, 그런 분들의 결혼 생활이 어떤지 보고 싶을 때도 있다.

이언 시모어(Robert Ian Seymour)는 "결혼 생활은 마치 정원과도 같다 "고 하면서, "제때 적절히 돌보지 않는다면 금방 잡초가 자라기 시작하고, 그 잡초를 무시해 버리면 마침내 온 정원을 뒤덮어서 한때 그곳에서 잘 자라고 있던 아름다운 꽃들과 과일나무들이 모두 말라 죽게 될 것이다"

라고 덧붙였다.

종종 우리는 "울타리 건너편의 잔디가 더 푸르다"는 말을 하는데, 작가 존(J. John)은 "울타리 건너편의 잔디가 더 푸른 것이 아니라 물을 제대로 주는 곳의 잔디가 더 푸르다"고 말한다. 하여 이언 시모어는 "결혼 관계는 당신이 물을 줄 때 더 푸르게 자라나 더 많은 결실을 맺는다"고 하였다.

따라서 리더는 제대로 물(하나됨의 6요소)을 잘 주어서 당신의 조직을 늘 푸르게 만들어 가야 할 것이다. 다음의 이언 시모어가 전하는 〈결혼의 기술(The Art of Marriage)〉이라는 시를 함께 읽어 보며 리더로서 조직성원들과 어떤 관계형성을 갖는 것이 조직의 하나됨에 도움이 될까를 생각해 보는 것도 좋을 듯하다.

결혼(생활)의 기술

아름다운 결혼 생활은 우리가 만들어 내야 하는 것.
결혼 생활에서 진정 귀한 것은 아주 작은 것들,
무척 늙어서도 손잡기를 꺼리지 않는 것.
적어도 하루 한 번쯤은 '사랑해'라고 말해 주는 것.
잠자리에 들기 전에는 반드시 화를 푸는 것.
서로의 가치와 공동의 목표를 이해해 주는 것.
함께 서서 세상과 마주하는 것.
온 가족을 사랑으로 감싸 안는 것.
고맙다고 말하고 진심 어린 감사를 표하는 것.
용서하고 잊어 주는 것.
서로에게 성장할 수 있는 상황을 만들어 주는 것.

선과 미를 함께 추구하는 것.

제대로 된 짝이 되어 주는 것.

존 맥스웰은 "리더는 매일 자신의 팀을 섬길 방법을 찾도록 해야 한다. 그들이 매일 자신과 팀의 비전을 위해 열심히 일하고 있기 때문이다"라 하였고, 블레인 리(Blaine Lee)는 "리더는 우선 함께하는 사람들을 섬기고, 그들이 지금 필요로 하는 것으로 그들에게 봉사해야 한다"고 하였듯이, 한 조직의 리더는 앞에서 살펴본 하나됨의 6요소가 조직성원들의 하나된 힘을 발휘하는 데 기여할 수 있도록 그들에게 봉사해야 한다.

그리고 이 6요소 중 목표(비전)와 사명을 1차적 요소(기본적 요소)라 하고 나머지 요소들을 2차적 요소(추동적 요소)라고 한다. 다음 스웨인의 시를 읽어 보고, 우리 가요 〈어부의 노래〉를 불러 보자. 2차적 요소가 어떠해야 하는지를 잘 보여 줄 것이다.

사랑의 집

스웨인

벽만 둘려져 있으면 집인가
거기 그림들이 걸려 있더라도
사랑이 없으면 그뿐
집은 사랑하는 곳
집은 우리를 사랑하는 곳이라네
지붕과 방만 있으면 집인가
그리운 보금자리여야지

우리들 가슴을 피게 하고
입술을 따뜻하게 하는 것이 있어야지
만나고 맞아 주고
반겨 주지 않는 것이 무슨 집인가
집은 우리들이 정답게 모여
그리고 사랑하는 곳이라네

어부의 노래

박양숙 노래

푸른 물결 춤추고 갈매기 떼 넘나들던 곳
내 고향 집 오막살이가 황혼 빛에 물들어 간다
어머님은 된장국 끓여 밥상 위에 올려놓고
고기 잡는 아버지를 밤새워 기다리신다
그리워라 그리워라 푸른 물결 춤추는 그곳
아 저 멀리서 어머님이 나를 부른다

이언 시모어가 "돈으로 집을 살 수는 있어도 가정은 살 수 없다"고 하였듯이, 우리는 우리의 조직을 돈만을 생각하고, 돈만을 바라보는 조직이 아니라 '정답게 모여 사랑하는 곳'으로 만들어야 한다. '항상 그리워하고, 맞아 주는 곳'으로 만들어야 한다. 류시화 시인의 시 〈그대가 곁에 있어도 나는 그대가 그립다〉처럼 '그리워하는 마음이 샘솟는 곳'으로 만들어야 한다. 우리는, 현대인은 조직인으로서 아침에 출근하여 하루 24시간 중 대부분을 그곳에서 보내고 있기 때문이다.

그리고 1차적 요소로서의 구성원들 간의 마음, 특히 리더와 조직성원 사이에는 어떤 정신 · 마음을 가져야 하는지 우리 가요 〈행복의 샘터〉를 불러 보며 생각해 보자.

행복의 샘터

이양일 · 박재란 노래

세상이 넓다 해도
그대만이 내 사랑
소녀의 순정에도
그대만이 나의 님
무지개 피는 하늘 밑
행복의 샘터를
우리 서로 손을 잡고
찾아갑시다

우리는 너와 내가 목표 — 무지개 피는 행복의 샘터 — 를 향해 님과 손잡고 가듯, 그런 마음으로 함께 가야 공고한, 진정한 '하나됨'이 이루어질 것이다. 그리하여 우리 조직을 이선희가 부른 노래처럼 '아름다운 조직(강산)'이 되게 하자.

아름다운 강산

이선희 노래

하늘은 파랗게 구름은 하얗게
실바람도 불어와 부풀은 내 마음
나뭇잎 푸르게 강물도 푸르게
아름다운 이곳에 내가 있고 네가 있네
손잡고 가 보자 달려 보자 저 광야를
우리들 모여서 말해 보자 새 희망을
하늘은 파랗게 구름은 하얗게
실바람도 불어와 부풀은 내 마음
우리는 이 땅 위에 우리는 태어나고
아름다운 이곳에 자랑스런 이곳에 살리라
찬란하게 빛나는 붉은 태양이 비추고
하얀 물결 넘치는 저 바다와 함께 있네
그 얼마나 좋은가 우리 사는 이곳에
사랑하는 그대와 노래하리
오늘도 너를 만나러 가야지 말해야지
먼 훗날에 너와 나 살고지고
영원한 이곳에 우리는 새 꿈을 만들어 보고파
봄 여름이 지나면 가을 겨울이 온다네
아름다운 강산 너의 마음은 나의 마음
나의 마음은 너의 마음
너와 나는 한마음 너와 나
우리 영원히 영원히 사랑 영원히 영원히
우리 모두 다 모두 다 끝없이 다정해

V

임파워링

내가 그의 이름을 불러 주었을 때
그는 나에게로 와서
꽃이 되었다.

(김춘수, 〈꽃〉 중에서)

1. 임파워먼트의 의의

임파워먼트(Empowerment)는 흔히 조직 내 권한의 배분 또는 권한의 공유와 관련하여 '권한위임'으로 보고 있으나, 이는 상당히 미흡한(부분적으로만 옳은) 정의에 불과하다.

중요한 것은 권한위임을 왜 하느냐에 있다. 즉 위임의 목적이 어디에 있느냐 하는 것인데, 데이비드 릴리엔솔(David E. Lilienthal)이 "그것의 목적은 다른 사람들의 잠재적 능력과 꿈을 이끌어 내고 작동하게 하는 것이다"라고 하였듯이, 그 위임은 구성원 각자의 잠재력을 신뢰하고, 각자가 원하고 좋아하며 잘할 수 있는 일을 하게 하고, 그 일을 더 잘할 수 있도록 조력하며 조직성원들의 잠재력을 극대화하도록 하는 데 목적을 두고 있는 것이다. 이는 조직성원들의 향상된 능력이 조직의 성장 · 발전에 크게 기여할 수 있기 때문이다.

잭 웰치(Jack Welch)가 "리더는 직원들을 꽃이라 생각하고 한 손에는 물을, 한 손에는 비료를 들고 그 꽃에 물과 비료를 주는 사람이다"라고 하였듯이, '직원이라는 꽃씨에 희망의 물과 사랑의 햇볕을 주어 아름다운 꽃을 피울 수 있도록 하는 행위'가 임파워링인 것이다. 즉, 임파워먼트란 '조직성원들을 신뢰하고 역할을 부여(위임)하며, 그 역할 수행과정에서 그들의 잠재력을 최대로 발휘할 수 있도록 조력하는 것'이다.

격언에 "천리마도 짐수레나 끌게 하면 태마가 된다" 고 하였다. 천리마가 천리준마로 성장 · 발전하도록 천리마에 합당한 역할을 부여하고, 그 역할을 잘할 수 있도록 조력하는 것이 임파워링이다.

2. 임파워링의 필요성(중요성)

21세기 조직의 조건을 자율, 상호신뢰, 다양성, 유연성 등으로 특징짓는데, 이는 조직환경이 과거와 같은 조정경기의 상황이 아니라 급류타기와 같은 상황이기 때문이다. 또한 업무 수행에서 창의와 속도가 중요시되고 있기 때문에 이에 부응하기 위해서는 조직성원들 스스로 생각하고, 결정하고, 스스로 자신들을 계발할 수 있어야 하기 때문에 임파워먼트가 요구되지 않을 수 없게 된 것이다. 즉, 임파워된 사람이라야 자율적 · 능동적으로 자신의 일에 임하고 탄력적으로 움직일 수 있는 것이다.

또한 글로벌 경쟁이 격화되고 환경 변화가 가속화되면서 조직성원들이 더욱 강한 몰입과 위험의 감수 등을 감당할 필요성이 대두되기 때문에 자율관리와 이에 따른 책임을 다할 수 있는 역할수행 능력의 향상이 임파워먼트를 강하게 요구받게 된 것이다.

그렇다고 임파워먼트가 수동적으로 요구받아서이기보다 더 중요한 것은 자율과 책임으로부터 자신이 중요한 역할자라는 자부심을 갖게 하고, 맹목적으로 지시를 따르는 로봇이 아닌 창조적이고 목적이 분명한 주역으로서의 인간이라는 자긍심을 갖게 하는 것이다.

3. 임파워링의 기본전제

리더가 조직성원들을 임파워먼트하기 위해서는 다음과 같은 전제 조건이 요구된다.

1) 인간 존엄성(가치)의 인식

인간은 출생과 더불어 창조주로부터 부여받은 인간 고유의 권리인 천부인권이 있어, 그 태어났다고 하는 사실만으로 소중한 존재인 것이다.

세계인권선언 제1조에 보면 "모든 사람은 태어나면서부터 자유로우며 동등하게 존엄성과 권리를 보장받는다"고 명시되어 있고, 대한민국 헌법 제10조(1항)에도 "모든 국민은 인간으로서의 존엄과 가치를 가지며 행복을 추구할 권리를 가진다"고 명시하고 있는 만큼, 인간으로서 조직성원 누구라도 존엄성을 인정하지 않을 수 없는 것이다.

그리고 적극적으로는, 맥스 루카도(Max Lucado)가 "인간은 우연한 존재가 아니다. 대량생산된 존재도 아니다. 조립제품은 더더욱 아니다. 최고의 창조자에 의해서 신중하게 고안되었고 특별한 재능을 부여받았으며 사랑을 품은 고귀한 존재로 이 세상에 탄생하였다"고 말하는데, 그 위대한 존재를 감히 누가 부정한단 말인가. 그 존엄성을 인정하지 않고는 임파워먼트가 근본적으로 불가능하게 된다.

존 맥스웰이 "리더는 조직성원들의 가치를 높여 주는 존재로서 그들의 가치를 높여 주려면 무엇보다도 그들을 소중하게 대해야 한다" 하였고, 에드윈 마크햄(Edwin Markham)도 인간의 존엄성에 대해 다음과 같이 말하고 있다.

인간의 계획 안에 있는 모든 것들이
사랑을 키워 주는 것이 아니라면
우리가 계획을 세워 행하는 그 어떤 것도
전혀 가치가 없다는 것을 알기까지
우리는 그저 장님이라네.
사람을 세워 주지 않는다면
이 도시들을 화려하게 꾸밀 이유가 무엇인가?
세상을 건설하는 것 역시 헛될 뿐이라네
건설자 또한 성장하지 않는다면….

(John C. Maxwell, *Developing the Leader Within You*, Thomas Nelson, Inc., 1997)

인간이 어느 정도 가치 있는 존재인가를 다음 서정주의 시를 통해 생각해 보자.

국화 옆에서

서정주

한 송이의 국화꽃을 피우기 위해
봄부터 소쩍새는
그렇게 울었나 보다.

한 송이의 국화꽃을 피우기 위해
천둥은 먹구름 속에서
또 그렇게 울었나 보다.

그립고 아쉬움에 가슴 조이던
머언 먼 젊음의 뒤안길에서
인제는 돌아와 거울 앞에 선
내 누님같이 생긴 꽃이여

노오란 네 꽃잎이 피려고
간밤에 무서리가 저리 내리고
내게는 잠도 오지 않았나 보다.

이 시는 보잘것없는 한낱 식물에 불과할지 모르지만, 한 생명체의 탄생을 위해서는 전 우주가 동참해야만 한다는 생명에 대한 경애심과 존엄성을 노래하고 있는데, 하물며 우리 인간의 존엄성에 대해 더 무슨 말이 필요하겠는가. 브라이언 트레이시가 "인간은 위대함과 성공을 위해 창조

된 존재이다", 또한 "신은 결코 불필요한 것을 만들지 않는다"고도 말하듯이, 우리 인간은 너나없이 유용한 존재로 이 세상에 귀하게 태어난 것이다. 따라서 우리 인간은 어떠한 경우라도 수단가치가 아닌 목적가치로 존중되는 존엄한 존재로 대우받아야만 한다.

2) 잠재력의 신뢰와 발견

앞에서 '인간은 누구나 위대한 존재가 될 씨앗을 품고 태어났다'고 하였는데, 이언 시모어도 "사람은 누구나 위대한 존재가 될 씨앗을 품고 있다. 승자가 될 자질을 갖고 태어난다"고 하였다. 즉 인간은 누구나 비범함의 씨앗을 품고 있다는 말이다.

그러나 지금까지 많은 사람들은 인간은 태어날 때부터 능력의 우열을 가지고 태어나는 것으로 여기고들 있다. 이 얼마나 잘못된 생각이며, 이로 인해 얼마나 많은 사람들이 운명론 속에서 슬픔을 안고 살아야 했는가.

우리 인간이 가지고 있는 위대한 것 중 하나가 생각이라는 것이다. 이언 시모어는 "우리들 인간 모두는 생각을 활용하여 참으로 놀라운 성과를 만들어 낼 능력을 가지고 있는 존재이다"라고 하였는데, 옥스퍼드 대학의 리처드 호킨스(Richard Hawkins) 교수에 따르면 "사람의 뇌세포를 하나하나 일렬로 배열한다면 지구를 25바퀴나 돌 정도의 길이가 된다"는 것이다. 하여 '인간 두뇌, 인간 정신의 위력은 너무도 대단해서 우리는 인간의 성취 능력의 한계를 가늠조차 할 수 없다'는 것이다.

따라서 당신이 진정한 리더라면 우리 인간 모두는 이미 위대하게 될,

그리고 위대한 것을 창조해 낼 씨앗을 품고 태어났음을 인정하고, 믿어야 한다. 다음 베트 미들러(Bette Davis Midler)의 노래를 들어 보자.

The Rose

베트 미들러 노래

밤이 외롭게 느껴질 때
그리고 인생길이 멀게만 느껴질 때
당신은 사랑이란 오직 운이 좋은 사람이나
강한 사람만을 위한 것이라고 생각할지 모릅니다
그러나 이것만은 기억하세요
겨울의 차디찬 눈 속에도
봄볕의 사랑을 받으며 장미로 피어날
씨앗이 있다는 것을

베트 미들러는 지금은 역경에 처해 초라하게 보일지 모르지만 아름다움을 뽐낼 수 있는 그 위대함이 내 안에 있다고 노래한다.

그리고 리더가 왜 조직성원들의 잠재력을 믿어야만 하는지 다음의 시를 들어 보자.

할 수 있다고 믿는 사람(무명시)

패했다고 생각하면 패한 것이고,
엄두가 안 난다고 생각하면 엄두가 나지 않으며,

이기고는 싶지만 어렵겠다고 생각하면
이기지 못할 것은 분명한 일

질 것이라 생각하면 질 것이니,
이 모두가 마음가짐인 것을
자신이 뛰어나다고 생각하면 그렇게 되지.
높이 올라가려면 높이 생각해야지

인생의 전장에서의 승리는
강자나 빠른 자만의 몫은 아니라네
그러나 최후의 승자는 언제나
할 수 있다고 믿는 사람!

이 시가 말해 주듯, 리더가 조직성원들에게 위대한 씨앗이 있다고 믿어야만 그 위대한 것이 찾아질 수 있다는 것이다.

그리고 스티븐 커비(Stephen Covey)가 "우리는 도토리에서 참나무를 볼 수 있어야 한다"고 하였는데, 이는 "사람들의 내부에 존재하고 있는 위대함과 아름다움을 발견할 수 있는 눈을 가지라"고 한 메리 헤겔스(Merry Hegels)의 말과 같은 것으로, 리더는 조직성원들 각자가 지닌 특별한 재능을 찾아낼 수 있어야 한다. 그런 눈을 갖지 못하는 것은 참으로 불행한 일인 것이다.

그런데 많은 학자들이 '재능'을 올바로 찾아내려면 리더가 긍정적인 인생관을 갖고 있어야 한다고 하였다. 왜냐하면 인생관이란 '인생의 기준이 되는 틀'로서 인생관에서 사물에 대한 관점이 나오기 때문이다.

부정적인 사람은 편협하나 긍정적인 사람은 여러 가지를 두루 볼 수 있으며, 특히 부정적인 사람이 보지 못하는 것을 볼 수 있어서 구성원들의 재능을 알아볼 수 있고 찾아낼 수 있다.

부정적인 사람은 스티븐 커비가 말한 도토리에서 도토리묵이나 다람쥐의 먹이 정도만 볼 수 있으나 긍정적인 사람은 그 도토리에서 장차 우람한 참나무가 자랄 수 있음을 보게 된다.

다음 톨스토이의 예화를 보자.

〈예화〉 톨스토이

톨스토이가 초등학교 때에 작문을 썼다.

그의 가족은 톨스토이의 문학적 재능을 발견하지 못하였다.

어느 날 우연히 그 작문을 읽은 이모님이 톨스토이의 문학적 재능이 뛰어남을 발견하게 된다.

이모님은 톨스토이에게 이렇게 말한다.

"너는 글재주가 대단히 뛰어나구나, 이다음에 반드시 훌륭한 작가로 대성할 거야."

톨스토이는 성장하여 카잔대학에 입학했으나, 공부에 별로 흥미를 느끼지 못해 중퇴하고 군에 입대한다.

군 장교가 된 톨스토이는 어느 날 문득 이모님의 그때 그 말씀이 생각났다.

톨스토이는 〈유년(幼年)〉이라는 원고를 써서 잡지사에 보내 본다.

잡지사로부터 내용이 좋다는 반응과 함께 작품을 계속해서 써 달라는 요청을 받는다.

그리고 그 후 그는 러시아의 작가를 뛰어넘어 세계적 대문호가 되었다.

그의 위대한 씨앗을 찾아내 준 이모님을 그는 (…)

(안병욱, 『후회없이 살아라』, 자유문화사, 1998)

이 예화에서 톨스토이의 이모님은 도토리 속에 있는 우람한 참나무를 보았고, 확실한 믿음을 갖고 그에게 위대하게 될 것이라는 물을 뿌려 주었다.

앞에서 천리마 속담을 들었거니와, 우리 인간은 각 분야에서 모두가 천리준마가 될 위대한 능력의 씨앗을 품고 있음을 리더가 깊이 인식하고 있어야 그것을 알아볼 수 있는 눈이 뜨일 것이다.

에머슨(Ralph Waldo Emerson)은 "사람들을 신뢰하라, 그들을 위대한 사람처럼 대하라. 그리하면 그들이 자신들의 위대함을 보여 줄 것이다"라고 하였다.

다음 에디슨의 예화를 보자.

〈예화〉 에디슨

에디슨이 인류사에 남을 뛰어난 발명가가 된 것은 어머니의 정확한 판단과 도움 덕분이었다.

어렸을 때부터 호기심과 탐구심이 유달리 강했던 에디슨은 다른 사람들의 눈에는 이상한 아이로 비쳤지만, 어머니는 그것을 오히려 아이의 '타고난 재능'으로 보았다.

항상 엉뚱한 질문을 해 학교에서 쫓겨났을 때도 그를 혼내지 않고 격려해 주었다.

실험을 하다가 사고를 냈을 때도 용기를 불어넣어 주었다.

따라서 임파워링을 잘하려면 리더는 조직성원들의 잠재력에 대한 신뢰와 조직성원들의 특별한 재능을 찾아낼 수 있는 능력이 있어야 한다.

3) 헌신의 마음(자세): 조력

존 맥스웰은 "훌륭한 리더는 자신을 전문가라고 내세우지 않는다. 또한 자신의 관심사가 가장 중요하다고도 하지 않는다. 다만 자신을 가이드(guide)라 생각하며 다른 사람들이 무언가를 배울 수 있도록 돕는 데 초점을 맞춘다"고 하였다. 고든 맥도널드(Gordon MacDonald) 또한 "훌륭한 리더는 다른 사람들을 격려하는 사람"이라고 하였다.

다음의 메리 케이 애시(Mary Kay Ash)의 말을 들어 보자.

신은 모든 인간에게 위대함의 씨앗을 심어 놓았다.

우리들 한 사람 한 사람은 소중한 존재이다.

훌륭한 리더는 우리에게 심겨 있는 그 씨앗을 잘 가꿔서 아름다운 꽃을 피우고 소담스러운 열매를 맺도록 만든다.

> 불행하게도 우리들 대부분은 자신에게 내재된 음악을 연주도 한 번 못 해본 채 무덤으로 간다.
>
> 우리는 신이 부여한 능력의 10%만을 겨우 사용할 뿐 나머지 90%는 안타깝게도 그냥 묻어 버리고 만다.
>
> (Jack Canfield & J. Miller, *Heart at Work*, McGraw-Hill, 1997)

앞에서, 각 개인에게 잠재하고 있는 비범함의 씨앗을 보았다면 마땅히 그 비범한 씨앗이 훌륭하게 자랄 수 있도록 정성을 쏟는 것이 리더의 참된 일이 아니겠는가. 자신의 탁월한 재능을 미처 깨닫지도, 한 번 발휘해 보지도 못하고 사망해 버린다면 이 얼마나 애석한 일인가. 하여 스티븐 커비가 "리더는 도토리에서 참나무를 볼 수 있어야 하며 그 도토리가 커다란 참나무가 되도록 도와주는 사람이 되어야 한다"고 했다.

마땅히 21세기의 조직문화에서는 리더 자신을 내세우고 자신의 아이디어를 집행하도록 강요하는 것이 아니라, 조직성원들 스스로의 아이디어를 생각대로 추진할 수 있도록 격려하고 스스로를 개발할 수 있도록 여건을 조성해 주고 용기를 북돋아 주는 훌륭한 조력자가 되어야 한다. 그러한 리더가 조직이 원하는 참인재인 것이다.

베트 미들러의 노래 〈장미(The Rose)〉에서와 같이 아름다운 장미로 피어나도록 따사로운 햇살과 영양을 줄 수 있는 존재, 즉 조직성원들을 보듬어 주는, 손 내밀어 잡아 주고 쓰다듬어 주고 안아 주는 그러한 존재가 되어야 한다.

'인간은 누구나 비범함의 씨앗을 품고 있다'고 하였으나, 대부분의 사람은 자신의 잠재력을 겨우 10퍼센트 정도만 사용한다고 하는데, 이는 평범해 보이는 사람도 리더의 조력 여하에 따라 어마어마하게 발전할 소지가 있다는 뜻이다.

존 맥스웰은 "왜 그 같은 수십만 평에 이르는 가능성의 땅을 가지고 있으면서도 고작 몇 평 정도밖에 경작하지 못하느냐"고 말하였는데, 찰스 왕(Charles Wang)은 "조직성원들을 바르게 조력하지 않는 리더는 소중한 자산을 낭비하는 것"이라고 하였다. 때문에 리더는 조직성원들이 자신들의 잠재력을 최대한 발휘할 수 있도록 조력하는 데 책임을 느껴야 한다.

"훌륭한 리더란 자신의 위치에서 할 수 있는 한 최대의 헌신을 하는 사람이고 관계된 많은 사람들이 올바른 길을 걷도록, 그리고 각자의 일을 창조적으로 해낼 수 있도록 돕는 사람"이라고 조셉 바다라코(Joseph L. Badaracco)는 말하고 있다.

다음 정현종의 시를 통하여 리더의 조력이 왜 필요하고 중요한지 생각하여 보자.

모든 순간이 꽃봉오리인 것을

정현종

나는 가끔 후회한다.
그때 그 일이
노다지였을지도 모르는데…
그때 그 사람이
그때 그 물건이
노다지였을지도 모르는데…
더 열심히 파고들고
더 열심히 말을 걸고

더 열심히 귀기울이고
더 열심히 사랑할 걸…
더 열심히 그 순간을
사랑할 것을…

모든 순간이 다아
꽃봉오리인 것을,
내 열심에 따라 피어날
꽃봉오리인 것을!

시인은 매 순간이 귀한 시간이고, 모든 것이 가치 있는 일인데, 그 귀한 것을, 그 가치를 내 소홀함으로 그냥 흘려보내서는 안 된다고 말한다. 더구나 한 조직의 리더라면 이 귀하고 가치 있는 것들을 내 열심으로 꽃피우게 해야 하지 않겠느냐고 말하고 있는 것이다.

리더가 한숨 쉬며 후회할 때마다 조직은 멍들고 병들어 간다는 사실을 잊지 말자. 그 자리에 있을 때 그곳에서 최선을 다하여 조직성원들을 조력하는 리더가 참리더인 것이다.

인간은 나이가 어리다거나 나이가 너무 많다거나가 중요치 않다. 인간의 나이는 숫자에 불과하다고 하였다. 지금 보기에 별 볼 일 없어도, 그리고 다 끝난 인생 같아 보여도 리더의 헌신 · 조력만 있다면 새로운 역사를 이루어 낼 수 있는 것이 인간인 것이다. 숨이 붙어 있는 한 인간은 새로움을, 뭔가를 보여 줄 수 있는 존재이다. 속담에도 "생명이 있는 한 희망이 있다"고 하지 않던가! 리더는 결단코 희망의 끈을 놓지 말고 끝까지 조력하려는 열정이 있어야 한다.

다음의 예화들을 음미해 보는 것은 어떨까!

〈예화 1〉 700년 만에 피는 연꽃

고려 시대의 것으로 추정되는 연 씨앗이 6월 쯤이면 700여 년 만에 꽃을 피운다는 소식.

지난해 5월 경남 함안 성산산성에서 출토한 씨앗 10개 중 3개가 발아했다.

수백 년을 건너뛰어 싹을 틔우는 생명력이 놀랍다.

화석에서도 꽃을 피우는 사랑이 놀랍다.

(『경향신문』, 2010. 4. 28., 34면)

〈예화 2〉 3만 2천 년 만에 태어난 '스테노필라'

이 꽃은 우리에게 영원한 생명의 신비를 말해 주고 있습니다.

최근 러시아의 시베리아 콜리마 강둑에서 다람쥐 굴이 발견되었습니다.

그 다람쥐 굴에서는 씨앗과 열매가 다량 출토되었습니다.

씨앗은 다람쥐에 의해서 굴속에 파묻힌 이래로 3만 2천 년 전의 것으로 확인되었습니다.

러시아 세포생물학자들은 씨방 속 태좌 세포를 채취한 뒤 배양액에서 이 조직을 증식시켜 싹을 틔운 다음 일반 토양에 옮겨 심어 꽃을 피우는 데 성공했습니다.

피어난 이 아름다운 꽃은 모두 4송이, 꽃 이름은 '실레네 스테노필라'(패랭이꽃과의 일종)입니다.

시간과 공간과 역사와 문화 따위는 저 한 송이의 꽃에 비하면 존재하지도 않는 거짓 환상일 뿐입니다.

(『서울주보』 제1852호, 3면)

〈예화 3〉

이 예화는 한 여인의 실화이다.

미국 시카고의 아침 출근길 교통사고가 발생, TV 채널을 난타.

남편은 현장에서 운명했고 여인은 의식불명 상태로 병원으로 이송된다.

몇 날을 지켜보던 의사는 사망 판정을 내리며 영안실로 보낸다.

그런데 영안실 문턱에서 그녀의 새끼 손까락이 까딱했다.

아주 작은 떨림이.

하느님은 그녀를 데려갈 수 없었나 보다.

뉴스를 접한 작가 '밥푸는 여자'는 〈부디 깨어나기를〉이라는 제목으로 다음과 같이 기도에 가까운 글을 쓴다.

부디 깨어나기를

밥푸는 여자

그녀가 깊은 잠 속으로 빠져든 것은 아침 햇살을
고이 받으며 사랑하는 남편과 함께 좀 더 나아질
앞날을 이야기하던 시간이었다.

차창 밖으로는 그녀의 소망만큼이나 초가을 바람은
상쾌하게 불어주었고 열 살 갓 넘긴 아들은
오후에 만나자며 사랑의 인사를 하고 헤어졌다.
바로 고날 그 시간부터 두 번의 아침을 맞았지만
그녀는 얼굴에 묻은 얼룩도 만신창이 된 몸뚱이도
부끄러워하지 않고 잠만 잔다.

어젯밤 가을을 끌고 오는 별들은 여전히 그녀의 집
앞에서 서성거리고 하늘 길 한 바퀴 돌아 그녀의
창문을 흔들어 깨워도 그녀의 집은 침묵한다.
달빛도 속이 타들어가 하늘 비를 적셔 목을 축였다.
그녀가 잠든 병실 하얀 시트를 들추고 얼굴에 가득
쏟아 부어도 그녀는 침묵한다.

어쩌면 그녀는 무섭게 달려들던 화물트럭을
기억해 내기 싫었던 것인지.
사랑하는 남편의 피투성이 된 몸을

깨어나 확인하고 싶지 않았는지
눈뜨면 아직은 더 좋은 날 꿈꾸며 살아야 할
남은 삶을 두고 인사 한 마디 없이 훌쩍 떠나버린
남편의 부재가 낯설고 억울해
혼이라도 입고 만나고 싶었을까….

그냥 그렇게 그녀는 잠만 잤다.
의식 저편에 홀로 남겨져 돌아봐 줄 사람 하나 없는
이국땅에 소리도 낼 수 없이 진한 피눈물을 흘리고
서 있는 아들의 그림자에 그녀의 손가락은 안간힘을

그녀가 생과 사의 갈림길에서 홍정을 할 때
나는 말한다. 부모형제는 물론이요 친척조차 없는
낯선 땅에 혼자 남겨질 열두 살짜리 아들을 위해서라도
비록 홍정이 손해나는 것일지라도
깨어나 아침을 맞이하라고
깨어나 아들의 숨소리를 들어보라고
개똥밭에 굴러도 저승보다는 이승이 낫다는데…,

영안실로 향하는 길에서
그녀는 안간힘을 쓰며 살고자 하는 의지를 알렸나 보다.
의사는 가던 길을 돌렸고 앞으로 열흘간만 지켜보겠다며
그녀를 중환자실로 옮겼다.
죽음의 집으로 가는 걸음이 아무리 가볍고 쉽다 해도

천만근의 무거운 발길을 옮겨야 돌아올 수 있을
이생으로 돌아옴을 위해 그녀는
무의식 속에서도 용기를 가졌음인가
소망의 아침 햇살은 그녀의 가슴에 살아 움직이고
저녁별이 꿈을 실어 그녀의 삶에
또 하나의 희망을 줄 것임을 믿기에
부디 살아나기를….

그녀는 수많은 분들의 간절한 기도와 눈물겨운 성원에 보답이라도 하듯 기적적으로 저승 문턱에서 생환했고 지금은 주위 사람들의 칭찬 속에 힘찬 생활을 하고 있다.

아, 삶이란!

톨스토이의 말과 같이 인간의 앞날을 인간의 눈, 인간의 감각으로 함부로 예단해서는 안 된다는 것을 이 여인은 우리에게 일깨워 주고 있는 듯싶다.

아무튼 이 예화들은 생명의 경이로움과 신비로움, 그리고 삶의 소중함을 새삼 깊이 느끼게 하며, 그것을 기리게 하는 존재가 누구인가를 우리에게 의미 있게 전해 주고 있다.

이 같은 세가지 전제 조건이 리더에게 없다면 임파워링은 처음부터 존재할 수 없다는 점을 우리는 깊이 새겨야 할 것이다.

리더가 조직성원들을 정성을 다하여 열심히 도와서 성장 · 발전시키면 그것으로 끝나는 것이 아니다. 물론 조직의 성장 · 발전도 되었지만 더 중요한 것은 우리 속담에 "내게서 나간 것은 내게로 돌아온다"고 하듯이, 결국은 나(리더)를 보람차게 만드는 것이다. 최소한 다음과 같은 에드워드의 시가 전하는 사랑의 노래라도 들려올 것이다.

그대를 사랑합니다

L. 에드워드

그대를 사랑합니다.
그대는 나에게 무엇보다도 먼저
내 자신을 믿는 힘을 주시어
내 스스로 내 인생을 헤쳐 나갈 수 있도록
가르쳐 주셨으므로

그대를 사랑합니다.
그대는 내게 행복이란
만족해하는 것뿐만이 아니라
가슴속에 담긴 소망을 이루기 위해
그 소망의 한 조각이 이루어질 때까지
노력하는 것임을 일러 주시어
나의 삶을 다채롭고 더 재미있고
한결 활기차게 해 주셨으므로

그대를 사랑합니다.
그대는 내가 이 세상에서 성장하고
사랑하는 법을 배우고
더 풍요롭게 살아가도록 도우며

나와 함께

똑같은 삶을 나누었던

단 하나뿐인 사람이었기에

4. 임파워링의 방향

물론 이 방향은 앞에서 논의된 기본전제에 따라 설정되는데, 진정한 임파워먼트는 자발성과 창의성을 통해 모두가 성장해서 조직목표에 효율적으로 공헌하도록 하는 데 있다. 어떤 조직이든 장기적으로 효율성을 극대화하려면 임파워먼트를 극대화해야 하는데, 이를 위해 스티븐 커비는 다음의 3가지 방향을 견지해야 한다고 하였다.

1) 여건의 조성

올바른 리더는 직원들 스스로 생각하고 결정하고 책임지며, 스스로 자신들을 계발할 수 있도록 일련의 여건들을 만들어 줄 수 있어야 한다. 그래야만 직원들의 내부에 잠재된 재능, 자주성 그리고 삶에 대한 만족감을 최대한 계발할 수 있게 된다는 것이 위르겐 푹스(Jürgen Fuchs)의 주장인데, 이 여건의 조성에는 '정성스러운 육성과정'과 '고통스러운 조성과정'이 있게 된다.

① 정성스러운 육성과정

"리더는 다른 사람들을 위해 긍정적인 성장환경을 조성할 책임이 있다"고 존 맥스웰은 말하는데, 이것은 꽃에, 식물에 물을 주고 영양분을 공급하는 것과 같은 행위로, 조직성원들이 잘 성장 · 발전하도록 조력하는 모든 행위가 이에 해당된다. 대표적인 예가 우리가 잘 알고 있는 노래 〈어머니 마음〉일 것이다. 한번 불러보자.

어머니 마음

양주동 작사

낳실제 괴로움 다 잊으시고
기를제 밤낮으로 애쓰는 마음
진 자리 마른 자리 갈아 뉘시며
손발이 다 닳도록 고생하시네
하늘아래 그 무엇이 넓다 하리오
어머님의 희생은 가이없어라

어려선 안고 업고 올려 주시고
자라선 문 기대어 기다리는 맘
앓을사 그릇될사 자식 생각에
고우시던 이마 위에 주름이 가득
땅 위에 그 무엇이 높다 하리오
어머님의 정성은 그지없어라

사람의 마음속엔 온가지 소원
어머님의 마음속엔 오직 한 가지
아낌없이 일생을 자녀 위하여
살과 뼈를 깎아서 바친 마음
인간의 그 무엇이 거룩하리오
어머님의 사랑은 지극하여라

누군가는 이렇게 말한다.

어머니의 눈에는 사랑이 있고
어머니의 손에는 정성이 있고
어머니의 가슴에는 종교가 있고
어머니의 육신에는 자식을 위한 기도가 있다

그렇다. 리더의 어머니 같은 마음이 조직성원들을 성장, 육성시키는 것이다.

우리는 이 세상 만물 중 가장 약한 존재로 태어난다. 그러나 어머니의 사랑과 정성과 지혜로 만물 중 가장 위대한 존재로 성장했다.

② 고통스러운 조성과정

이것은 명작 · 명품을 만들어 내기 위해 용광로에 쇠를 달구는 것과 같은 행위로, 조직성원들의 피와 땀과 눈물이 요구되는, 마치 무협 영화에서 스승이 제자를 최고수로 만들기 위해 혹독하게 단련시키는 행위와 같은 것이다. 아마도 "자식이 귀여울수록 매를 아끼지 말라"는 속담이 이에 해당될 것이다.

다음의 '첨장나방'에 대한 예화와 정호승의 시 〈풀잎에도 상처가 있다〉를 들어 보자.

김홍도, 〈서당〉

〈예화〉 첨장나방

날개 색깔이 유난히도 아름다운 '첨장나방'이 있다. 20세기 자연주의 학자 알프레드 월리스(Alfred Russel Wallace)는 이 첨장나방이 고치를 뚫고 나오는 것을 관찰하다가 번데기가 고치를 뚫고 나비가 되는 과정이 하도 힘이 들고 애처롭게 보여 고치를 뚫어 주었다.

그런데 이렇게 도움을 받고 나온 첨장나방들은 이상하게도 날개가 제대로 나오지 않았고 날개의 아름다운 색채와 무늬도 없었다.

바로 번데기가 고치를 뚫고 나오는 그 힘든 노력 · 과정이 날개를 돋게 하고 아름다운 색채와 무늬를 갖도록 만들어 주는 것이다.

풀잎에도 상처가 있다

정호승

풀잎에도 상처가 있다.
꽃잎에도 상처가 있다.
너와 함께 걸었던 들길을 걸으면
들길에 앉아 저녁놀을 바라보면
상처 많은 풀잎들이 손을 흔든다.
상처 많은 꽃잎들이
가장 향기롭다.

이 예화나 시는 우리에게 '어려움을 극복하고 성공한 인생이 진정 아름답고 더욱 가치가 있음'을 알려 주고 있다.

2) 재능과 에너지의 극대화

리더는 조직성원들의 특별한 재능과 열정이 최대한으로 발휘되도록 하여야 하는데, 이에는 선택과 집중의 원리에 따른 임파워먼트가 요구된다.

괴테는 "수천 가지 생각으로 정신이 마비되면 우리 안에서 순간적으로 싹트는 훌륭한 재능을 결코 아름답게 꽃피울 수가 없다"고 하면서, "가장 중요한 일이 사소한 일들에 내몰리도록 방치해서는 절대 안 된다"고 하였다. 그리고 숀 아처(Shawn Achor)는 "승리와 영광은 헌신과 시간의 산물이다. 하지만 과중한 업무와 스트레스로 시달리거나 버거운 과제들을 한꺼번에 해결하려고 덤벼들다 보면 외부 상황에 대한 통제력을 쉽게 잃어버리고 만다. 따라서 관심과 에너지를 투자할 것을 구체적으로 선택 제한하고 그것에 모든 것을 집중해야만 한다"고 하였다. 지극히 당연한 말같이 들리지만 우리는 여전히 선택과 집중에 실패하는 경우가 많다.

존 맥스웰은 "성공하는 사람과 실패하는 사람의 가장 큰 차이는 선택에 있다"고 하였으나, 대부분은 무엇이든 열심히만 하면 승리와 영광이 다가오는 줄 여기는 경우가 많다. 중요한 것은 바로 '정말로 하고 싶은 일', '가장 가치 있고, 잘할 수 있는 일' 그리고 '해야만 하는 일'을 선택하고 여기에 집중해야 한다는 것이다.

존 맥스웰은 선택과 집중에서 '101%의 원리'를 말하고 있는데, 이것은 '조직성원이 가지고 있는 가장 고귀한 1%의 잠재력을 찾아내어 거기에 리더의 100% 격려와 조력을 쏟아붓는다'는 원리이다. 개인이 가지고 있는 한가지 재능에 초점을 맞추어 전적인 조력을 해 준다는 것이다.

선택과 집중 문제에서 윌리엄 글래드스톤(William Ewart Gladstone)은 "자신에게 맞지 않는 일에 에너지를 소비하지 않는 사람은 현명한 사람이다. 그러나 자신이 잘할 수 있는 일을 선택하여 최상을 추구하고자 노력하는 사람은 더더욱 현명한 사람이다"라고 하였다.

다음 예화에서 선택과 집중에 대해 생각해 보자.

〈예화〉 동물학교 이야기

토끼, 오리, 다람쥐가 동물학교에 입학했다.
셋은 제각각 운동 분야에 장기가 있었다.
토끼는 달리기를 잘했고, 오리는 수영을 잘했고,
다람쥐는 나무 타기를 잘했다.
셋은 각자 자기 영역에서는 타의 추종을 불허할 정도였지만
그 외의 종목에서는 성적이 형편없었다.
그래서 부족한 종목에 시간을 더 투자하기로 했다.
셋은 각자 자기 장기 연습에는 시간을 줄이고 다른 종목들에 열중하였다.
그 결과 토끼는 달리기 실력이 보통 수준으로 떨어졌고,
오리는 물갈퀴가 다 찢어져 수영을 제대로 할 수 없게 되었으며,
다람쥐는 발톱이 다 닳아 버려 더 이상 나무 타기를 그만두어야만 했다.

(*Maximize Your Potential*, Pelican, 1999)

이 얼마나 어리석은 짓들인가. 하여 브라이언 트레이시는 "지금 내 시간을 가장 가치 있게 쓰는 방법은 무엇이며, 언제가 가장 가치 있는 시간인지"를 자신에게 질문하라고 했다.

시간 투자 방법에 대하여 피터 드러커는 "잘할 수 있는 일에 80%를, 배워야 하는 일에 15%를, 그리고 가장 약한(미흡한) 일에 5%를 투자하라"고 말했다.

에머슨이 "정원사가 나무에 가지치기를 해 주어 쌩쌩한 한두 개의 큰

나뭇가지만 잘 자랄 수 있도록 해 주는 것처럼, 잡다한 일을 잘라 버리고 한 가지나 몇 가지 중요한 일에 힘을 집중해야 한다"고 한 말을 깊이 음미하자.

3) 명확하고 의미 있는 목표에 초점

밥 뷰퍼드(Bob Buford)는 "자기 삶의 사명을 모르면 인생 후반전에서 밝게 잘 나아갈 수 없다"고 하였다. 바로 우리가 의미를 두어야 할 목적의 길은 사명의 길, 정의의 길이 되어야 하는 것이다. "리더가 사람들을 올바른 길로 인도할 수 있다면 모두 성공할 것이다"라고 존 맥스웰은 말하고 있다.

사람들은 목적이 분명하고 의미 있는 사명을 위해 노력할 때 보람을 느낀다. 그러므로 리더는 그 같은 보람을 조직성원들이 가질 수 있도록 각자가 자신의 길을 가도록 해 주어야 한다. 그들이 가고 싶은 그 길을 갈 수 있도록 조력할 때 명품이 탄생하게 된다.

다음의 드라마 〈대장금〉에서 '가야 할 길'을 가도록 하는 문제를 생각해 보자.

〈예화〉

(전하께서 장금을 가까이하시어 주치의관으로 명하려 하자 대비께서 중전에게 후궁 첩지를 내리라고 명한다.)

민정호: 전하, 아뢰옵기 황공하옵니다만 한때 신은 의녀 장금과 도망을 한 적이 있었사옵니다.

전하: 뭐라구.

민정호: 그리하지 않으면…, 영영 의녀 장금과 한나절이라도 같이 보낼 수 없었기에 그리했었사옵니다.

헌데 그날로 돌아왔었습니다.

그냥 도주하고 싶은 마음이 신을 짓눌렀음에도 불구하고 그냥 돌아왔었습니다.

그 연유는… 의녀 장금을 연모하기 때문이었습니다.

여인으로서는 물론이요, 그 여인이 가진 재주와, 그 재주를 이루는 과정에서의 고난과 기쁨, 슬픔, 실수까지도, 또 그 일을 이루는 과정에서의 그 여인이 보여 주었던 소신과 뜻, 그 어느 하나 제게 어여삐 보이지 않는 것이 없었기 때문이옵니다.

전하, 저는 그 여인의 모든 것을 귀히 여기고 있사옵니다.

비록 제가 그 여인을 취할 수는 없으나, 비록 그 여인이 앞으로 더 큰 슬픔과 고통 속에 놓이더라도 의녀 장금이 가야 할 길을 신이 막을 수는 없사옵니다.

의녀 장금의 재주는 의녀 장금의 삶이 그대로 묻어 있는 것이며, 그대로 그 자신인 것입니다.

그러기에 의녀 장금은 그 어떠한 경우에도 전하의 주치의관이 되어야 했고, 그리할 수 있게 하는 것이 선비인 제가 해야 할 일이며, 그것이 또한 제가 의녀 장금을 연모하는 방식이옵니다.

전하, 신 민정호 전하께 목숨을 걸고 아뢰옵니다.

제발 의녀 장금이 자신의 길을 갈 수 있게 해 주시옵소서.

전하의 주치의관으로 명하여 주시옵소서.

조선의 역사에 우뚝 서게 해 주시옵소서.

그럴 만한 인물이며, 그럴 만한 여인이옵니다.

그대신 전하께 저지른 불충과 조정에 일으킨 모든 분란을 제가 짊어지고 가게 해 주시옵소서.

불충한 소신에게 참수의 명을 내리신다면 소신 기꺼이 빋겠나이다.

(드라마 〈대장금〉)

절대군주가 좋아하는 여인을 곁에 두고 싶어 하는데, 그녀가 그녀의 뜻을 이룰 수 있는 그 길을 가야만 한다고 간하고 있다. 참으로 어렵고 두려운 일이나 그녀의 보다 가치 있는 삶을 위해 간하고 있다.

진정 리더라면 이 같은 일을 해낼 수 있어야 하지 않을까.

내가 원하는 대로가 아니라 직원들의 직원들을 위한, 그리하여 조직 전체의 발전과 상생을 이룰 수 있는 그 길을 가도록 힘쓸 수 있는 사람이 참리더가 아닐까.

5. 임파워링의 요건

브라이언 트레이시는 "우리가 가지고 있는 충만한 잠재력을 제대로 발현하지 못하는 상황에 계속 그대로 머물게 된다면, 그것은 용서받지 못할 일이다"라고 하는데, 누구라도 그러한 상황에 있다고 한다면 그것은 그 사람 개인의 책임이 클 수 있다. 그러나 그가 조직인이라면 마땅히 조직의 리더에게 더 큰 책임이 있을 수 있다.

왜냐, 존 맥스웰의 말과 같이 "리더의 주된 책무는 사람들이 일을 잘할 수 있도록 계발시켜주는 것"이고, 또한 오늘의 리더는 정원사 또는 교사와 같아야 한다고 했기 때문이다.

잠시 헬렌 켈러의 말을 빌리자면 "학생들을 교실로 데려가는 것은 누구나 할 수 있지만 배움의 장으로 인도할 수 있는 것은 선생님뿐이다"라고 하였는데, 선생님은 과연 어떠한 존재인가? 선생님은 학생들의 잠재력, 소질을 계발할 수 있도록, 그리고 그들 각자의 가능성과 위대함을 스스로 찾을 수 있도록 지도하는 사람이다.

지도는 또 무엇이냐? 블레인 리(Blaine Lee)는 다음과 같이 말한다.

> 지도란 학생들에게 '가능성을 열 기회를 만들어 주는 것',

'어디로 가고 싶어 하는지를 알고, 그곳으로 가는 여행을 재미있고 매력적으로 만들어 학생들이 나와 함께 가고 싶어 하도록 하는 것',
'영향을 준 학생들에게 영원히 남을 수 있는 유산을 창조하는 것'

우리가 교사의 지도를 생각해 보는 이유는 킬만(R. M. Kilman)이 "오늘날의 리더는 임파워링 리더가 되어야 한다"고 강조하듯이, 리더는 조직 성원들의 임파워링에 힘써야 하기 때문이다. 그렇다면 과연 리더가 임파워링을 위하여 어떤 역할을 해야 할 것인가. 그것은 바로 'FERMENT'이다. 폴 테일러(Paul Taylor)는 '인간 삶은 발효의 과정'이라 하였는데, 'FERMENT'는 '발효시키고 자극하는 것'으로 '지혜는 발효된 지식'이라는 말과 같이 '사람을 훌륭하게 숙성시킨다'는 의미로, Fundamental, Enjoy, Respect, Manage monster, Endurance, Nature, Tender-passion(love)의 두문자(initial)를 딴 것이다.

다음 안도현의 〈우리가 눈발이라면〉이라는 시에서 '눈발'을 '리더'로 바꾸어 읽어 보며 리더의 역할을 생각해 보자.

우리가 리더(눈발)라면

안도현

우리가 리더(눈발)라면
허공에서 쭈빗쭈빗 흩날리는
진눈깨비는 되지 말자
세상이 바람 불고 춥고 어둡다 해도
사람이 사는 마을

가장 낮은 곳으로
따뜻한 함박눈이 되어 내리자
우리가 리더(눈발)라면
잠 못 든 이의 창가에서는
편지가 되고
그이의 깊고 붉은 상처 위에 돋는
새살이 되자

이 시는 리더가 조직성원들에게 귀찮은 존재, 부정적 존재가 아닌 특히 가장 힘든, 가장 소외된 구성원들에게 의미 있는 존재, 긍정적인 존재가 되고, 나아가 위로(편지)가 되고 새로운 희망(새 살)을 주는 존재로서의 역할을 하자고 노래하고 있다.

1) Fundamental(기본 · 원칙)

리더는 무엇보다도 조직성원들을 기본에 충실하도록 가르쳐야 한다. 기본 · 원칙이 없는 가정 · 사회, 기본 · 원칙이 붕괴된 가정 · 사회, 생각만 해도 끔찍하다. 기본, 원칙이 바로 서야 모든 것이 바로 설 수 있다.

루 홀츠(Lou Holtz)는 "기본을 소홀히 하는 조직은 붕괴하고 만다" 하였고, 빈스 롬바디(Vince Lombardi)도 "가장 기본적인 것을 가르치는 것으로 시작하라"고 말하고 있다. 우리 조직이 안전하고 튼실한 조직이 되기를 바란다면, 우리의 조직성원들이 안전하고 튼실하게 성장하기를 바라다면, 사소한 일이건 큰일이건 기본 · 원칙에 충실하도록 지도해야 한다.

어떤 경우 한두 번 변칙이나 예외가 효과를 보았다 하더라도 그것은 곧 한계에 부딪히고 만다. 스탠 톨러(Stan Toler)는 "우리가 원칙을 지키며 살아갈 때 궁극적으로 성공에 이를 수 있다" 하였고, 존 맥스웰은 "작은 원칙 일지라도 매일 매일 꾸준히 지켜나가다 보면 위대한 성취에 이르게 된다"고 하면서, "원칙은 목적과 성취를 이어주는 다리로서, 우리는 언제나 그 다리를 건너야만 한다."고 했다. 참으로 맞는 진리의 말씀이다. 우리는 기본 · 원칙을 지키고 그에 따라 행동하는 것이 습관화되어야 한다. 매일매일 그리하다 보면 자연히 그런 습관이 생기게 될 것이다.

또한 존 맥스웰은 "우리의 미래를 결정하는 것은 우리가 아니다. 우리는 습관을 결정하고 그 습관이 우리의 미래를 결정한다"고 했다. 우리의 미래를 성공의 미래, 희망의 미래, 보람의 미래로 만들고 싶다면 우리는 기본 · 원칙을 습관화 · 일상화하여야 할 것이다. 다음 조엘 웰던(Joel Weldon)의 예화 〈대나무 이야기〉를 들어 보자.

〈예화〉 대나무 이야기

모죽(Moso bamboo)은 주변 환경이 제아무리 좋아도 심은 지 5년 내에는 눈에 띄는 변화가 없다. 그렇게 시간이 흐른 뒤 갑자기 하루에 25피트(70cm)씩 쑥쑥 자라기 시작한다. 6주 동안 하루도 쉬지 않고 성장해서 길이가 무려 30미터나 된다. 참으로 놀랍고 대단한 일이다.

(Robert Ian Seymour, *Maximize Your Potential*, Pelican, 1999)

사실 모죽은 그렇게 크게 자라기 위해 5년 내내 드러내지 않고 조용히 준비를 하고 있었던 것이다. 그 대나무는 5년 동안 땅속 깊은 곳에서 사방으로 뿌리를 뻗으며 기초를 다져 나갔던 것이다(주변 십 리가 넘는 땅에 기초를 다져 나간다고도 한다).

인생의 성공도 이같이 기본을 잘 다져야만 한다.

나를 튼튼히 받쳐 줄 기초를 다져야 한다.

기본(근본)을 강화하자. 『논어』에서 "근본이 서면 길(방법)은 저절로 생긴다(本立而道生)" 하였고, "기본 · 기초를 바로 세우지 않고는 안전한 집을 지을 수 없다"고 스티븐 스콧은 말하고 있는데, 이는 만고의 진리이다.

다음 드라마 〈대장금〉의 한 장면을 보자.

〈예화〉

수라간 최고상궁을 뽑는 1차 경합에서 패한 한 상궁은 자신이 깊이 신뢰하고 의지하고 존중하고 따르는 현 최고상궁인 정 상궁의 만류도 뿌리치고, 재기가 넘쳐 나고 야무진, 자신이 그렇게도 아끼는 보조자 장금이를 2차 경합이 코앞인데도 불구하고 운암사에 요양 중인 중전의 보모상궁의 수발나인으로 모질게 내친다.

장금이 아무리 용서를 구해도 한번 내린 결정을 바꾸지 않는다.

운암사에 간 장금이는 그곳에서 처사의 올게쌀 만드는 과정을 지켜보며 기본 원칙의 중요성을 깨닫게 되고, 스승인 한 상궁이 자신에게 갖고 있는 신뢰와 기대가 얼마나 큰지를 이해하게 된다.

이 드라마의 시나리오는 p. 251에 실었다.

(드라마 〈대장금〉)

오늘날 우리 주위에는 원칙과 기본을 저버리고 잔재주, 꼼수, 편법 같은 술수와 졸속을 밥 먹듯 하는 사람들이 널려 있는 것 같고, 그런 잔재주를 부리는 직원들을 오히려 기특하게 생각하는 상사들이 넘쳐 나는 것 같다. 그때 한 사람만이라도 한 상궁과 같이 원칙과 기본을 충실히 가르치는 리더가 된다면 머지않아 우리 사회에 많은 장금이가 탄생하리라고 믿는다.

2) Enjoy(즐거움)

인간은 즐거움을 추구하는 존재이다. 성서에서도 "사람이 자기 일에 즐거워하는 것보다 더 나은 것이 없다"고 말하고 있다. 리더는 이를 귀히 여겨 조직성원들이 즐겁게 일할 수 있도록 최선을 다해야 한다.

좋아하는 일을 하도록 하고, 하는 일을 즐길 수 있도록 해 주자. '자신이 정말로 즐기는 일, 잘하는 일, 하고 싶어 하는 일', 그런 일은 우리에게 기쁨을 안겨 주고 자연스럽게 우리의 인생길을 성공으로 안내할 것이기 때문이다. 자신이 간절히 원하는 일을 하는 것보다 더 아름답고 보람 있는 일은 다시 없을 것이다.

"강한 호기심을 지니고 계속 성장하기 위한 최고의 방법은 인생을 즐기는 것이다"라고 존 맥스웰은 말하면서 "성장의 과정은 오랜 시간을 요하는 긴 여정이므로 되도록이면 즐겁게 걸어가라"고 주문하고 있다. 『논어』 〈옹야편〉에도 "알기만 하는 사람은 좋아하는 사람만 못하고, 좋아하기만 하는 사람은 즐기는 사람만 못하다"고 하였다. 제아무리 많은 것을 알고 그 일에 매진하여도 스스로 즐기는 사람을 이길 수는 없다. 자신이 하는 일을 즐길 수 없다면 최고가 될 수 없고 명작을 만들어 낼 수 없다. 또한 조셉 바다라코는 "목적지로 가는 데만 집착하고 여행의 즐거움을 느끼지 못한다면 지름길만 찾느라고 열중하여 재미를 잃어 결국 그 여행을 망치고 만다"고 하였다. 진정으로 각 개인이 성장하고 조직이 성장 · 발전하기를 원한다면 리더의 즐거운 직장문화 만들기에 헌신하는 자세가 필요하다. 즐거움 속에서 창의력은 자라는 것이니까.

우리가 일을 할 때 그 과정에서 즐거움이 없다면, 그리고 즐길 줄을 모른다면 지속적 발전은 어려울 것이다. "인생을 즐기면 일과 놀이의 경계가 없어지게 된다"고 존 맥스웰은 말하면서 "자신이 좋아하는 일을 하고 그 일을 사랑하라"고 주문하고 있다. 라 로슈푸코(Francois de la Rochefoucauld)도 "자신이 하고 있는 일을 즐기지 못한다면 거의 그 일에 성공할 수 없다"고 말한다. 우리 인생을 성공적으로 살고 우리 조직의 건전한 유지 · 발전을 위해 리더의 '즐거움 형성' 노력을 재차 강조하고 싶다.

누군가는 이렇게 말한다.

일하는 것이 즐거울 때
인생은 기쁜 것이고
일하는 것이 의무일 때
인생은 노예와 같은 것이다.

직장에서 노예처럼 일하며 스트레스 받게 하지 말자. 열 받게 하지 말자. 열 받아 좋을 일 하나 없다. 위대한 알렉산더 대왕도 열 받아 죽었다(종류는 다르지만). 땅도 열 받아 사막으로 되고 쇠로 된 기계도 열 받아 망가진다.

잭 캔필드(Jack Canfield)는 "우리가 우리의 건강을 위해 할 수 있는 최선의 일은 자신을 즐기는 것이다"라고 하였다. "즐거운 경험을 하면 3일 동안 면역 기능(immune function)이 증진되나 반대로 스트레스를 받게 되면 면역 체계의 기능이 저하되는데 그 현상이 하루 동안 지속된다"고 뉴욕 주립대학의 아서 스톤(Arthur Stone)은 말하면서, "즐거운 경험을 할 기회가 줄어들거나 스트레스 받는 일이 점차 늘어 갈 때 감기에 걸릴 확률도 높다"고 하였다.

원래 우리 한국인은 남달리 흥(fun)이, 신명(elation)이 많은 민족이다. 흥이 나면 못하는 것이 없다. "우리가 인생을 즐기고 잘 살면 그것이 신의 영광이다"라고 하였다. '즐겁게 보낸 시간은 우리를 현명하게 만든다'고 했다. 흥을 돋우어 주자. 흥을 만들어 내는 리더가 리더 중의 리더이다.

3) Respect(존중 · 인정)

만약 그대가 진정한 리더, 훌륭한 리더가 되기를 원한다면 무엇보다도 조직성원들을 가치 있는 존재, 소중한 존재로 인정하고 존중해 주는 마음가짐이 우선해야 한다. 앞에서 "신은 모든 인간에게 위대함의 씨앗을 심어 놓았다"고 이미 언급하였거니와, 신이 심어 놓은 그 씨앗이 제대로 성장하여 아름다운 꽃을 피우고 소담스러운 열매를 맺을 수 있도록 물과 영양분(인정, 칭찬, 배려 등)을 공급하는 역할자가 바로 리더 당신이며, 리더에게 조직성원들을 향한 인정과 존중의 마음이 없으면 물과 영양분을 공급하는 일은 원천적으로 어렵기 때문이다.

여기서 잭 캔필드가 전하는 말을 잠시 들어 보자.

직원들을 대접하라.
모든 사람들은 다 중요한 일을 성취할 수 있는 능력을 가지고 있다.
리더가 해야 할 일은 직원들을 대접하는 일이다.
훌륭한 리더란 조직성원들의 자부심을 북돋아 주는 일에
온갖 정성을 기울이는 사람이다.

지당한 말씀이다. 윌리엄 제임스(William James)는 "인간 본성의 가장 심오한 원칙 하나는 자신의 진가를 인정받고 싶어 하는 갈망이다"라고 하였듯이, 직원들을 능력자로 인정하고 존중해 주어야 할 것이다. 직원들에게 자부심이 사라진다면 열정도 사그라들고 일에 대한 추진력도 사라지며, 조직의 성장 또한 멈출 것이다.

따라서 찰스 슈와브(Charles Schwab)가 "사람들로부터 최고의 것을 이끌어 내는 최상의 방법은 인정해 주고 격려해주는 것이다"라고 하듯이, 리더가 조직성원들의 가치를 북돋우려면 그들을 소중한 존재로 존중해 주고 대접해 주어야 한다.

하시디즘(Hasidism)에서 "모든 사람에게는 다른 사람에게 없는 자신만의 소중한 무언가가 있다"고 하였으며, 잭 캔필드는 "모든 사람은 다 특별하다"고 하듯이, 누구나 특별한 존재로 대접받기를 원한다. 차별 받기를 원하는 사람은 아무도 없다.

누구도 얕보지 마세요
주눅 들게 하지 마세요

의기소침하게 하지 마세요
비판하여 깎아내리지 마세요
결코 꾸어다 놓은 보릿자루로 만들지 마세요
그것이 자신감을 무너뜨리고
자부심을 멍들게 하고
창의성을 말살시킵니다.
그리고
조직을 무너뜨립니다.

속담에 이르기를 “손은 부러져도 일을 하지만, 마음이 부서지면 아무것도 하지 못한다”고 하였다.

조직성원들을 존중하고 그들의 자부심을 끌어올려 주도록 노력하라. 각자가 지닌 독특한 개성을 인정해 주고, 그 개성의 소중함을 일깨워 주라. 인간관계의 ‘기본 원리’는 얕보지 말라는 것이다. “얕보지 말라.” 이 간단한 말을 늘 명심하고 실천하라고 스티브 윌슨(Steve Wilson)은 말하고 있다.

다음의 클래런스 프랜시스(Clarence Francis)의 말을 들어 보자.

그대는 사람의 시간을 살 수 있다
그대는 그들의 노동력도 살 수 있다
그러나
그 무엇으로도 살 수 없는 것이 있나니
그들의 가슴에서 우러나는
그들의 열성(열의)

그들의 충성

그들의 헌신이다.

하지만

그대는 그것을 얻어 내야만 한다.

(Jack Canfield & J. Miller, *Heart at Work*, McGraw-Hill, 1997)

클래런스 프랜시스는 왜 그들의 가슴 깊은 곳에서 뿜어져 나오는 그 열성 · 충성 · 헌신을 얻어 내야만 한다고 했을까?

그리고 그것을 얻어 낼 수 있는 답은 무엇일까?

아마도 21세기의 발전 동력이, 인류의 발전 인자가 '창의성'이라고 한다면 그 창의성은 즐거움에서 나오고, 따뜻한 가슴에서 나오는 것이기 때문에, 그 뜨거운 열성 · 충성 · 헌신을 필히 얻어 내야 한다고 하지 않았을까. 그리고 그 답은 바로 사랑과 존중이 되지 않을까! 왜? 칭찬은 고래도 춤추게 한다고 하지 않던가.

"들에 자라는 초목은 물을 먹고 자라지만 인간은 칭찬(인정 · 존중)을 먹고 자란다"고 하였다.

4) Manage monster(몬스터 제거)

우리가 살아가는 데 우리를 막아서는 괴물이자 장애물은 수없이 많다. 일반적으로 잘못된 조직 시스템, 시대 흐름에 역행하는 시스템, 직장 상사들의 강압적(고압적) 행태, 고정관념과 편견, 방관이나 극단적 이기주의, 무지와 나약함, 나태(게으름)와 회피, 자만(오만)과 고집(아집), 자기제

한적 신념, 학습된 무기력, 현실안주와 패배주의 등등, 실로 이런 것들이 인간 성장 · 발전에 악영향을 미치는 괴물들이다.

그런데 잭 파(Jack Paar)가 "내 일생을 돌이켜 보면 많은 장애물들을 만났는데, 그 중 가장 큰 장애물은 나 자신이었다"라고 하였으며, 존 맥스웰도 "우리가 살아 가면서 겪게 되는 가장 큰 장애물은 다른 사람이 아닌 자기 자신이 만드는 것이다"라고 말하고 있다. 사실이다.

앞에 열거한 것들 중 잘못된 조직 시스템, 시대 흐름에 역행하는 시스템, 직장 상사의 강압적(고압적) 행태 등 몇 가지를 제외하고는 대부분이 자기 자신에게서 비롯되는 괴물들이라고 볼 수 있다.

잘못된 조직 시스템이나 시대 흐름에 역행하는 시스템은 앞에서 본 김예슬 학생의 예가 잘 말하여 주고 있다. 다시 부연하면, 원래 인간이란 획일화된 것보다는 다양한 것을 더 원한다. 그리고 이미 앞에서 위르겐 폭스가 언급했듯이, "모든 사람들은 이 세상에 둘도 없는 유일한 진품으로 태어난다". 그래서 그 길을 가려고 하는데 대학은 대학들이 만들어 놓은 틀 속에 학생들을 집어넣어 개성 없는 복제품으로 만들어 내고 있다. 창의나 비전이 없는 대학 교육을 그래서 포기한다는 것이다.

그리고 "아인슈타인이 한국에서 태어났다면 백수(거지)가 되었을 것이다"라는 우스갯소리도 있듯이, 역시 우리 사회의 시스템이 그런 천재를 바보로 만드는 괴물이라는 것이다.

상사의 강압적 행태는 우디 앨런(Woody Allen)이 "사자와 양이 함께 누울 수는 있지만 양은 결코 깊은 잠을 잘 수 없다"고 한 말과 같이, 사자같이 위협을 느끼는 상사와 함께 일은 하지만 편할 수는 없다. 편할 수가 없다면 현대 사회가 요구하는 창의는 꿈도 꿀 수 없는 것이다.

창의성 또는 슈퍼의식(superconscious: superego)은 편안하고 자율적인 상태에서 작동한다. "모든 근심 걱정을 완전히 내려놓고 조용히 앉아 자연과 교감하면서 홀로 휴식을 취하고 있으면 반드시 슈퍼의식은 작동하기 시작한다"고 브라이언 트레이시는 말한다.

고정관념이나 편견의 예로는 다음 〈육상 이야기〉와 우리나라 영화 〈우생순(우리 생애 최고의 순간)〉의 주인공들인 북경 올림픽에서의 우리나라 여자 핸드볼 팀을 한번 보자.

〈예화 1〉 육상 이야기

DAILY EXPRESS

AT LAST—THE 4-MINUTE MILE

English victory beats world

'Nonsense' shouts Bevan at leaders

BE FRIENDS SAYS MOLOTOV

YES, I MIGHT DO EVEN BETTER

DAILY EXPRESS MAN ARRESTED AGAIN

The debate continued...

Pleasure comes clean through FOUR SQUARE

고대 헬라(Greeks) 시대 이래로 사람이 1마일(1.6km)을 4분 이내로 주파한다는 것은 불가능하다고 여겼다. 그렇게 달리기에는 폐활량이 너무 적다는 등 수많은 이유들이 붙었다. 그러나 영국 출신 육상 선수 로저 배니스터(Roger Bannister)가 1마일을 4분 안에 주파한 그해 37명의 선수가 그 기록을 돌파했고, 오늘날은 문제도 되지 않는다. 로저 배니스터가 등장하기 전까지 모든 사람들은 전문가들의 말을 신봉했다. 전문가들이 도리어 인간의 잠재력을 발휘하지 못하도록 한 괴물이었던 것이다.

(Shawn Achor, *The Happiness Advantage*, Crown Business, 2010)

배니스터는 이로써 물리적 장벽뿐만 아니라 사람들의 심리적 장벽까지 깼다.

〈예화 2〉 눈물로 쓴 우생순 드라마

엄청난 체구의 헝가리 팀을 물리치고

동메달을 따내는 마지막 순간

코트에 서 있는 선수들은, 아줌마 선수들.

오성옥, 오영란, 홍정호, 박정희, 허영순, 안정화였다.

쓰러져도 넘어져도 억척과 끈기로 이겨 낸 선수들

그리고 오성옥은 말한다.

"마지막 올림픽인데 후배들이 너무 큰 선물을 줬다.

이 동메달은 금메달보다 훨씬 낫다.

우리는 노르웨이에 지지 않았으니까(준결승전)

후배들에게 큰절을 올리고 싶다."

막내 김은하는 답한다.

"언니들이 그랬죠.
언니들은 이제 나가고 싶어도 못 나가니까
우리들에게 큰 선물을 주시겠다고요.
언니들이 주신 동메달 너무 고마워요."

대한민국 여자 핸드볼 대표 선수는 모두 14명이다.
그런데
대한핸드볼협회에 등록된 여자 일반부 선수는 모두 합쳐 겨우 112명,
팀은 6개 있지만 실업 팀은 겨우 1개,
핸드볼 전용 경기장은 1개도 없다.
112명 중에 14명을 뽑아 보냈다.
채 10분의 1도 안 되는 어처구니없이 열악한 현실,
그래서 그들은 그렇게 울었는지도 모른다.

억울해서 눈물 한 방울,
힘들어서 눈물 한 방울, 그리고
기뻐서 눈물 한 방울.
동메달을 따낸 뒤 14명의 선수들은 코트에서 강강술래를 돌았다.
'술래를 도는 동안 뿌려지는 눈물방울이 또다시 원을 그리며 돌고 있었다.'

(『경향신문』, 2008. 8. 25., 8면)

이 예화에서 보듯, 우리는 할 수 있는데도 "네 나이에 되겠어", "네 학력에 뭘 할 수 있겠어" 하는 식의 고정관념이나 편견 같은 '남이 만들어

놓은 틀'이 우리의 성장을 가로막는 괴물이다.

『경향신문』은 말한다. "우리 아줌마 선수들 대단하다. 어디 감히 체력 운운하고, 나이 운운할 수 있겠느냐. 그녀들을 향한 모든 수사는 이제 취소돼야 한다"고.

그리고 방관이나 극단적 이기주의와 관련해서는 '나만 아니면 되지'라는 괴물이다.

다음 마르틴 니묄러(Friedrich Gustav Emil Martin Niemöller: 독일 신학자)의 시를 읽어 보자.

그들이 처음 왔을 때(First they came…)

마르틴 니묄러

나치가 공산주의자를 잡아갔을 때 나는 아무 말도 하지 않았다
나는 공산주의자가 아니었으니까
그들이 사민주의자들을 가두었을 때 나는 침묵했다
나는 사민주의자가 아니었으니까
그들이 노동조합원을 체포했을 때 나는 항의하지 않았다
나는 노동조합원이 아니었으니까
그들이 유대인을 잡아갔을 때 나는 방관했다
나는 유대인이 아니었으니까
그들이 나를 잡아갔을 때는
항의할 수 있는
그 누구도 남아 있지 않았다.

이 시가 들려주듯 '나만 아니면' 하던 그 허약한 생각이 결국은 부메랑이 되어 내게로 달려드는 괴물인 것이다.

장 자크 루소가 "인간은 자유롭게 태어났으나 곳곳에서 쇠사슬에 묶여 있다"고 했다. 훌륭한 리더는 이 쇠사슬을 끊어 주고 곳곳에서 조직성원들을 괴롭히는 괴물들을 제거하여 구성원들에게 자유를 찾아 주고, 특히 그들의 성장을 가로막는 장벽 중의 장벽이 바로 자기들 자신임을 일깨워 주어 불의에 분노하고 항거할 수 있는 용기와 지혜, 그리고 공동체 정신을 힘차게 심어 주어 그들 내부에 있는 거인(잠재력)이 기지개를 키며 벌떡 일어서게 해 주어야 한다.

다음 미켈란젤로의 이야기를 들어 보자.

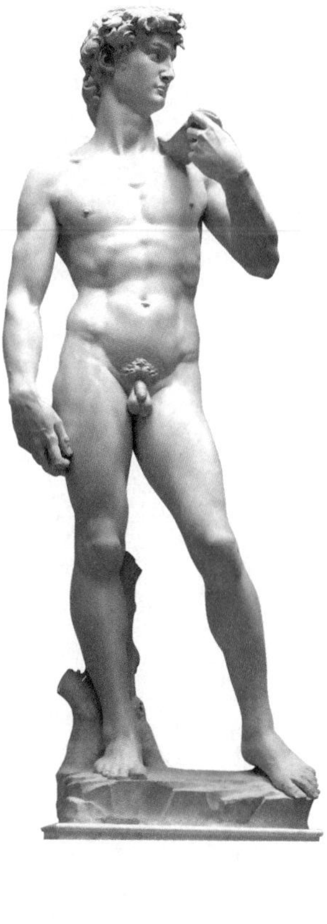

> 많은 사람들이 다윗(다비드)상을 경탄하며 미켈란젤로에게 물었다.
>
> "어떻게 이처럼 멋진 조각을 할 수 있습니까?"
>
> "내 조각 작품은 언제나 그 돌 안에 들어 있었습니다."
>
> "무슨 말입니까?"
>
> "나는 단지 멋진 모습을 가두고 있는 사나운 돌(벽)들을 제거했을 뿐이랍니다."
>
> (Blaine Lee, *Power Principles*, Simon & Schuster Inc., 1999)

마치 미켈란젤로가 그의 작품 주위에 돌멩이들을 정으로 찍어 제거시키고 돌 안에 들어 있는 다윗(다비드)상을 멋지게 일으켜 세우듯, 리더 그대가 그대 직원들 주의의 괴물들을 제거하고 조직성원들을 멋지게 일으켜 세워서, 그들의 입에서 〈당신은 나를 일으켜 세워 주었어요(You raise me up)〉라는 노래가 저절로 흘러나오게 하는 것은 어떨까!

You raise me up

Westlife 노래

내가 힘들고 내 영혼이 지칠 때에
괴로움이 밀려오고 내 마음이 무거울 때에
당신이 내 옆에 와 함께할 때까지
나는 여기에 침묵 속에서 고요히 기다립니다
당신이 나를 일으켜 세워 주시기에
나는 산 위에 우뚝 설 수 있고
당신이 나를 일으켜 세워 주시기에
나는 폭풍의 바다 위를 걸을 수 있습니다
당신의 어깨 위에 기댈 수 있기에
나는 강해집니다
당신이 나를 일으켜 세워 주시기에
나는 내가 될 수 있는 것보다 더 나은
내가 되게 합니다

5) Endurance(인내 · 끈기)

조직의 성장 · 발전을 위하여는 훌륭한 인력 확보가 관건이다. 그 훌륭한 인력 확보는 채용이라는 방법을 통하나, 그 인력이 진정으로 조직에 공헌하고 있지 못하다면 어떻게 할 것인가. 또 한때는 공헌을 했으나 지금은 아니라고 생각된다면 어찌할 것인가. 그리되면 소모품처럼 버리고 말 것인가.

우리는 끊임없이 교육훈련을 통해 인재 양성에 힘을 쓰고 있다. 그러나 그렇게 교육을 시켜도 신통치 못하다고 느껴지면 어떻게 되는 것인가. 이럴 경우 리더의 덕목은 기다리고 인내하는 것이다. 신통치 않아 보이던 그 직원에게서 뭔가 새로운 것이 분명 잉태되어 나올 것이다. 왜냐, '인간의 내부에는 위대한 존재가 될 씨앗이 심어져 있기 때문이다.' 그 씨앗이 싹터 나올 때까지 리더의 기다림 · 인내가 필요하다. 브라이언 트레이시는 "삶에서의 모든 위대한 성공은 곧 끈질긴 인내의 승리라고 단언한다"고 말한다. 어떤 한 고비에서 리더가 인내하지 못한다면 당신으로 인하여 당신의 조직은 잘못된 선택을 할지도 모르기 때문이다.

다음 헬렌 켈러의 예화를 들어 보자.

〈예화〉 모든 사물에는 이름이 있다

헬렌 켈러

내 생애에서 잊을 수 없는 가장 중요한 날은 나의 스승 설리번 선생님을 만난 날입니다. (…)

하루 이틀이 지나고, 나는 실에 구슬을 꿰며 공부를 하고 있었습니

> 다. 두 개의 큰 구슬과 세 개의 작은 구슬 등을 섞어 꿰어 균형 잡힌 한 덩어리를 만들려고 했습니다. 나는 여러 번 시도했으나 그때마다 제대로 하지 못하였고, 설리번 신생님은 인내심을 발휘하여 몇 번이고 그 잘못을 지적했습니다. 그 때 설리번 선생님이 나의 빰에 손을 대며 단호한 태도로 't-h-i-n-k'라고 쓰셨습니다. 바로 그 순간, 나는 그 단어가 '머릿속에서 일어나는 정신작용을 나타내는 말'이라는 것을 깨달았습니다. 추상적인 관념을 명확하게 이해한 것은 그때가 처음입니다.

존 맥스웰이 "인간 성장의 열쇠는 끈기이다"라고 하였는데, 모든 기본적 의사소통 수단이 마비된 헬렌 켈러에게서 물질도 아닌 정신작용에 속하는 생각(think)을 생각하게 하고 이해하도록 하기까지 설리번 선생님은 얼마나 많은 진땀을 흘렸고 얼마나 많은 에너지를 소모하였을까. 그러나 설리번 선생님의 그 엄청난 끈기 · 인내의 기다림이 결국은 헬렌 켈러를 위대한 인물로 우뚝 서게 만든 것이다.

브라이언 트레이시가 "어떤 상황에서도 버텨 내고 인내하는 힘, 이것이 바로 승자의 특성이다"라 하였고, 이언 시모어도 "인내야말로 성공하는 사람들이 갖고 있는 주된 공통적 특성이며, 그 어떤 모험에서도 성공과 실패를 판결하는 가장 중요한 요소는 역경에 맞서 견디는 것이다"라고 하였는데, 헨리 워즈워스 롱펠로(Henry Wadsworth Longfellow) 역시 "인내야말로 성공을 위한 가장 중요한 요소이다"라고 하였다. 하여 에디슨은 "천재는 1퍼센트의 영감과 99퍼센트의 땀으로 이루어진다"는 명언을 남기지 않았는가.

다음 에디슨의 예화를 들어 보자.

〈예화〉 전깃불 연구

에디슨이 전깃불(electric light) 연구에 매달려 있을 때 사람들이 "당신은 이미 만 번이나 실패하였는데도 왜 전깃불 연구를 포기하지 않습니까?" 하자 그때마다 에디슨은 "나는 만 번을 실패한 것이 아니라 오히려 실패하는 방법 만 가지를 성공적으로 찾아낸 것이오. 그리고 실패하는 방법 한 가지 한 가지를 찾아낼 때마다 성공에 그만큼 가까워지는 것이오."라고 대답했다.

(Steven K. Scott, *Simple Steps to Impossible Dreams*, Simon & Schuster, Inc., 1998)

만일 이 천재에게 그 연구를 중단하도록 했다면 지금 우리는 어떤 호롱불, 어떤 등잔불을 켜고 있어야 했을까. 하여 에디슨은 "대부분의 인생 실패자들은 포기할 때 성공이 바로 코앞에 있었다는 사실을 깨닫지 못한 사람들이다"라고 말한다.

우리 조직에 에디슨보다 더한 천재가 지금 어떤 연구에 몰두하고 있을지도 모른다. 그의 연구가 과연 어떤 특출한 기술만으로 성취될 수 있는 것인가. 아니다. 여기에는 그 연구자의 마음과 리더의 기다림 · 인내가 함께해야 한다.

'조용한 칼'이라는 별명을 가진 캘빈 쿨리지(John Calvin Coolidge)의 다음 말을 들어 보자.

이 세상에 인내의 자리를 차지할 수 있는 것은 아무것도 없다.

재능으로도 안 된다.

위대한 재능을 갖고도 성공하지 못한 사람이 더 많다.

천재성으로도 안 된다.

인정받지 못한 천재는 웃음거리만 될 뿐이다.

교육으로도 안 된다.

세상은 교육받은 낙오자들로 넘쳐 나고 있다.

오직 인내와 결연한 의지만이 전능하다.

(Warren Bennis & Burt Nanus, *Leaders*, Harper Business Essentials, 2003)

속담에도 "서두르면 일을 그르친다"고 했다. 조급해하지 말자, 결코 서두르지 말자, 서둘러서 좋을 일 없다. 지금 당신의 직원들도 계속 자신들을 독려하고 있는 중이다. 당신(리더)이 기다려 준다는 것을 알고 있을 때 더 좋은 걸작을 탄생시키려 그들은 마음을, 혼을 다 쏟는다. 그들의 마음(혼)과 당신의 기다림의 미학이 걸작(명품)을 만들어 내고 조직성원들 또한 걸출한 인재로 거듭나게 만들 수 있는 것이다.

"로마는 하루 아침에 이루어지지 않았다"라고 말한다. 서정주 시인의 〈국화〉도 봄부터 기다려서 늦가을에야 '노오란 꽃잎'을 피웠다. 잘생긴 당신의 자녀도 열 달을 기다려 세상에 나왔다. 우리의 직원들도 시간이 흐를 만큼 흘러야 걸작을 만들어 내는 인재가 된다. 혹여 내 자식들을, 내 직원들을 칠삭둥이, 팔삭둥이가 되게 하지 않으려면 기다림의 미학을 생각하자. 이미 앞의 '고통스러운 조성과정'에서 첨장나방의 '아름다운 날개'를 얻기 위한 기다림을 우리는 보지 않았는가.

어떤 현자는 "삶의 가장 위대한 비밀은 기다리는 방법을 아는 것이다"라 하였고, 블레인 리는 "어떤 사람을 인내를 갖고 지켜보는 것은 그 사람에 대한 장기적인 투자이다"라고 하였다. 앞의 기본 원칙에서 보았던 '대나무'의 예화를 한 번 더 들어 보자.

〈예화〉 대나무 이야기

모죽은 심은 지 5년이 다 되도록 자라지 않지만, 그 시기를 참아 내면 무섭게 자란다.

그동안 크게 자라기 위한 준비를 하고 있었던 것이다.

만약 모죽이 심은 지 1~2년이 지나도 아무런 반응이 없다고 하여 갈아 엎어 버렸다면 그리 큰 좋은 대나무를 어디서 얻을 수 있겠는가. 하여 우리는 "씨앗을 뿌렸으나 아무런 변화를 보이지 않는 시기가 있다. 그러나 그 씨앗은 지금 땅속에서 계속 성장하고 있는 중이다"라고 말한 나비 살레(Nabi Saleh)의 명언을 의미 있게 받아들여야 한다.

다음 '최고의 병충해 예방법'에 대한 예화를 더 들어 보자.

〈예화〉 병해충과의 싸움은 기다림

안철환

김장 농사의 주역인 배추는 벌레와 병이 많은 작물이다. 키우기가 만만치 않다. 청벌레, 잎벌레, 민달팽이 그리고 진딧물이 배추를 보통 좋하는 게 아니다.

그러나 벌레 꼴이 보기 싫다고 화학살충제를 뿌리면 다음 해에 벌레가 더 꼬인다.

벌레를 제거하는 방법은 손으로 잡는 게 제일 확실한 방법이고, 그 외 현미식초를 물로 희석해 뿌려 준다든가, 목초액을 희석해 뿌려 주는 방법이 있으며, 그리고 우유, 요구르트, 마요네즈 등도 희석해 뿌려 주면 농약 역할을 한다.

그러나 이상적인 방법은 생태적인 방제법이다. 물론 원칙적인 예방법인데, 우선 거름을 과다하게 주지 않아야 한다. 특히 암모니아 냄새가 나는 미숙퇴비는 병충해를 불러들이는 아주 좋은 재료다. 흙냄새가 날 정도의 완숙된 퇴비를 약간 모자라게 주는 게 가장 확실한 방법이다. 그러면 땅에 좋은 미생물이 많이 증식되고 이들이 천연 항생제를 내뿜어 병충해를 원천적으로 봉쇄한다.

또하나 훌륭한 병충해 예방법 중의 하나가 혼작(여러 작물 섞어 심기)과 윤작(돌려 심기)이다. 이는 작물들 간에 서로 농약 역할을 하게 하는 방법이다. 고추 사이사이에 들깨를 심으면 고추 열매를 구멍 내 기생하는 담배나방애벌레를 막을 수 있다. 대파를 채소 옆에 심으면 특유의 향 때문에 방제 효과를 내고 옆에 있는 채소의 생육을 도와준다. 들깨를 거둔 다음 마늘을 심으면 고자리파리 구더기를 예방할 수 있다. 밭둑에 허브 또는 토종 나물들을 심으면 밭의 생물 다양성이 풍부해져 특정 벌레들의 창궐을 막아 준다.

그러나 최고의 병충해 예방법은 기다리는 데 있다. 참고 기다리면 이듬해엔 확실히 익충들이 찾아와 해충을 막아 준다. 자연은 늘 스스로 균형을 찾아 간다는 걸 잊지 말아야 한다.

(『경향신문』, 2012. 9. 15., 26면)

"인생에는 부단히 노력해야만 얻게 되는 것이 있고, 끈질기게 기다려야만 얻게 되는 것도 있다"고 존 맥스웰은 말한다. 황금 알을 빨리 얻으려고 '황금알을 낳는 거위'의 배를 가를 수는 없지 않은가. 작가 에밀리 카(Emily Carr)는 "무엇이 성장인지 설명할 수는 없다. 성장은 조용한 가운데 이루어진다. 식물이 얼마나 자랐는지 보려고 뿌리까지 파볼 수는 없는 것이다"라고 말한다.

대기만성이라고 했다. 속성재배한 작물은 맛이 떨어진다. 내 직원들을 큰 그릇으로 만들어라. 그러기 위해 기다려라. 장 자크 루소의 "인내는 쓰나 그 열매는 달다"고 한 명언을 되새기자. "모든 것은 기다리는 자에게 온다"는 속담을 잊지 말자.

6) Nature(본성 배려)

메리 파커 폴레트(Mary Parker Follett)가 "말을 타고 가기에 가장 좋은 방향은 말이 가고 있는 방향이다"라고 했듯이, "자신을 개발하는 가장 최선의 방법은 타고난 재능과 관심이 가리키는 방향으로 가는 것이다"라고 브라이언 트레이시는 말한다.

분명 우리 인간은 다른 사람에겐 없는 특별한 능력을, 재능을 가지고 태어났다. 따라서 리더는 이같이 조직성원들이 본래 가지고 있는 주특기(unique talents)에 맞도록 그들을 육성시켜야 훌륭한 인재가 된다. 그것이 본성의 배려인 것이다. 예컨대 연꽃은 물에서 장미꽃은 뭍에서 자라도록 해 주는 것, 독수리는 하늘을 날게 하고 말은 초원을 달리게 하는 것, 호랑이는 고기를 먹이고 소는 풀을 먹이는 것, 이것이 본성을 배려하는 것이다. 그런데 독수리를 가두어 기르니 멍청이가 되고, 소에게 고기를 먹이니 소가 미치지 않는가. 인생에서 성공을 이루고자 한다면 반드시 자신의 본성, 주특기를 알고 그것을 발휘하기에 합당한 역할을 해야 한다. 그런데 새뮤얼 존슨(Samuel Johnson)이 "대개의 사람들이 자신에게 없는 재능을 나타내 보이려고 아까운 인생을 허비한다"고 하는데, 이 같은 일이 없도록 하는 것이 리더의 일이다.

다음 강희안의 『양화소록』에 있는 예화를 들어 보자.

〈예화〉 본성을 배려하는 '마음'

강희안

아침저녁으로 살펴보니, 화초 가운데에는 습한 땅을 좋아하는 것이 있는가 하면 마른 땅을 좋아하는 것도 있었다.

또 추운 데서 잘 자라는 게 있고, 따뜻한 곳에서 잘 자라는 게 있다 (…)

그러니 화초를 재배하는 법과 갈무리하는 방법을 몰라 습한 땅을 좋아하는 것을 마른 땅에 심거나, 추운 데서 잘 자라는 것을 따뜻한 곳에 심는다면 화초의 천성을 거스르게 된다.

그렇게 되면 화초는 반드시 시들거나 말라 죽게 될 것이니 어찌 꽃을 피워 참모습을 드러낼 수 있을까.

식물 또한 그러하거늘, 하물며 만물의 영장인 사람이 마음과 몸을 수고롭게 하여 본성을 해쳐서야 되겠는가.

참으로 본성에 대한 좋은 말씀이 아닐 수 없다. 어찌 리더가 자기 입맛대로 본성을 무시한 채 인간을 조종하려 하는가.

21세기 들어 대한민국을 빛낸 두 명의 위대한 미녀, 빙속여제 이상화 선수와 피겨여왕 김연아 선수, 이들은 각종 국제대회에서 신기록을 쏟아내며 우리를 감동 또 감동시키며 눈시울이 붉어지도록 만들었다. 그런데

만약 이들이 다 같은 스케이팅이라 하여 김연아 선수에게 스피드 스케이팅을 하라고 강요하든가, 이상화 선수에게 피겨 스케이팅을 하라고 강요했다면 어찌 되었을까. 이 두 선수의 본성은 다르다. 김연아 선수는 '나비같이 아름답게 날아올라 사뿐히 내려앉는 것'이, 이상화 선수는 '질풍노도와 같이 바람을 가르며 질주하는 것'이 이들의 본성이다. 이들이 본성을 연마했기에 빙속여제가 되고 피겨여왕이 되었으며 대한민국을 만천하에 떨치게 한 것이다.

그런데 우리는 본성을 모르는, 본성을 무시하는 윗사람들을 주위에서 많이 보게 된다. 바로 그런 자들은 리더가 될 수 없는 자들이다. 리더가 되려면 직원들 각자의 본성을 찾아내 주고 그들에게 본성에 맞는 역할을 주어 본성대로 성장하도록 해 주어야 한다.

다음 인디언 민화에 나오는 예화 '독수리 이야기'를 들어 보자.

〈예화〉 독수리가 못 된 독수리

정채봉 동화

어떤 개구쟁이가 산에서 알(독수리) 하나를 주워 왔다.

개구쟁이는 마침 알을 품고 있는 암탉의 둥지 속에 그 알을 집어넣었다.

얼마가 지나 병아리들과 함께 새끼 독수리도 부화가 되어 나왔다.

다른 병아리들과는 달리 몸집이 크고 부리와 발톱이 날카로울 뿐만 아니라 깃털도 별났기 때문에 새끼 독수리는 자랄수록 고민이 더하여졌다.

'나는 왜 이렇게 험하게 생겼지?' 하고.

새끼 독수리는 닭장을 뛰쳐나갈 궁리도 하지 못했다.

자신이 입부리와 발톱이 어디에 소용되는지도 생각해 보지 않았다.

겨드랑 밑이 근질거리는 것이 날개가 돋으려고 하는 줄도 전혀 깨닫지 못하였다.

새끼 독수리는 그저 자신이 '병아리려니' 하고 다른 병아리들이 하는 짓을 따라 하며 지냈다.

그리고 다른 병아리들한테서 따돌림을 받지 않으려고, 그들과 같아지려고 돋아 나오는 날개를 자신의 부리로 짓찧었고, 자신의 날카로운 발톱과 부리를 갈아 없앴다.

어느 날 밤, 들쥐들이 닭장을 습격해 왔다. 닭장은 금방 수라장이 되었다.

닭들은 모두 덩치 큰 독수리를 바라보았으나 그도 쥐들이 무섭게 느껴지기는 마찬가지였다. 이미 눈망울에 힘도 없고 발톱도 부리도 닳아지고 말았다.

날이 밝았다.

닭들은 일제히 독수리를 손가락질하면서 미워하였다.

"저건 몸만 큰 먹충이일 뿐이야!" 하며.

세월이 흘려 닭들도 독수리도 닭장 속에서 늙었다.

그러던 어느 날이었다. 독수리는 푸른 창공을 높이 날고 있는 위용 있는 새를 보았다.

매섭게 생긴 부리, 갈퀴처럼 보이는 발톱, 우아하고 멋진 날개….

부라리고 있는 그 새의 눈 아래서는 들쥐뿐만 아니라 피하지 않는 짐승이 없었다.

"아, 저렇게 멋진 새도 있구나."

초라하게 늙은 독수리가 중얼거렸다.

그러자 옆의 친구 닭이 점잖게 한 마디 한다.

"응, 저건 독수리라는 새다. 날개 있는 새들 중에서는 왕이지, 넌 감히 꿈도 꿀 수 없지" 하고.

(『멀리가는 향기』, 샘터, 1989)

내가 누구인가? 나는 독수리이다. 그런데 왜 이렇게 되었나. 나를 독수리로 알아보는 이는 아무도 없었고 나도 나를 몰랐기에 이리된 것이다. 독수리로 태어나 독수리답게 살지 못하고 닭처럼 살다 간 그 독수리 같은 인생은 이 땅에 그 얼마나 많은가. 내가 나를 몰랐고 내 위의 리더라는 인간도 나를 몰랐기에 독수리 같은 내가, 호랑이 같은 내가 닭이나 고양이의 신세로 살았다면 나 개인은 물론 내가 속한 조직 · 국가는 또 얼마나 큰 손실이었겠는가.

존 맥스웰은 "우리가 인생에서 하고자 소망하는 최상의 것은 자신이 받은 것(본성, 주특기)을 최대한 활용하는 것이다"라고 하였듯이, 자신의 본성을 최대로 살리려 노력해야 함은 물론 리더 또한 그 본성을 찾아 주고 그 본성에 맞게 발전할 수 있도록 조력하는 것이 직원을 인재로 만들고 조직을 빛나게 하는 길이다.

7) Tender-passion(사랑: love)

속담에 "세상을 돌아가게 하는 것은 사랑이다"라고 했다. 리더가 조직성원들을 훌륭한 인재로 육성하기 위해 앞에 있는 여러 가지 역할들을 하는데, 그 역할들 역시 이 사랑이 바탕이 되지 않는다면 헛수고가 될 수도 있다. 왜냐, 사랑이 없이 앞의 역할들만 하게 되는 경우 그것이 기술(skill)로만 인식될 수도 있고, 더 심하게는 전시효과적 노림으로도 비쳐질 수 있어, 결국은 당신이 원하고 조직이 원하는 인재 육성은 어렵게 되기 쉽다. 마치 칼릴 지브란(Kahlil Gibran)이 "당신이 천사처럼 노래할지라도 노래하는 것을 사랑하지 않는다면 사람을 귀먹게 하여 모든 소리를 차단시킬 뿐이다"라고 한 말과 같은 것이기 때문이다.

다음 성서(〈고린도전서〉 13:1)의 말을 들어 보자.

> 내가 인간의 여러 언어와 천사의 말을 할지라도
>
> 나에게 사랑이 없다면
>
> 나는 요란한 징이나 소란한 꽹과리에 지나지 않는다.

소포클레스가 "사랑은 다른 사람들에 대한 헌신과 관심이다"라고 말하듯, 관심과 헌신이 없는 행위는 오래 머물 수 없는 것이다. 리더의 관심과 헌신이 없는 곳에서 걸물이 나올 수 없다. 훌륭한 걸물이 나오게 하려면 "사랑과 기술이 함께할 때 걸작이 탄생한다"고 한 존 러스킨의 명언을 깊이 음미해야 할 것이다. 직원들을 이용하겠다는 마음을 갖지 말고 따뜻한 사랑의 마음, 사랑의 손길로 어루만져 주어라.

사랑은 형체가 없는 듯하나 상대방의 눈에는 보인다. 인간의 궁극의 목표가 행복이라 했으나 사랑 없는 행복이 있을 수 없고, 인간은 보람으로 살아간다고 했으나, 그 보람 역시 사랑 속에서 잉태되는 것이다.

다음 사랑의 예화를 들어 보자.

〈예화〉 내 동생을 위해 골을 깔 수 있어요(서울 성모병원 김희제 교수)

김희제 교수는 "자신의 생명을 희생해서라도 동생을 구하고자 하는 오빠의 간절함을 담아 새 생명 탄생의 신비로운 역사가 바로 급성 백혈병 환자의 치유 과정에서 거룩하게 이루어지고 있다"라고 전한다.

이야기인즉슨 시골에서 농사짓던 63세의 오빠가 51세 막내 여동생의 급성 골수성 백혈병의 '골수' 공여자가 되기로 하고, 이식 전 신체검사와 담당 교수와의 면담을 위해 상경했다.

구릿빛 얼굴을 한 오빠의 비장한 첫마디가 내 머리를 한순간 휑하게 만들었다.

그 첫마디는 "내 동생을 위해 골을 깔 수 있어요. 그런데 난 어떻게 되나요?"이다.

골수가 자리하고 있는 뼈를 뚫는다(가른다)는 뜻으로 생각하고 있는 순박한 이 남자.

사랑하는 동생을 위해 자신의 생명을 내놓겠단다!

(『서울주보』)

존 하가이(John E. Haggai)는 "진정한 사랑은 헌신, 동정, 자비, 덕행을 내포한다"고 하였다. 동생을 위해 자신을 희생하겠다는 오빠의 온전한 마음, 진실 어린 사랑, 참으로 감동적이다. 참으로 존경스럽다. 바로 이러한 사랑이 세상을 돌아가게 하는 것 아닌가.

맹자(〈이루상〉)는 "인(사랑)은 사람이 편안하게 살 수 있게 해 주는 집이다(仁人之安宅也)"라고 하였다. 우리가 사랑으로 감쌀 때 우리의 마음은 평안하다. 사랑이 없을 때 의심, 질투, 증오, 그리고 탐욕 같은 것들이 우리의 마음을 흔들어 불안, 척박하게 만들고, 그것이 우리의 성장 · 발전에 엄청난 장애물로 다가오게 되는 것이다.

리더가 직원들에게 진심으로 베푸는 사랑은 그들의 눈에 보이게 되고 그 진심 어린 사랑은 그들이 모든 것을 바쳐 당신(리더)을 위해 일하게 할 것이다. 그리되면 "사랑은 모든 행복의 문을 여는 해결의 열쇠이다"라고 한 올리버 홈스(Oliver Wendell Holmes)의 말과 같이 당신의 직원들도 원하는 인재로 키울 수 있고 조직의 발전도 약속될 수 있는 것이다.

다시 한 번 강조하건대, 당신이 직원들을 걸물로 만들고 싶다면, 사랑으로 보듬고 사랑으로 일하도록 만들어 주어야 한다. "천재를 만드는 것은 높은 지성도, 상상력도, 또 둘 다를 합친 것도 아니다. 오로지 사랑, 사랑, 사랑만이 천재의 생명이다"라고 한 모차르트의 말을 새김질하자.

사람을 육성시키는 데 있어서 존 맥스웰도 "사람들은 당신이 얼마나 사랑이 많은 사람인지를 알기 전까지는 당신이 얼마나 많이 알고 있는가에는 관심을 갖지 않는다"고 말하고 있다. 결국 사랑의 힘이 인간을 성장시킨다는 말이다. 인간을 동기화시키는 데 있어 사랑보다 강한 힘은 없을 것이다.

그리고 사랑에 있어서 지극히 생각해야 할 일은 언제라도 계획적이거나 계산된 것이 아님을 깊이 새겨야 할 것이다.

다음 김옥진의 시 〈기도〉를 들어 보며 내 사랑의 방향을 생각했으면 한다.

기도

김옥진

소유가 아닌 빈 마음으로 사랑하게 하소서
받아서 채워지는 가슴보다
주어서 비워지는 가슴이게 하소서
지금까지 해왔던 내 사랑에
티끌이 있었다면 용서하시고
앞으로 할 내 사랑은
맑게 흐르는 강물이게 하소서

참으로 아름답고 맑은 사랑이 아닌가, 여기에 조금 더 욕심을 낸다면 어머니의 사랑이 되었으면 한다.

다음의 예화들을 읽어 보자.

〈예화〉 사랑의 대차대조표

어느 공휴일, 부부가 외출하며 두 딸에게

“엄마 잠깐 나갔다 올 테니 설거지와 방 청소 좀 부탁한다.” 했다.

외출에서 돌아온 엄마는 너무 기분이 좋았다.

“엄마, 저희들 청소 잘했지요?”

“그래, 참 잘해놨구나.”

“엄마, 이거요.”

“이게 뭐냐?”

“오늘 저희들의 노동 대가를 청구합니다.”

“진심이냐?”

“그럼요, 세상에 공짜가 어디 있담.”

엄마는 아무말 없이 백에서 돈을 꺼내 딸들에게 주었다.

잠시 후, 딸들을 불렀다. 그리고 종이 한 장을 내밀었다.

“이게 뭐에요?”

“응, 청구서다.”

“너희들 공짜는 없다고 했더냐?”

청구서를 본 딸들은 그만 울어버렸다.

“너희들을 키워 주고, 입혀 주고, 재워 주고, 먹여 준 것, 그리고 지금까지의 학비 모두 공짜”라 쓰여 있는 것이다.

딸들의 눈물을 지켜보던 엄마가

“그만 울거라, 너희는 아빠, 엄마의 사랑하는 소중한 딸이란다.”

(이상각, 『인간관계를 열어주는 108가지 따뜻한 이야기』

(들녘미디어, 2001), 수정 인용)

〈예화〉 내가 빚진 것

엄마, 전 엄마에게 너무 많은 걸 빚졌어요
엄마는 언제나 저의 불침번이셨고
분주한 식사 당번이셨고
세탁 · 목욕 당번이셨고
보디가드셨고
의료 당번이셨으며
엄청난 재정 부담자셨어요.
그리고, 저의 용기와 희망과 꿈을 세워 주는 멘토셨어요.
……
여기에 열거한 것들은 그 빚의 일부분에 불과할 거예요.
저는 언제나 엄마의 시선 안에서 엄마의 사랑을 먹고 자랐으니까요.
이제껏 제가 한 것이라고는 엄마를 한 번 껴안고 "엄마, 사랑해요" 한 것뿐이네요.
그런데도 엄마는 "너는 이 엄마의 희망이고 사랑이란다" 하시며 그 모든 빚을 면제해 주셨어요.

(류시화 옮김, 『마음을 열어주는 101가지 이야기』(이레, 1997), 수정 인용)

참으로 위대한 것이 어머니의 사랑이다. 에리히 프롬은 "사랑은 반대급부를 바라지 않고 그냥 주는 것"이라고 했다. 어머니의 사랑은 티끌만큼의 무엇을 바라는 것도 없고, 거짓도, 꾸밈도 없는 그저 순수한 사랑이다.

사랑에 대한 예화를 하나 더 들어 보자. 우리가 TV 드라마에서 본 허준(제자)과 유의태(스승)의 이야기다.

〈예화〉

돌쇠 모친이 허준이 지어 준 약 처방 때문에 눈이 멀었다. 이 악소문은 삽시간에 온 고을에 퍼졌다. 허준은 스승의 지도를 받아 그 병자의 치료에 들어간다. 이를 치료하는 과정의 마지막 단계에서 유의태는 느닷없이 침과 뜸을 함께 쓸 수 없다는 의가의 법칙에 어긋난 지시를 허준에게 내린다.

스승의 말씀을 하늘처럼 받들던 허준이 이를 거역하고 자기의 소신을 고집하여 스승의 지시인 뜸을 쓰지 않고 침을 써서 병자의 눈을 뜨게 한다.

이로써 허준의 명성은 스승을 뛰어넘은 존재가 된다.

이 드라마의 시나리오는 p. 257에 실었다.

(드라마 〈허준〉)

프랑스의 위대한 조각가 로댕(Auguste Rodin)은 "사람의 최대의 결점은 자기의 직업에 대하여 애정을 갖지 않는 것"이라 했는데, 유의태의 사랑에는 직업에 대한 애정까지도 물씬 풍겨 나오고 있다. 제자에 대한 사랑이 곧 직업에 대한 사랑이고 직업에 대한 애정이 제자에 대한 애정임을 보여 주는 드라마이다.

자신의 명성을 먼저 구하지 않고 제자의 앞날을 위하고, 그 제자의 손에 자신이 못 다한 인술을 펴게 하며, 심의 · 겸의가 되도록 자신을 버리는 이 사랑, 참으로 아름답고 태양처럼 빛난다.

"사랑은 인생의 태양"이라 했다. 태양이 만물을 성장시키듯, 사랑이 인간을 성장 · 발전시키는 것이다. 그리고 줄리 크리스틴(Julie Chrystyn)은 "사랑이 가진 가장 강력한 힘은 재생의 힘이다. 아낌없이 주는 사랑은 자체의 힘을 강화하고 재충전하며 나아가 재창조한다"고 하였다. 그대의 사랑이 '마중물'이 되어 직원들의 가슴에 넘쳐 나도록 함이 어떠할까.

6. 소결론: 가장 아름다운 상급

지그 지글러(Zig Ziglar)는 “다른 사람들이 원하는 것을 얻도록 먼저 도우면 그들 또한 당신이 원하는 것을 얻도록 도울 것이다”라고 말한다. 우리는 우리 조직의 목표를 위하여 앞에 제시한 ‘FERMENT’ — 기본 · 원칙, 즐거움, 존중, 몬스터 제거, 인내, 본성 배려, 사랑 — 를 통해 먼저 직원들을 훌륭한 인재로 성장시켜 그들의 가치를 높여 주어야 한다. 그들의 높은 가치가 결국 우리 조직의 목표를 가치 있게 달성시켜 줄 것이고, 우리의 조직을 계속 성장 · 발전해 나가게 해 줄 것이다.

우리가 잘 아는 다음의 속담을 생각해 보자.

> 일 년 앞을 내다보는 사람은 곡식을 심고,
> 십 년 앞을 내다보는 사람은 나무를 심으며,
> 백 년 앞을 내다보는 사람은 사람을 키운다.

그대의 조직을 반석 위에 세워 계속 빛나게 하려면 그대 주위의 직원들을 훌륭한 인재로 계발시켜 주는 리더의 노력이 절대적이다.

그대, 최고의 리더가 되고 싶은가.

그렇다면 직원들을 최고로 계발시켜라. 누군가는 “최고의 리더는 내 안에서 최상의 것을 이끌어 내도록 도와주는 리더이다”라 하였고, 에머슨은 “인생에서 내가 가장 소망하는 것은 내 안에 잠자고 있는 위대한 잠재력을 끌어내어 내가 될 수 있는 나를 만들어 줄 누군가를 만나는 일이다”라고 하였다. 그대가 바로 그런 리더가 되어 직원들을 열심히 도와야 한다. 돕는 것이 리더의 최상의 일이 될 수 있다.

내 직원들을 인재가 되도록 돕는 것만이 리더의 중요한 일이라면 실망할지도 모르지만 결코 실망할 일이 아니다. 브라이언 트레이시는 “당신이 언제나 어떤 방식으로든 다른 사람들이 일을 더 잘할 수 있고 더 안락하게 생활할 수 있도록 그들의 부담을 덜어 주고 조력할 수 있는 방법들을 모색한다면, 그것이 당신에 대한 긍정감이라는 거대한 저수지를 만들게 되고, 세월이 흐르면서 그것이 은혜(편익)가 되어 당신이라는 저수지로 흘러 들어올 것이다”라 하였고, 에머슨은 “다른 사람을 성심껏 도울 때 자신에게 도움 되지 않는 것이 없나니 그것이야말로 인생에서 받게 되는 가장 아름다운 상급 중의 하나이다”라고 말했다.

당신이 직원들을 빛나는 존재, 자랑스런 존재로 길러 낸다면 당신은 자신도 모르게 입에서 〈험한 세상의 다리가 되어(Bridge Over Troubled Water)〉라는 노래가 흘러나올 것이며, 직원들 또한 로리 크로프트의 〈당신을 사랑하는 것은〉이라는 시로 화답할 것이다.

이들을 한번 감상해 보자.

험한 세상의 다리가 되어

Simon & Garfunkel 노래

그대 심신이 고달프고 초라하게 느껴질 때
그대의 눈에 눈물이 흐를 때
내가 그 눈물을 닦아 드릴게요
나는 언제나 그대의 편이랍니다.
고난이 밀어닥치고
(가까운) 친구도 찾아볼 수 없을 때
내 몸을 뉘어 이 험난한 세상을 건너는
다리가 되어 드릴게요

그대 완전히 탈진하여 길가에 섰을 때
힘겨운 밤이 그대 어깨를 짓누를 때
내가 그 고단함을 편히 쉬도록
그대의 짐을 들어 드리겠어요
어둠이 깔리고
고통이 엄습해 올 때
내 몸을 뉘어 그 암흑한 세상을 건너는
다리가 되어 드릴게요

항해를 멈추지 말아요 고귀한 그대
계속 항해해 나아가세요
(이제) 찬란히 빛날 그대의 시대가 되었어요

그대의 모든 꿈이 펼쳐지고 있어요
그 꿈들이 어떻게 빛나고 있는지 보세요
그대 만약 동행이 필요하다면
내가 그대 뒤를 바짝 따라 노 저어 갈게요
이 험한 세상에 다리가 되어
그대의 마음을 안온하게 해 드리리다

이 노래에서 보듯, 진정한 리더는 직원들이 험한 세상에서 꿋꿋이 설 수 있고 훌륭하게 성장 · 발전할 수 있고 미래의 리더가 될 수 있도록 다리를 놓는 또는 다리가 되는 존재가 아닐까 한다.

내가 당신을 사랑하는 것은

로리 크로프트

내가 당신을 사랑하는 것은
지금 당신이 당신이기 때문에도 그렇지만
당신 곁에서 내가
또 다른 나로 변하기 때문입니다.
내가 당신을 사랑하는 것은
내 삶의 목재로
헛간이 아니라 신전을 짓도록
내가 날마다 하는 일을 꾸중함이 아니라
노래가 되도록 도와주기 때문입니다.
내가 당신을 사랑하는 것은

어떠한 신앙보다도 바로 당신이
나를 더욱 선하게 만들었고
어떠한 운명보다도 바로 당신이
더욱 나를 행복하게 만들었기 때문입니다.

앞의 노래 〈험한 세상의 다리가 되어〉, 특히 3절에서 리더가 직원들을 유능하고 고귀한 인물이 되도록 열심히 조력해 주었기 때문에 그들의 마음에서 이 같은 시가 흘러나오지 않을 수 없는 것 아닌가 한다.

로버트 루이스 스티븐슨(Robert Louis Stevenson)은 "인생의 성공을 판단하는 기준은 무엇을 거두어들였느냐가 아니라 무엇을 뿌렸느냐이다"라고 하였다.

다음 그림 〈씨 뿌리는 사람〉에서 밀레(Jean-François Millet)는 늦게까지 씨를 뿌린다. 당신(리더)은 늦게까지 무엇을 뿌릴 것인가?

씨 뿌리는 사람

목가적인 서정성이 우러나오는 밀레의 이 그림은 어둠이 오기 전인 해질 녘, 가파르게 경사진 산비탈을 배경으로, 농부가 씨를 뿌리고 있는 장면을 보여 준다.

어둡게 가려진 눈, 마른 듯 굳건한 턱과 벌어진 입 모양은 그가 아주 힘겨운 노동을 하고 있음을 암시한다.

더군다나 일몰 직전 마지막 씨뿌리기를 서두르는 마음까지 보여 준다.

빅터 프랭클(Viktor Emil Frankl)은 "사람들이 각자 꿈꾸고 있는 인물로 그들을 대우해 주고 고무시켜 준다면 당신은 그들을 그들이 원하는 인물이 되도록 만들게 될 것이다"라고 했는데, 당신의 직원들을 그들이 원하는 인물로 우뚝 서도록, 그리고 높이 날 수 있도록 당신이 그들에게 격려의 씨, 칭찬의 씨, 사랑의 씨를 뿌리는 자랑스러운 리더가 되기를 바란다.

p. 213 예화 시나리오(드라마 〈대장금〉 중에서)

S#1 (한 상궁의 방)

한 상궁: (수라간 최고상궁을 뽑는 1차 경합에서 패한 한 상궁) 승채만두를 생각해 내던 아이는 어디로 갔느냐?
그 후 자만심만 키운 게냐?
곰탕이란 오래 두고 끓여야 한다는 것을 너도 알고 있었을 것이다.
헌데 어찌하여 그리 늦었단 말이냐?

장금: 육고기전에 품질 좋은 재료가 모두 동나 백정 마을에 다녀오느라….

한 상궁: 좋은 뼈와 고기를 얻고 싶었느냐?

장금: 예, 금영이도 그러할 테고 반드시 이기고 싶었습니다.

한 상궁: 이번 과제가 무엇이었느냐?

장금: 버려지는 재료로 백성들이 손쉽게 구해 먹을 수 있는 새로운 음식을….

한 상궁: 그래, 백성들이 좋은 뼈와 고기로 탕을 끓일 수 있겠느냐?

곰탕이 무엇이더냐?

장금: 그, 그것은….

한 상궁: 좋은 뼈와 고기를 먹지 못하는 백성들이, 뼈 속까지 우리고 또 우려낸 것이 바로 곰탕이다. 그런데 너는 비법이랍시고 곰탕에 타락죽까지 넣었더구나.

내 너의 재기를 어여삐 여겨 맛을 그리는 재주가 있음을 일깨웠더니, 이제 기본은 팽개지고 좋은 재료와 비법만 찾아다니는 아이가 되었구나! (노한 한숨) 내가 일깨운 너의 재기가 오히려 독이 된 듯하구나.

(이처럼 대노한 한 상궁이 긴 침묵 끝에 전전긍긍하고 있는 장금에게 명을 내린다)

중전마마께 큰 의지가 되시는 보모상궁마마께서 편찮으시어 요양 중이시다.

수발들 수라간 나인이 필요하다 하니, 네가 운암사로 가거라!

장금: 마마! 용서해 주십시오. 제발 한 번만 용서해 주십시오. 두 번째 경합을 앞두고 떠나 있으라는 것은….

(장금은 한 상궁 앞에 엎드려 빌고 또 빌었다. 한 상궁이 가장 믿고 의지하고 존중하는 수라간 최고상궁인 정 상궁까지 달려와 지나친 처사라고 말렸지만 한 상궁은 한번 내린 결정을 번복하지 않았고 결국 장금은 보따리를 싸야 했다)

S#2 (운암사 내 처사의 방: 방문 앞 평상에는 물론 방 안에도 온통 널어놓은 나물들로 가득하다)

처사: (처사가 밥상을 들고 들어온다) 절밥이라 찬은 없슈.

장금: (된장찌개를 맛보고 놀란다) 이건 궁에서도 내지 못하는 맛입니다.

어찌 만드는 것입니까?

처사: 예에? 그런 말씀 마세유.

장금: 정말입니다. 만드는 비법을 알려 주십시오.

처사: 비법이 어디 있슈? 그런 거 없어유.

장금: 처사님 그러지 말구요, 그리고 이 나물은 어디서요?

처사: 산에 가면 나물이 지천인디, 어디긴 어디서 뜯어유?

장금: 그럼 말리는 비법만이라도 알려 주세요.

처사: 아, 볕이 말리지 지가 말리나유?

S#3 (운암사 조 상궁 방문 밖 마당)

덕구: 마마(중전의 보모였던 조 상궁)가 또 발작을 일으키나 봐.

가실 날이 머지않아 그런지 자꾸 어릴 때 오라비가 쥐어줬다는 쌀만 찾으시지 뭐냐.

어릴 때 부모를 여의고 오라비와 둘이 사는데, 어린 동생이 배고파 울며 보채니까, 어느 날 오라비가 손바닥에 쌀을 쥐어 주고는 그만 돌아가셨다는구나.

꼭 그때 그 쌀을 관에 넣어 달라시는데, 이거야 원 참….

별의별 쌀을 다 구해다 드렸지만 아니라는구나.

민정호: 그럼 조 상궁이 찾는 쌀은 정말 없는 것입니까?

덕구: 찌거나 술밥이 아닌 이상 생쌀이 어떻게 고소하고 쫀득쫀득할 수가 있습니까.

그런 쌀은 이 세상 천지에는 없다니까요.

장금: 술밥이나…이나. (처사가 말리던 벼를 생각하고는 그곳으로 달려가 나락 몇 알을 씹어 본다)

처사: 아직 들 말랐슈. 가마솥에 찐 걸 이제 말리는 거예유.

장금: 그럼 이 말린 쌀을 한참 씹으면 쫀득쫀득하고 고소한 맛이 나나요?

처사: 잘 아시네유.

장금: 이것인가 봐요. 상궁마마님께서 찾으시는 쌀이, 이런 것 같아요.

처사: 상궁마마께서 올게쌀을 찾으세유?

장금: 올게쌀이 뭐예요?

처사: 산등성이 논은 수확이 늦거든유. 그래서 추석 때 햅쌀을 조상님들께 올리기가 어렵쥬. 그래서 덜 여문 나락을 베다가 가마솥에 쪄 말린 쌀로 밥을 지어 조상님께 올리는데, 그게 올게쌀이에유. 밥맛이 기가 막히게 좋아유. 그것을 찾으셨대유?

장금: 처사님! 이 쌀 저한테 조금만 주세요.

처사: 그건 안 돼유.

장금: 조금만 주세요. 언제 돌아가실지 알 수 없는 분이시잖아요.

처사: 그래도 아직 안 돼유. 볕이 좋아도 나흘 이상은 말려야 맛이 나유.

바짝 말려 갖고 방아를 찧은 후에 먹는 거예유.

장금: 제가 빠른 방법으로 말리겠습니다.

(장금은 훔치듯 쌀을 담아 가지고 와서 덕구 아저씨를 시켜 장작불

을 때게 한 뒤 그 나락을 솥에 빠르게 말렸고 그렇게 만든 쌀을 가지고 조 상궁께 간다)

S#4 (조 상궁의 방)

장금: 드셔 보세요. 마마님이 찾으시는 그 쌀일 겁니다.

조 상궁: (몇 알을 입에 넣어 씹어 보곤 그만이다)

장금: …왜요, 아닙니까?

조 상궁: …맞는 거는 같구나.

장금: 헌데요?

조 상궁: 그 맛이 안 나, 오라버니께 드리기에는…, 어쨌든 고맙다.

장금: (틀림없이 맞을 거라 믿고 한껏 부풀었다가 실망만)

S#5 (조 상궁 방문 밖: 덕구와 민정호, 장금을 위로한다)

민정호: 애쓰셨습니다. 저도 맛을 보았지만 분명 조 상궁이 말한 그 맛이었습니다.

덕구: 그래, 장금아. 마마님께서 병환 중이시기 때문에 입맛을 못 느껴서 그러시는 거다.

장금: 하지만 마마님의 한을 풀어 드려야 할텐데.

S#6 (다시 조 상궁의 방: 조 상궁의 병이 악화되어 의관 정윤수, 덕구, 민정호 등이 지켜보는 가운데 장금이가 탕약을 먹이고 있다)

처사: 저 혹시 들어가두 돼요?

민정호: 들어오시오.

처사: 저기, 올게쌀이 다 됐길래…. (바가지의 쌀을 장금이에게 건

넨다)

장금: 마마님, 여기….

조 상궁: (탕약마저 제대로 넘기지 못하더니, 바가지의 쌀을 씹어 본다)

처사: 딱딱하니 꼭꼭 씹어 드셔유.

조 상궁: (천천히 미소를 띠는가 싶더니) 이겁니다, 바로 이겁니다. (하며 목 놓아 흐느껴 울고 또 운다) 이제 저는 이승을 떠나도 되겠습니다. 제가 갈 적에 이 쌀을 제 관 속에 꼭 넣어 주십시오. 저승에 가서 제 오라버니께 드려야 합니다. (그러고는 또 쌀 바가지를 끌어안고 통곡한다. 울다가 씹다가, 조 상궁은 평생의 회한을 그 한 순간에 모두 쏟아내고 있다)

S#7 (멍해진 장금이 처사의 집으로 와 평상의 쌀을 씹어 본다)

장금: (참으로 쫀득쫀득하고 고소한 맛이 나는 것이 자신이 솥에 급히 말린 쌀과는 비교가 되지 않음을 알고) 비법이… 비법이 따로 있는 게 아니었어. (혼자 중얼거리다가 처사가 나타나자) 처사님, 비법이 따로 있는 게 아니었어요, 그 맛있던 나물도, 상궁 마마님의 한을 풀어 드린 그 쌀도 그냥 좋은 볕에 말리고 거두고, 말리고 거두고…, 그 원칙 그 정성이 다였어요. 그게 바로 비법이었어요.

처사: 그렇다니께유. 우리 엄니가 그랬슈, 어차피 음식으로는 배 부르게 못 먹으니까 정성이라도 많이 먹어야 배가 부르다구유, 그러니 아무리 급해두 덜 된 거 대충 얼버무려 남에게 먹이지 말라구유.

S#8 (운암사 전각 앞)

장금: 실은 스승님(한 상궁)을 원망했습니다. 결과가 나빴기에 늘 칭찬하셨던 저의 재기도 평가하지 않으신 거라 생각했습니다. 어쨌든 전 노력을 했으니까요. 그런데 아닙니다. 그때 제가 했던 노력은 남을 이기기 위한 노력이었습니다. 여기 와서도 저는 늘 남의 비법만 알려 달라는 노력뿐이었습니다. 헌데 비법은 없었습니다. 오로지 거기에 들어간 땀과 정성만이 비법이었습니다. 언제 돌아가실지 모르니 잔 수까지 써서 급히 올렸던 제 쌀은 마마의 마음을 움직이지 못했고, 우직한 처사의 쌀만이 마마님의 마음을 움직였습니다. 하여 저의 재기가 독이라고 하셨던 겁니다.

재기만 승한 사람이 될까 봐요.

민정호: 부럽습니다. 참으로 좋은 스승을 두셨습니다.

목표를 이룬다는 핑계로 서 나인이 편법적인 삶을 살까 봐 두려우셨던 모양입니다. 하지만 저는 믿습니다. 잠시 실수를 했을지는 모르지만 서 나인은 먹는 사람의 얼굴에 미소가 번지기를 소망하며 음식을 만든다는 그 소박한 마음을 결코 저버릴 분은 아닙니다.

p. 244 예화 시나리오(드라마 〈허준〉 중에서)

S#1 (병사 쪽이 점점 소란해지며 약방 사람들과 다투는 사내의 목소리는 거의 욕설과 고함이다)

허준: (나가 보니 진천 버드네 마을에서 만났던 돌쇠다) 자네 어쩐 일

인가?

돌쇠: 으응, 너 잘 만났다. 봐라! 당신이 지어 준 약을 먹고 이 모양으로….

허준: 아뿔싸!

(아들의 지게에 얹혀 몇백 리를 달려온 병자의 반이나 풀어져 버린 눈동자를 들여다보며 허준은 신음했다.

허준이 의과 취재 길에 충북 진천 버드네 마을에서 춥고 배고픈, 가난한 병자들의 치료를 마치고 시간을 재촉하는데, 돌쇠라는 저자가 거짓말로 허준을 자기 집까지 유인하여 자기 어머니의 병을 봐 달라고 애원했었다. 일각이 급한 허준이 안 된다며 발길을 돌리는데, 기침 소리와 동시에 오두막 방문이 열리며 머리에 띠를 맨 노파가 "누구여, 돌쇠냐" 하면서 문지방 밖으로 굴러떨어진다. 어쩔 수 없이 허준은 그 병자를 봐주고 떠났었다)

대체, 어째서 이리됐단 말인가?

돌쇠: 당신이 지어 준 부자탕을 먹고 눈이 요 모양으로 아예 멀어 버렸단 말여.

돌쇠 모: 돌쇠 이놈아, 손가락꺼정 깨물어 가며(단지) 고맙게 해 준 양반인데 행패 부리지 말고 말씀드려.

돌쇠: 멀쩡한 남의 두 눈 멀게 해 놓고 그까짓 손가락이 고마운겨? 어여 우리 엄니 눈 책임지고 낫워 놔!

허준: 책임?

돌쇠: 그럼 사람 눈을 멀게 해 놓구 아무 책임도 없단 말유.

돌쇠 모: 왜 이놈이 패악을 부리구 지랄여, 고마우신 양반한테.

허준: 못난 자 같으니, 병자의 눈을 멀게 한 건 네가 미련했기 때

문이니라.

내가 지어 준 부자탕을 병자가 다 먹었더냐?

돌쇠: 먹었쥬, 그걸 먹구 행결 차도가 있길래….

허준: 그 뒤에 또 먹였단 말이지, 그것도 함부로, 그런가 안 그런가! 병자의 이 눈이 증걸세, 도대체 얼마나 더 먹었는지 알아야 손을 써 볼 수가 있어!

사실대로 말하게!

돌쇠: 행결 차도가 있길래 계속 먹였지유.

허준: 원인을 알았으나 늦었어, 약이 과했어.

부자란 과용하면 그 독한 기운이 온통 간을 공격하는 법, 어찌 눈인들 멀지 않겠나.

S#2 (모여든 사람들의 입으로부터 소문은 삽시간에 퍼져 나갔고, 한 마디씩)

"허준이 본 병자가 눈이 멀었대!"

"병을 빨리 낫우려는 공명심으로 약을 독하게 쓴다는군."

"병은 낫우었는데 병자는 죽었다 카는 말이 있더니만, 난 허준이 약 못 먹겠어."

"…시키! 인명이라 카는 거 우찌 알고 약을 막 쓰노!"

S#3 (출타했던 유 의원이 삼적대사와 돌아왔고, 그간 이야기가 오간다)

삼적: (달인 약 냄새를 맡으며) 눈이 멀었다더니 부자의 독한 기운을 뽑은 모양이로군.

허준: 지난 밤사이 독이 풀어진 듯하오나 눈물이 계속 흐르고 눈동자가 아파 못 견뎌 하와….

삼적: 많이 나았구만.

유 의원: 병자의 눈을 가려라. 세 겹으로 가려라.

독을 푸는 일이 조금만 늦었더라도 다신….

침 준비하거라. 허준이가 침을 들어라.

안정통에 취할 곳이 어디어디인지 말해라.

허준: 규음과 지음이옵니다.

유 의원: 취하거라.

(방안은 숨소리도 죽인 긴장감이 감돌고 밖엔 구경꾼들이 불어나 떠들썩하다)

오늘 밤이 고비이다.

병자의 숨결을 받아 백회(百會: 머리 꼭대기 한복판)를 호침으로 한 번씩 더 취하거라.

병자의 숨결에 네 호흡을 맞추어라.

허준: (병자의 머릿결을 헤치고 침을 꽂는다)

삼적: 애썼다.

유 의원: 부자의 독이 완전히 가시면 뒷골이 팬다. 그 고통은 팔미산으로 다스려라.

위경은 어디더냐?

허준: 족양명이옵니다. 삼리두혈을 취하오리까?

하오면 병자가 눈을 뜨겠습니까?

유 의원: 그건 위의 고통만 나을 뿐이다. 위는 낫되 이번엔 그 고통이 양어깨 뒤 대추(大椎)로 옮겨 갈 것이다. 이 대추의 혈이야말로 모든 눈병과 직접 관계가 있는 곳이다.

허준: 하오면 그 고통은 무엇으로….

유 의원: 대체 언제까지 일일이 네 손을 이끌어야 한단 말이냐.

뜸이다. 그 뜸이 세이레만 계속되면 더 고통은 없느니라.

(그 순간 허준과 삼적대사의 눈이 마주쳤고, 유 의원은 허준에게 병자를 내맡긴 채 삼적대사와 함께 자기 방으로 가 버렸다)

S#4 (유 의원의 방)

삼적: 왜 그러셨던가?

유 의원: 왜라니?

삼적: 침구는 함께 행하지 않는다는 것은 의가의 영(鈴)인데, 그러니 저 아이가 당혹해하지 않던가.

유 의원: 당혹하던가? 그 정도로 당혹한다면 내가 사람 잘못 본 거겠지.

삼적: 무슨 얘길 하는 건가?

유 의원: 내 뜻은, 나는 여명(餘命)이 얼마 남지 않았으나 저 아이는 앞으로 뻗어 나가야 할 것인즉 뒷마무리를 맡긴 걸세, 이젠 난 명예가 필요 없는 사람이야. 허나 저 아이는 자신이 저지른 일 제 손으로 그 오명을 씻어야 하지 않겠는가.

당황하지 않을 게야. 곧 방법을 찾아낼 걸세, 유의태란 존재에 얽매이지 않는 방법으로, 저 아이의 호침 솜씨는 놀라웠어, 열에 셋만 맞추어도 효력을 내는데, 저 아이는 모두 적중시켰어, 이젠 제힘으로 우뚝 서야 해.

S#5 (병사)

임오근: 스승님의 영이니 뜸 뜰 준비를 해야 하지 않겠나?

허준: (뭔가 생각 중에 있다가 임오근의 말에 대꾸하듯이) 난 그렇게 할 수 없소.

침을 쓰겠소.

(그리고 호침을 한다. 고분고분 스승의 명을 따르던 허준이 마지막 순간에 스승의 영을 거역하고 자신의 의지대로 행하고 있는 것이다. 이를 밖의 구경꾼들은 이상한 눈으로 허준을 바라본다. 어떤 사람은 괘씸하게 생각하기도 한다. 모두가 숨을 삼키고 있다. 그 구경꾼들 중에는 허준의 아내 다희도 있었다. 그녀는 세상 사람들이 믿지 않는다 해도 남편을 믿고 있었다. 남편의 자신 있는 행동을, 그리고 그런 남편을 존경하고 있는 것이다. 한참의 시간이 흐른 후 허준이 환자의 눈가리개를 푼다)

어찌, 제가 보이십니까?

돌쇠 모: 보여유. 보여유. 의원님! (환자의 이 말에 숨죽여 적막 같던 밖의 구경꾼들의 울고 웃는 소리로 난리다)

돌쇠: (허준에게 큰절을 올리며) 고맙습니다. 고맙습니다. 소인 이 은혜 죽어도 안 잊을 거구만유.

허준: (임오근에게) 저는 스승님께 병자의 경과를 말씀드리러 가겠습니다.

임오근: (허준이 나간 뒤) 과연 세상의 소문대로 스승님의 의술이 허준이에게 못 미친단 말인가. (하고 뇌까린다)

돌쇠: 엄니, 엄니 인제 안 아픈 거여!

S#6 (유 의원 방문 앞)

허준: 스승님, 소인 허준입니다.

유 의원: 어, 들어오너라. (…) 무슨 일이냐?

허준: 병자가 눈을 떴습니다. 하오나 소인 스승님의 가르침을 거역하고 뜸 대신 침을 썼습니다. 용서하여 주십시오.

유 의원: (삼적대사를 쳐다보며) 그 사람 처음부터 네 병자야.

네 소신껏 병자를 고쳤으면 되었지 내게 용서를 구할 까닭이 뭐냐.

그만 나가 보거라.

허준: (이상한 분위기를 느끼며 일어나 나간다)

S#7 (허준의 집)

구일서: 난 그렇게 흥분되기는 처음이야, 내 온몸이 벼락 맞은 것처럼 지지지직 했어.

허준 모: 애썼다.

허준: 소자는 스승님이 하라는 대로 시술을 했을 뿐입니다.

구일서: 에이, 우리 모두가 다 지켜보았는데, 당치 않은 소리 하지 마슈.

허준 모: 구 서방 말이 맞다. 유 의원이 뜸을 뜨라는 것을 네가 소신껏 침을 놓지 않았더냐. 약방 사람들도 네 의술이 한 수 위라고 다들 칭찬하더라.

허준: 아닙니다. 어머니, 그리 생각하시면 안 되십니다.

S#8 (허준 부부의 방)

부인: 무슨 생각을 그리하십니까?

허준: 스승님의 의중을 알 길이 없어 답답하오. 침과 뜸을 함께

쓰지 않는 것은 의가의 법칙이오. 모르는 사람들은 스승님의 가르침을 거역하고 침을 쓴 내가 스승님의 의술을 뛰어넘었다고 하지만 그건 말도 안 되는 소리요. 의술은 재주가 아니오. 오랜 경험과 경륜 없이 의술의 깊이를 가늠할 수는 없소.

스승님을 따라가기에는 내 의술은 너무도 일천한데, 왜 내게 그런 가르침을 주셨는지 모르겠소.

부인: 혹 서방님의 소신을 시험해 보고자 그리하신 게 아니겠습니까!

일부러 그릇된 지시를 내리고 서방님이 그 명을 어기기를 기다리고 계셨는지도 모를 일입니다.

서방님이 처방한 약을 먹고 병자가 눈이 멀었다는 소문은 금세 온 고을에 퍼졌습니다. 공명심에 사로잡혀 병자를 빨리 낫게 하기 위해 독한 약을 썼다고도 했습니다. 그런 소문들이 일순간에 사라진 건 유 의원님께서 그런 지시를 내리고 난 다음부터입니다.

당신의 명성에 누가 되더라도 서방님을 위해 그리하셨을 것입니다.

허준은 깊이 생각한다.

침과 뜸을 병행하라는 그 황당한 말을 들었을 때는 미처 깨닫지 못한, 이미 일어선 사람을 부축하는 정도의 간단한 마무리로 자신에게 모든 공을 돌려 준 스승님의 뜨거운 정(사랑)을 이제야 허준은 절절히 느끼고 있는 것이다.

그리고 다짐한다.

'더 배우리라! 기어이 스승님 의술의 경지와 혜안을 반드시 내 몸으로 익히리라.'

VI

모델링

명예는 곧 나의 삶이다.
둘은 하나가 되어 자란다.

(셰익스피어)

1. 모델링의 의의
2. 모델링의 중요성
3. 모델링의 요소
4. 모델링의 방법

IV

1. 모델링의 의의

리더는 조직 발전을 위한 기본 동력이자 중추로서, 조직목표의 달성을 위해 조직성원들을 이끌어 나아가야 한다. 『정관정요』에서는 "나무가 잘 자라길 바라는 자는 그 뿌리를 견고히 해야 하고, 물이 멀리까지 흐르기를 바라는 자는 반드시 그 덕(德)을 쌓아야 한다"고 하였듯이, 리더십의 보배가 다른 것이 아니라 바로 리더의 원천을 깊이 파고 덕을 쌓는 인간 기본 원리에 충실한 것임을 보여 주고 있다.

사람들은 리더십을 리더의 도(道)라고 하는데, 오자(吳子)는 "도란 근본 원칙으로 돌아감이다(道者 所以反本復始)"라고 하면서 "백성(국민)을 도리로써 편안하게 이끄는 자가 성군(是以聖人 綏之以道)"이라고 했다. 도는 기본이며 리더의 기본은 자신을 바로 세우는 것이다. 공자도 "리더(君子)가 할 일은 기본에 힘쓰는 것(君子務本)"이라 했다.

진정 리더의 기본이란 자신의 몸을 바로 세우는 것이다. 몸이 바로 서야 모든 것을 바르게 보고 바르게 이끌 수 있는 것이다. '자신을 바로 세움', 이것이 바로 모델링인 것이다. 반두라(Albert Bandura)에 의하면 "모델링이란 어린이가 부모나 선생님, 또는 인기 연예인과 같은 모방하고 싶은 대상을 자신의 모델로 설정하고, 모델의 생각과 행동을 관찰학습

(observational learning)을 통해 수용하고 보존하여 자신도 그것을 그대로 답습하거나 약간 변형시킨 형태로 받아들여 결국 자신도 모델과 유사한 사고를 하고 행동을 하게 되는 현상"이라고 말하고 있는데, 대체로 모델링이란 '상대방으로 하여금 나를 존경하고 나의 결정을 따를 수 있도록 모범적 행위를 하는 것'이라고 정의되고 있다.

리더의 말보다 더 중요한 것은 바로 리더가 하는 행동이다. 리더의 행동은 그가 존중하는 가치를 강조하기 위해 사용하고 내세우는 슬로건이나 격려의 연설, 그 밖의 어느 수단보다도 그 가치들을 더 설득력 있게 웅변해 준다. 리더의 행동이 앞에 논의된 목표(비전), 사명, 가치 등에 합당한 신실한 행동을 보여 줄 때 모델링이 구축된다.

이 모델링은 '똑바로 행동함(uprightness), 최고의 도덕적 원칙에 입각한 삶, 진실에 충실함' 등의 의미로도 논의되는데, 일반적으로 모델링은 도덕적으로 올바른 것이 무엇인지 잘 알며 이를 엄격하게 준수함을 함축하고 있는 것으로서, 흔들림 없는 한결같은 존경심 · 공경심 그 자체이다.

존경스럽다는 것은 자신의 행동이 공경을 받을 만하다는 것이다. 자신의 직무에 충실하고 다른 사람들의 기대를 저버리지 않는다는 것이다. 의도나 행동이 평판이 높고 고귀하고 순수하며 양심적이라는 것이다.

2. 모델링의 중요성

오늘의 리더는 "심판자가 되지 말고 안내자가 되며, 비판자가 되지 말고 본보기가 되라"고 스티븐 커비(Stephen Covey)는 말하고 있으며, 블레인 리(Blain Lee)는 "모델링은 리더십을 가르치기 위한 최고의 방법 중 하나이다"고 말한다. 그리고 스탠 톨러(Stan Toler)는 "직원들은 리더를 통해 어떻게 행동해야 하는지를 배우기 때문에, 사람들이 본받아야 할 모델링을 보여 주지 못하는 리더는 리더로서의 역할을 스스로 포기하는 것과도 같다"라고 하였다. 즉, 오늘의 리더십 핵심은 모델링이라는 것이다.

리더는 조직성원들을 올바른 길로 갈 수 있도록 이끄는 사람이다. 리더는 방향을 제시할 뿐만 아니라 조직성원들이 자신이 원하는 길로 갈 수 있도록 이끄는 능력을 가지고 있어야 한다. 그런데 당신이 누구를 이끌 수 있을 것인가는 '당신이 누구인가'에 따라 결정된다.

존 맥스웰에 따르면 "리더로서 위대한 비전과 가치 있는 대의를 갖는 것만으로는 사람들이 당신을 따르도록 하는 데 충분하지 못하며, 먼저 좋은 리더가 되어야만 한다. 사람들이 당신을 좋아하도록 만들어야 한다"고 하였다.

그런데 문제는 당신이 따르기를 원하는 사람은 당신의 희망에 따라 결정되는 것이 아니라 당신이 누구인가에 따라 결정된다는 것이다. 리 아이어코카(Lee Iacocca)가 "리더십은 모범을 보이는 것을 의미한다. 당신이 참된 리더십의 자리에 서 있을 때 사람들은 당신의 모든 행동을 따를 것이다"라고 했듯이, 사람들은 먼저 리더가 내세우는 비전이나 대의를 따르는 것이 아니라, 존 맥스웰의 말과 같이 "사람들은 리더를 먼저 수용하고 그 다음에 리더의 비전을 수용하게 된다"는 것이다.

리더가 하는 모든 행동은 리더가 갖춘 모델링의 정도를 나타내는 '내면의 됨됨이'로부터 비롯된다. 그러므로 이 됨됨이를 바르게 형성시킬 때 사람들은 리더를 신뢰하고, 리더를 존경하며, 리더에 의해서 감명받고, 리더가 제시하는 목표를 확신하게 되어 사람들은 기꺼이 그리고 마음을 다하여 리더를 따르게 되는 것이다.

모델링은 마치 부가가치와도 같은 것이라서, 리더의 가치평가 또한 그에 따라 좌우된다.

아타라시 마사미(Atarashi Masami)는 체중 70kg인 사람의 값을 약 3천 엔 정도로 본 적이 있다. 그는 인간이 물 40*l*, 탄소 20kg, 암모니아 4*l*, 석회 1.5kg, 인 800g, 염분 25g, 초석 100g, 유황 80g, 마그네슘 50g, 불소 7.5g, 규소 3g, 망간 3g, 알루미늄 1g, 기타 13종의 소량 원소로 형성되어 있는데, 이들 원재료의 값이 바로 3천 엔 정도라고 했다. 그러나 인간이 이 원재료에 얼마만큼의 부가가치가 더하여지느냐에 따라 값은 백 배, 천 배, 만 배, 아니 그 이상으로 뛰게 될 것이다.

모델링은 자기를 자기답게 하는 것이다. 자기답다는 것은 『논어(論語)』에서 정명사상(正名思想)이라고 하는데, 즉 임금은 임금다워야 하고 신하는 신하다워야 하며, 아버지는 아버지다워야 하고 자식은 자식다워야 한다(君君臣臣父父子子)는 것으로, '리더는 리더다워야 한다'는 말이다. 리더가 리더다우면 조직성원들에게 명령할 필요가 없다.

다음 『논어』(〈자로편〉)의 말을 들어 보자.

> 그 몸을 바르게 하면　其身正
> 명령하지 않아도 행하나　不令而行
> 그 몸을 바르게 하지 않으면　其身不正
> 명령을 해도 따르지 않는다.　雖令不從

즉, 따르게 하는 것은 '나다움'에 있다 『정관정요』도 "몸이 곧게 서 있는데 그림자가 굽어 보인다든가, 군주가 바른 정치를 하고 있는데 백성이 함부로 굴었다는 이야기는 아직 듣지 못했다"고 말하고 있다.

바꾸어 말하자면 리더가 구성원들이 잘 따르도록 하려면 자신의 몸을 바로 하지 않으면 안 되고, 그 몸을 바르게 하지 않으면 아무리 명령을 해도 구성원들을 따르게 할 수 없다는 말이다. 이 모델링이 필요한 이유를 한마디로 정리한다면 동양의 명저인 『대학(大學)』에 나오는 "수신제가치국평천하(修身齊家治國平天下)"일 것이다. 즉, "집안을 제대로 이끌려면, 천하를 태평하게 하려면 먼저 자신을 닦아야 한다"는 것이다.

노자(『도덕경』 17장)는 리더의 등급을 다음과 같이 구분하고 있다.

> 최상의 리더는 아랫사람(국민)들이 존재한다는 사실만 알 뿐인 리더이고,
> 그다음은 아랫사람(국민)들이 친근하게 따르며 칭송하는 리더이며,
> 그다음은 아랫사람(국민)들이 두려워하며 멀리하는 리더이고,
> 최하는 아랫사람(국민)들이 미워하고 업신여기는 리더이다.

내 나름대로 하나 더 든다면 최악은 추잡(추악)하고 가련하며 가증스럽고 역겨운 자이다.

그대는 어떤 등급의 리더인가?

만일 내가 모델링이 잘 되어 있다면 나는 어떤 리더가 될 수 있을까?

다음 알퐁스 도데(Alphonse Daudet)의 시 〈그대가 나의 사랑이 되어 준다면〉에서 '사랑'을 '리더'로 바꿔서 불러 보며 생각해 보자.

그대가 나의 사랑(리더)이 되어 준다면

알퐁스 도데

그대가 나의 사랑(리더)이 되어 준다면
내 인생을 모두 걸고서라도
그대와 함께 이 길을 가겠습니다.
외롭고 힘겨운 이 길
그러나 그대가 내 곁에 있기에
언제나 행복한 길
그대의 사람이 되어 영원히 저 무덤 속까지

아, 얼마나 벅차고, 얼마나 영광스러운가! 그대, 당신이 바로 그런 리더가 되길 바란다.

리더십은 강제나 무리가 없는 순리에 따라 자발적으로 행하도록 하는 것이다. 강요나 무리에 의한 어떤 행위의 요구는 이미 리더십이 아니다. 바로 그 같은 순리에 따른 리더십을 위해 모델링이 요구되는 것이다.

3. 모델링의 요소

오늘날 리더십의 핵심 사항은 모델링에 힘쓰는 것이라고 앞에서 말하였는데, 이를 위한 주요소는 크게 품성(character)과 역량(competence)으로 대별될 수 있다. 본 강의에서는 품성 중심으로 다루고 역량은 개략적으로 언급만 하려 한다.

우선 전반적으로 각 논자의 요소를 살펴보면 스티븐 커비는 성실성, 성숙성, 풍요성을, 블레인 리는 설득력, 인내심, 상냥함, 학습력, 포용력, 친근함, 배려, 책선, 일관성, 성실성을, 마이클 조지프슨(Michael Josephson)은 신뢰성, 존중, 책임감, 공정성, 관심 · 배려, 시민정신을, 체스터 바너드(Chester Barnard)는 박력과 지구력, 결단력, 설득력, 책임감, 지능 등을, 더브린(Dubrin)은 지능 수준, 상황에 따른 감수성, 효과적인 작업 습관, 솔선수범정신, 자신감, 개성, 열정, 높은 윤리적 기준, 정직, 융통성, 비전 등을 들고 있다.

역사적 인물로는 플라톤이 지혜, 용기, 절제, 정의를, 아리스토텔레스가 중용을 가장 중시하였다. 그리고 최고의 병법서인 『손자(孫子)』에서는 '지(智), 신(信), 인(仁), 용(勇), 엄(嚴)'을, 동양의 명저인 『논어』에서는 '인(仁), 의(義), 예(禮), 지(智), 신(信)'을 들고 있다.

1) 품성(인격)의 핵심 요소

맥스웰 몰츠(Maxwell Maltz)는 제4의물결시대에 리더의 가장 중요한 요소로 '인격적 성숙'을 꼽았고, 존 젠거(John Zenger)는 "품성은 성공적 리더십을 구성하는 텐트의 중앙 폴(pole)이다"라고 하였는데, 품성은 우리의 인격과 덕성으로, 인간의 중심 요소이자 아름다운 빛이요 향기인 것이다. 따라서 빛과 향기를 잃은 사람은 절대로 리더가 될 수 없고 되어서도 안 된다.

워런 베니스가 "리더십은 품성에 관한 것"이라 하였고, 노먼 슈워츠코프(Norman Schwarzkopf)는 "리더십이 실패하는 원인의 99퍼센트는 품성에 있다"고 하였듯이, 리더십에서 품성의 결함은 치명적이다.

여러 학자들이 훌륭한 품성의 형성을 강조하고 있는데, 존 맥스웰은 "훌륭한 품성을 갖추지 못한 사람은 흐르는 모래 위에 집을 짓는 사람"이라 하였고, 파라 그레이(Farrah Gray)는 "훌륭한 품성에 근거하지 않는 부의 축적은 우리를 성공이 아니라 오히려 파멸의 길로 이끌게 될 것"이라 하였으며, 빌 스롤(Bill Thrall)은 "품성 향상을 배제하고 오로지 직업적인 능력 — 역량 — 에만 힘을 기울이는 사람은 반드시 그 대가를 톡톡히 치르고야 만다" 하였고, 토니 에번스(Tony Evans)는 "더 좋은 가정, 더 좋은 동리, 더 좋은 나라, 더 좋은 세상을 원한다면 자신부터 더 좋은 사람이 되어야 한다"고 하였다.

대체로 사람들은 자신의 재능을 동원하여 지위와 부를 창출하려고 온갖 노력을 경주하지만 우리가 품격을 잃으면 인생을 잃는다는 점을 먼저 깨달아야 한다. 다음의 빌리 그레이엄(Billy Graham)이 전하는 말을 한번 들어 보자.

부를 잃는 것은 아무것도 잃는 것이 아니요,
건강을 잃는 것은 무엇인가를 잃는 것이요,
인격을 잃는 것은 모든 것을 잃는 것이다.

(John C. Maxwell, *Developing the Leader Within You*, Thomas Nelson, Inc., 1997)

아울러 같은 맥락에서 독일인들이 전하는 격언도 들어 보자.

돈을 잃어버리는 것은 인생의 아무것도 잃어버리는 것이 아니다.
용기를 잃어버리는 것은 인생의 많은 것을 잃어버리는 것이다,
그러나,
명예를 잃어버리는 것은 전부를 잃어버리는 것이다.

셰익스피어도 "명예는 곧 나의 삶이다. 둘은 하나가 되어 자란다. 나에게서 명예를 빼앗아 버린다면 나는 곧 죽은 것이다"라고 하였는데, 우리는 훌륭한 리더가 되기 위해 그 무엇보다도 품성에 공을 들여야 한다. 품성이 제대로 영글지 못한 똑똑한 사람은 참리더가 될 수 없다. 지그 지글러(Zig Ziglar)는 "우리의 지위(수준)를 결정하는 것은 재능이 아니라 태도(마음가짐)이다"라고 하였는데, 바로 품성의 중요성을 말하고 있는 것이다.

품성은 우리의 정신적, 도덕적인 태도로, 우리들 내면의 모습(영혼)을 반영해 주고 있는 것인데, 알렉산드르 솔제니친(Aleksandr Solzhenitsyn)이 "인생의 목적은 번영이 아니라 영혼의 성숙에 있다"고 하였듯이, 우리 인생의 진정한 성공(성장)은 우리의 영혼을 성숙시키는 것이다. 하여 오리슨 스웨트 마든(Orison Swett Marden)은 성공한 사람을 두고 다음과 같은 말을 하였다.

그는 진흙으로 태어나 대리석으로 죽는다.

어떤 사람은 진흙으로 태어나 진흙으로 남는다.
어떤 사람은 대리석으로 태어나 애석하게도 진흙으로 죽는다.
어떤 사람은 진흙으로 태어나 대리석이 되길 꿈꾸나
진흙으로 남고 만다.
그러나 고결한 품성을 가진 사람은 진흙으로 태어나 대리석으로 죽는다.

(John C. Maxwell, *The 15 Invaluable Laws of Growth*, Center Street, 2012)

당신은 진흙이 아닌 대리석이 되고 그리고 더 나아가 비너스로 조각되었으면 좋겠다. 그러려면 그대는 품성에 공을 들여야 할 것이다.

플라톤이 "우리들 연구 중 가장 고결한(위대한) 연구는 바로 인간이란 무엇이며, 인간의 삶은 어떻게 살아가야 하는지를 연구하는 것이다"라고 하였는데, 이제 그 고귀한 품성의 핵심 요소들을 연구해 보자.

① 사랑(관심, 배려)

우리 인생의 궁극의 목표는 행복이며, 그 행복의 원천은 바로 사랑이다. 산다는 것은 바로 사랑하는 것이며, 사랑은 모든 것의 으뜸이다. 성서(〈고린도전서〉 13:13)에서도 "믿음, 소망, 사랑 중의 제일은 사랑이라" 하지 않았던가. 하여 동서고금의 위대한 현인들이 한결같이 사랑, 자비, 인(仁)을 강조하였고, 특히 피히테는 '사랑을 인생의 주성분'이라 하였다. 따라서 사랑이 없는 인생은 죽은 인생이며, 살 가치가 없는 삶이다.

사람은 누구나 존귀하게 태어나 다른 사람들로부터 사랑(존경)을 받고 가치 있는 삶을 살기를 바란다. 리더 또한 예외가 아니다. 조직성원들로부터 넘쳐 나는 사랑(존경)을 받기를 원한다. 어떻게 받을 수 있는가. 성서는 "너희가 대접받고 싶은 대로 남에게 대접하라"고 말하며, 다음과 같이 가르치고 있다.

사랑

내가 예언하는 능력이 있고
모든 신비와 모든 지식을 깨닫고
산을 옮길 수 있는
큰 믿음이 있다 하여도
나에게 사랑이 없다면
나는 아무것도 아닙니다.

내가 가진 모든 것으로 구제하고
내 몸까지 자랑스럽게 넘겨준다 하여도
나에게 사랑이 없으면
나에게는 아무런 의미가 없습니다.

사랑은
오래 참고
친절하며
시기하지 않습니다.
자랑치 않고

교만하지 아니하며
무례하지 않습니다.
자기의 유익을 구하지 않고
성내지 아니하며
앙심을 품지 않습니다.
불의를 기뻐하지 아니하고
진리에 함께 기뻐하며
모든 것을 덮어 줍니다.
모든 것을 믿고
모든 것을 바라며
모든 것을 견디어 냅니다.

(〈고린도전서〉 13:2-7)

위 성서의 말씀은 모든 것이 있으나 사랑이 없다면 그 모든 것은 빛을 잃게 되는데, 그 사랑을 품으려면 여기에 기록된 사랑의 참의미를 구하고 행하여야 한다는 것이다. 이 같은 사랑의 참의미를 따를 때 나 또한 사랑을 받게 된다는 말씀이다.

다음 에런 퓨어스타인(Aaron Feuerstein)의 예화를 들어 보자.

〈예화〉

매사추세츠 로렌스(Lawrence)에 몰든 밀스(Malden Mills)라는 섬유 제조 업체의 CEO인 에런 퓨어스타인은 항상 직원들을 사랑으로 보듬고 있다. 그의 직원들은 대부분 최근에 이민 온 사람들로, 사랑과 윤리성이 부족한 고용주들로부터 홀대받기 쉬운 사람들이다. 그는 그 같은 이주민 노동자들이 어디로 가야 할지 몰라 전전긍긍, 근심하고 있을 때 자신이 가진 모든 것을 걸고 그들을 감싸 안았다.

그리고 많은 경쟁사들이 제3세계의 값싼 노동력을 이용하기 위해 남부로 이주한 지 오래되었지만 그는 여전히 로렌스에 남아 있었다.

어느 해 몰든 밀스 공장이 대형 화재로 잿더미가 되었다.

많은 사람들은 이 공장이 재건되어 제품 생산을 재개할 수 있으려면 적어도 3개월 이상의 상당 기간이 걸릴 것이라고 했다.

"아마도 자신의 70번째 생일에 이 같은 불행을 당한다면 대부분의 사람들은 보험금을 챙겨 플로리다로 날아갔을 것"이라고들 했다.

그러나 그는 분명 그러한 '대부분의 사람들'이 아니었다.

"얼마나 많은 사람들이 자신들의 생계를 나에게 의존하고 있는가."

퓨어스타인은 2,400명이나 되는 직원들에게 90일간의 급여와 180일간의 건강보험을 지급하기로 결정한다. 그것도 공장이 제품 생산을 재개할 만한 시설을 다시 갖추고 과거의 시장 점유율을 되찾을 수 있을지도 불투명한 상황에서 엄청난 위험부담을 감수한 결정이다.

그는 그러한 인간 사랑을 통해 참으로 기적적인 결과가 나타남을 눈으로 보게 된다.

"직원들은 점점 더 창의적이게 되고, 그리고 그들은 하루에 25시간을 일하려 하는 것이다."

공장은 90일이 안 되어 모든 시설이 제자리를 찾아 완전 복구되었을 뿐만 아니라 제품 생산이 가속화되고 특히 제품의 불량률은 화재 이전의 7%에서 2%로 감소하는 신비에 가까운 일을 만들어 냈다.

(Lorin Woolfe, *The Bible on Leadership*, AMACOM, 2002)

사랑의 힘은 실로 위대한 것이다. 그리고 불량률이 그 정도로 낮아졌다고 하는 것은 사랑의 마음, 사랑의 손이 아니고서는 불가능한 것이다. 특히, 리더를 존경하는 마음 없이는 참으로 어려운 일이다. 왜냐, 사랑이 없는 일터는 잘해야 기계적인 작업 환경에 불과할 것이기 때문이다.

칼릴 지브란은 "일은 눈에 보이는 사랑이다"라고 하면서 "만약 무관심하게 빵을 만든다면 그것은 배고픔을 반만 채워 주는 씁쓸한 빵을 만들어 내는 것과 다름없다. 만약 억지로 포도즙을 짠다면, 그것은 독을 증류해서 포도주로 만들어내는 것과 다름없다"고 하였다.

억지로 하는 행위는 다른 사람의 눈에 그대로 나타나며, 그 행위에서는 독소가 흘러나오게 된다. 그 방출된 독소는 보이지는 않지만 다른 사람을 상하게 한다.

드라마 〈대장금〉에서 장금이는 음식을 만들 때 다음과 같은 마음을 가지고 만든다고 말한다.

> "나는 내가 만든 음식을 먹는 사람의 얼굴에 아름다운 미소가 번졌으면 하는 소망을 갖고 음식을 만듭니다."

참으로 따뜻하고 아름다운 마음씨가 아닌가. 이 같은 사랑을 갖고 일하는 사람을 누가 존경하지 않겠는가.

다음의 〈연합뉴스〉(2015. 1. 31.)의 말을 들어보자.

> 〈연합뉴스〉는 현재 생존하고 있는 인물 중, 세계에서 가장 존경받는 여성으로 미국 여배우 안젤리나 졸리가 1위에 올랐다고 보도했다.
>
> 영국에 본부를 둔 국제 여론조사 기관 유코브가 세계 23개국에서 2

만 5천 명을 상대로 조사한 결과라고 하면서, 그 결과는 그녀의 부도 아니고, 미모도 아니고 바로 '그녀의 따뜻한 가슴(마음)'이라고 논평했다.

그녀는 지금도 유엔난민기구(UNHCR) 특별대사로 활동하고 있으며, 분쟁 지역 난민 구호와 전쟁 성폭력 근절 등 인권운동에도 힘을 쏟고 있다고 전했다.

© Gage Skidmore

앞(V. 임파워링)에서 '사랑은 모든 행복의 문을 여는 해결의 열쇠'라고 하였거니와, 그녀의 사랑은 어려운 이웃뿐만 아니라 지구촌의 많은 사람들에게 행복감을 안겨 줌은 물론 자신에게도 보람이라는 행복감을 맛보게 하고 있다.

더글러스 대프트(Douglas N. Daft)는 사랑의 길을 다음과 같이 말한다.

사랑을 얻는 가장 빠른 길은
주는 것이고
사랑을 잃는 가장 빠른 길은
사랑을 너무 꽉 쥐고 놓지 않는 것이며
사랑을 계속 유지하는 최선의 길은
그 사랑에 날개를 달아 주는 일이다.

우리도 직원들의 사랑에 날개를 달아 주어 높이 날게 하고, 사랑받고 존경받는 리더로 거듭나자.

② **관용**(포용력)

가슴이 넓은 사람은 온 세상을 품고도 남음이 있다고 했다. 그 가슴이란 육체적인 것이 아니라 정신적인 것, 즉 마음의 크기를 말한다. 마음이 넓어야 관용의 미덕을 보여 줄 수 있는데, 『채근담(菜根譚)』의 말을 잠시 들어 보자.

> 남의 작은 허물(잘못)은 책망하지 않고,
> 감춰진 비밀은 발설(폭로)하지 않으며
> 지난날의 잘못은 잊어 준다.
> 이 세 가지를 잘 하는 것이 인격을 높이는 것이며,
> 다른 사람들로부터 원한 또한 멀리하는 것이다.

"털어서 먼지 안 나는 사람 없다"고 하듯, 누구든 과오가 있고, 또 있을 수 있기 때문에 직원들의 허물을 캐기보다는 가급적 덮어 주는 것이 리더로서의 귀한 일이 될 것이다.

또 『채근담』은 "남의 단점은 힘써 덮어 주어야 한다. 만일 폭로하여 내모는 것은 자신의 결점으로 상대의 결점을 책망함과 같다. 고집불통이라면 꾹 참고 인내로써 설득하여야 한다. 만일 감정적으로 충돌하여 미워하고 화를 낸다면 고집불통이 고집불통을 제도하려는 것과 같다"고 하였다. 『채근담』의 다음 말을 더 들어 보자.

남의 잘못을 꾸짖을 때에 너무 엄하게 꾸짖지 말고

상대가 감수(감당)할 수 있는지를 먼저 생각해야 한다.

좋게 타일러 가르칠 때에도, 그 수위가 너무 높아서도 안 되며

상대가 실행 가능한 수준이어야 한다.

아무리 사람의 단점을 꼬집어 흉보기 좋아하는 세상이라지만, 한 조직의 리더라면 직원들의 단점을 마땅히 힘써 덮어 주어 그들이 자긍심을 갖고 일할 수 있도록 분위기를 조성해 주는 것이 바람직하며, 부득이 타일러야 한다면 그들의 수용 능력을 고려한 훈시가 되어야 할 것이다.

다음의 『좌전(左傳)』에 나오는 목공(穆公)의 예화를 들어 보자.

〈예화〉

여러 번에 걸쳐 진(秦)나라 목공에게 도움을 받았던 진(晋)나라 혜공(惠公)이, 목공이 흉년으로 도움을 청하자, 혜공은 오히려 목공의 진나라를 빼앗으려 침공하였다. 화가 난 목공이 친히 전쟁터로 나가 혜공의 군대와 맞섰으나 병력의 열세로 고전을 면치 못하고 급기야 적군 속에 포위되어 생사의 위기에 직면했다.

목공은 하늘을 우러러 탄식하며, "저들이 사악하고 내가 선하거늘 오히려 내가 저들의 포로가 된단 말인가?" 한다.

그때 서쪽으로부터 3백여 명의 용사들이 질풍같이 적진 속으로 돌입하며 함성을 지른다.

"우리 주군에게 손대지 말라!"

그 용사들은 목공을 구했고, 오히려 목공은 여세를 몰아 혜공을 치

니 적군의 시체가 산처럼 쌓였고 혜공은 도망쳤다.

본영으로 돌아온 목공은 "그대들은 누구인데 나를 위해 목숨을 다해 싸웠는가?"

용사들은 "주군께서 몇 해 전 기산 마을의 일을 기억하십니까?" 한다.

몇 해 전, 이런 일이 있었다.

목공이 애지중지하던 준마가 마구간에서 도망쳐 달아났다. 책임 관리가 사방으로 찾아 다닌 끝에 그 말이 기산이라는 마을로 숨어들었다가 그 마을 사람들에게 붙잡혔다는 것을 알았다.

그러나 마을로 찾아가 보니 이미 마을 사람들이 말을 잡아먹은 뒤였다.

깜짝 놀란 그 관리는 즉시 군대를 동원해 관련자 3백여 명을 체포하고 서둘러 돌아와 목공에게 이 사실을 보고한다.

그러자 목공은, "말은 이미 죽었는데 이제 그들을 죽인다면 백성들은 내가 짐승은 귀히 여기고 사람을 천히 여긴다고 할 것이다. 내가 들으니 말고기를 먹고 술을 마시지 않으면 사람이 상한다고 하니 그들에게 술을 내려 주도록 하는 것이 좋겠다" 하고는 그들의 죄를 용서해 주었을 뿐만 아니라 술까지 수십 동이 내려 주었다.

오늘 이 3백 용사들이 바로 전에 목공의 명마를 잡아먹고도 목공으로부터 용서받고 술까지 하사받은 기산마을 사람들이다.

(이찬도 옮김, 『중국고전의 인간학』, 동양문고, 1989)

참으로 경탄할 일 아닌가. 이토록 리더의 관용이 하늘 같은 일을 해낼 수 있다는 것이 놀랍기만 한 것이다.

또한 『채근담』은 이런 말을 하고 있다.

몸가짐을 너무 결백하게 해서도 안 된다.

더럽고 추한 것도 다 수용(용납)할 수 있어야 한다.

대인관계에 있어서도 좋고 싫음의 감정을 너무 분명히 해서는 안 된다.

착하든 밉든, 똑똑하든 어리석든 모두 포용할 수 있어야 한다.

너무 결백한 사람에게는 접근하는 것 자체가 부담이 가고, 자신의 부족함이 부끄럽게 느껴져 접근하기를 꺼릴 수도 있다.

"더러운 땅에는 많은 생물이 살아가지만 너무 맑은 물에는 물고기가 살지 않는다. 그러므로 군자(리더)는 더러움도 과감히 받아들이는 도량이 있어야 하며, 독선적 결벽은 피해야 한다"고 『채근담』은 말하고 있는데, 송나라 여몽정(呂蒙正)도 "물이 맑으면 고기가 살지 않는다. 사람은 너무 청렴을 강조하여 문책을 심하게 하면 따르는 사람이 없게 된다. 군자(리더)의 입장에서 보면 소인배가 하는 짓이 뻔히 들여다보이지만 큰 도량으로 대처하여야만 만사가 잘 풀려 나간다"고 하였다.

급소만 누르고 사건을 확대시키지 말아야 하며, 사소한 문제에까지 일일이 개입하면 조직의 활력을 잃게 만들 수 있는 것이다.

또한 『채근담』은 이렇게도 말하고 있다.

어떤 사안을 급히 서둘러 알려고 채근하지 말아라.

너그럽게 그냥 두면 저절로 밝혀지게 된다.

다그쳐서 반발을 사지 말라.

지시를 제대로 따르지 않을 경우에도 다그치지 말고 내버려 두라.

그러면 저절로 변화하게 된다.

너무 간섭하여 점점 더 삐뚤어지게 만들지 말라.

우리는 "급할수록 돌아가라"는 말을 하는데, 조급한 마음이 오히려 일을 잘못되게 만드는 경우가 많기 때문이다. 그래서 아량을 갖고 차분히 기다리면 일도 잘 풀리고, 잘 따르지 않는 자도 잔소리하지 말고 기다리면 저절로 반성하여 순종하게 된다는 것이다.

다음의 장왕(莊王) 이야기를 들어 보자.

〈예화〉

어느 날 밤에 초나라 장왕이 신하들을 초대해 잔치를 열었다. 그 자리에서 장왕은 이렇게 말했다.

"오늘 밤은 그대들과 함께 신분의 고하를 가리지 않고 즐기고자 하니 마음껏 마시도록 하자."

그렇게 군신이 어우러져 한바탕 즐기고 있을 때 갑자기 바람이 불어와 촛불이 다 꺼져 버렸다.

바로 이때 장왕의 애첩(허희)을 희롱한 자가 있었다. 허희는 잽싸게 그자의 갓끈을 잡아 뜯고는 소리쳤다.

"대왕, 방금 어떤 자가 제게 무례한 짓을 범했습니다. 그래서 제가 그자의 갓끈을 뜯었사오니 불을 밝혀 엄벌하소서. 갓끈이 없는 자가 범인이옵니다."

그러자 장왕은 "아니다, 오늘은 우리가 함께 즐기자고 마련한 자리이니 여자의 정조만을 중히 여겨 내 신하를 욕되게 할 수는 없다" 하고는 애첩을 달랬다.

그리고 장왕은 "오늘 밤은 신분에 구애받지 않고 즐기는 주연이다. 모두 갓끈을 잘라 버려라. 불이 밝혀진 다음 갓끈이 붙어 있는 자는 엄벌에 처하겠다"고 한다.

불이 밝혀진 뒤 누구에게도 갓끈은 없었다.

그로부터 수년이 흘렀다.

장왕은 강국 진(晋)나라와의 전쟁에서 패하여 쫓기게 되는데, 거의 사로잡힐 위기에 처했을 때 부장 당교(當校)가 질풍같이 내달려 장왕을 구하고 진군과 죽기로 싸워 적을 격퇴하고 아군의 승리를 이끌었다.

전쟁이 끝나고 장왕은 당교를 불러 공을 치하하였다.

"그대가 아니었다면 나는 필경 이번 전쟁에서 죽고 말았을 것이오. 내 그대의 공을 두고두고 잊지 않겠소. 그리고 그대와 같은 용장을 알지 못한 것 또한 짐의 부덕의 소치요" 하였다.

당교는 머리를 조아리며 아뢰었다.

"저야말로 대왕의 큰 은혜를 입은 자이옵니다. 저는 한 번 죽었던 몸입니다. 수년 전 무례를 범하였을 때 대왕의 크신 은혜로 살아났습니다. 그날 밤, 갓끈을 뜯긴 것은 바로 저였습니다. 목숨을 살려주신 것만도 감읍할 따름이온데, 공로라니 가당치 않습니다."

(이찬도 옮김, 『중국고전의 인간학』, 동양문고, 1989)

참으로 아름다운 장면이 아닌가. 이것이 리더의 관용이 만들어 내는 위대성이다. 힌두교 속담에도 "모든 것을 혼자 끌어안고 있는 사람은 아무것도 갖지 못하나 베푸는 사람은 모든 것을 갖게 된다"고 하였다. 우리가 마음속에 원한을 품고 있으면 그것이 자신을 옭아매서 자신을 옥죌 뿐 어떠한 도움도 되지 않는다. "용서는 자신을 적의라는 족쇄에서 풀어주는 것"이라 했다. 크게 보면 이 관용이라는 것은 너와 나 그리고 우리 모두에게 더없이 좋은 영약인 셈이다.

그리고 이 '관용의 미덕'에서 우리가 반드시 짚고 넘어가야 할 것은 이 관용이 어디까지나 다른 사람에 대한 관용이지 자신에 대한 것은 아니라는 점이다. 오히려 자신에겐 가혹하리만큼 엄격해야 할 것을 주문하고 있다. 『채근담』에도 "다른 사람의 잘못은 용서하되 자신의 잘못은 용납해서는 안 된다. 남의 책임을 꾸짖을 때는 과실을 지적함과 동시에 실수가 없었던 부분도 함께 평가해 준다. 그러면 상대방도 불만이 없게 된다. 자신을 반성할 때는 성공 속에서도 과실을 찾아내도록 힘써야 한다. 그러면 자신의 인격도 크게 고양될 것이다"라고 하였다.

잠시 신경림의 시 〈동해 바다〉를 읊어 보며 생각해 보자.

동해 바다

신경림

친구가 원수보다 더 미워지는 날이 많다.
티끌만한 잘못이 맷방석만하게
동산만하게 커 보이는 때가 있다.
그래서 세상이 어지러울수록
남에게는 엄격해지고 내게는 너그러워지나 보다
돌처럼 잘아지고 굳어지나 보다.

멀리 동해 바다를 내려다보며 생각한다.
널따란 바다처럼 너그러워질 수는 없을까.
깊고 짙푸른 바다처럼
감싸고 끌어안고 받아들일 수는 없을까.

스스로는 억센 파도로 다스리면서
제 몸은 맵고 모진 매로 채찍질하면서.

우리는 리더로서 넓은 아량을 갖고 나와 함께 애쓰고 있는 직원들을 일희일비로 대하지 말고 감싸고 또 감싸면서 오늘도 아름다운 날이 되도록 만들어 가자. 『채근담』은 "마음이 너그러운 사람은 세상 만물에 생명을 부여하는 따뜻한 봄바람과 같다"고 말하고 있다. 그대가 그런 봄바람이 되어 주기를….

③ 정의

정의란 무엇인가?

아리스토텔레스는 "정의는 사회생활의 기본 원리다"라 하였고, 회남자(淮南子)는 "정의는 인간 만사의 근본이다(義者人之大本也)"라 하였으며, 맹자는 "정의는 사람의 길이다(義人路也)"라고 하였고, 존 러스킨은 정의는 사람을 바로 세우는 것으로, "사랑도, 믿음도, 소망도 정의가 없이는 사람을 바로 세우지 못한다"라고 하였다. 그리고 앞의 비전에서도 언급했듯이 마이클 샌델은 "정의란 공동체적인 삶을 살아가기 위해서 지켜야 할 기본 원칙이다"라고 하였다.

우리는 인간 생활의 근본이 되는 '사람이 가야 할 길'을 가야 한다. 그리고 우리가 리더라면 더더욱 그 길을 가야 한다.

소크라테스가 독배를 마시기 전 플라톤에게 "사는 것이 중요한 문제가 아니라 바로 사는 것이 중요하다"고 말하는데, 바로 산다는 것은 '사람이 사람답게 사는 것'이다. 정의는 바로 '사람이 사람답게 살 수 있도록 하는 것'으로, 정의는 인생의 높고 큰 목적가치인 것이다. 정의는 우리 인간 생활에 위대한 지도 원리이며, 국가 경영의 중요한 지도 원리로서 우리가 반드시 지키고 따라야 할 덕목이다. 하여 우리는 늘 정의사회 구현을 외쳐 왔던 것이다.

존 맥스웰이 "사람들을 올바른 방향으로 나아가도록 하면 모두가 성공할 것이다"라고 말하듯, 정의사회가 구현된다는 것은 우리 모두가 성공하고 잘사는 아름다운 사회가 된다는 것이다.

정의가 바로 서지 못하고 바르게 지켜지지 못하는 사회, 조직, 국가는 칸트의 말과 같이, 살아야 할 이유가 없는 그런 곳이다. 우리는 정의가 깨끗한 샘물처럼 솟아나는 그런 사회, 그런 조직을 만들어야 한다. 만일 우리 조직을 직원들이 있어야 할 이유가 없다고 생각한다면 그 조직은 이미 한 사회를 위한 조직으로서의 존재가치를 상실한 조직이다. 그것은 어디까지나 리더의 책임이다.

왜 우리 조직이 존재가치가 없는 조직이 되는가. 정의의 실종이다. 정의(justice)란 '옳은 것을 바로 세우는 것(up right)'이다. 불의란 '옳은 것을 쓰러뜨리는 것'이다. 정의는 '바르게 생각하고 바르게 보고, 바르게 행동하는 것'이다. 한마디로 '착한 것'이다. 그런데 불의는 '틀린 사고, 틀린 견해, 틀린 행동'이 아니라 '바르지 않게 생각하고, 바르지 않게 보고, 바르지 않게 행동하는 것'이다. 한마디로 '악질적인 고약한 것'이다. 이것이 불의의 본질이다.

맹자가 "하늘의 뜻에 순응하는 자는 살고, 거역하는 자는 망한다(順天者存 逆天者亡)"고 하였는데, 하늘의 뜻이라는 것이 무엇인가. 바로 정의와 진리다. 우리가 늘 구해야 할 것이 정의와 진리이다. 성서에 나오는 '소돔과 고모라'를 보자. 왜 망했는가. 의인이 없어서 망했다. 불의는 결국 사람을 죽이고, 사회를 죽이고, 나라를 죽인다. 불의의 인간, 불의의 집단은 이 같은 일들을 서슴지 않고 자행한다. 우리가 보는 북한이라는 불의의 집단이 그렇고, 우리가 목격하고 있는 불의의 인간, 불의의 집단들이 얼마나 많은 사람들을 죽였는가.

다음의 2001년 제58회 베니스 영화제 심사위원대상을 받은 〈버스 44〉의 한 장면을 보자.

〈예화〉 버스 44

한적한 시골길에 버스 한 대가 달린다. 한 남자가 손을 들자 여성 운전사가 차를 세워 그를 태운다. 버스는 다시 달리고 잠시 후 또 두세 명의 남자가 차에 올라탄다. 그들은 강도로 돌변해 승객들을 위협하고 돈을 갈취한다.

강도들은 내리면서 운전사를 길가 풀섶으로 끌고 가 성폭행한다. 버스 안의 승객들이 모두 외면하는 가운데 유일하게 아까 탔던 남자만이 강도들의 악행을 제지하려 한다. 하지만 역부족이다. 그는 강도의 주먹에 얻어맞고 휘두른 칼에 상처까지 입은 채 쓰러진다.

"한참 뒤 깡패 세 명과 여성 기사가 돌아오더니 여성 기사는 아까 깡패를 제지하려다가 다친 중년 남자한테 다짜고짜 내리라고 하였습니다. 중년 남자가 황당해하면서, '아까 나는 도와주려고 하지 않았느냐?'고 하니까 기사가 소리 지르면서 '당신이 내릴 때까지 출발 안 한다!'고 단호히 말합니다. 중년 남자가 안 내리고 버티니까 승객들이 그를 강제로 끌어 내리고 짐도 땅바닥으로 내던져 버렸습니다. 그리고 버스가 출발했는데….”

홀로 남은 남자는 다친 몸을 이끌고 어렵게 다른 차에 편승하게 된다. 얼마 후 그는 참혹한 교통사고 현장을 목격한다. 바로 그가 탔던 44번 버스가 절벽 아래로 추락한 것이다. 경찰은 탑승자 전원이 사망했다고 전한다.

여성 운전사가 그 사람만 내려놓고 모두 저승으로 데려간 것.

(『경향신문』, 2014. 5. 10., 26면)

프랑스의 사상가 파스칼의 명저 『명상록』에서 “힘 없는 정의는 무력하고 정의 없는 힘은 폭력이다”라고 하였는데, 오늘의 우리 사회가 그런 것 같다. 오늘도 불의의 인간, 불의의 집단은 도처에서 목격된다.

맹자가 “사람은 부끄러움이 없을 수 없으니, 부끄러움이 없는 것을 부끄러워해야 한다(人不可以無恥 無恥之恥)”고 하면서, “부끄러운, 잘못된 행동을 하였을 때 부끄러워할 줄 알고, 악과 불의를 보고 미워하는 마음이 정의의 단초가 된다(羞惡之心義之端也)”고 하였는데, 우리 사회는 부끄러워하고 미워하기보다 불의한 일들을 술 마시듯 마시고, 그리고 취하여 더 날뛰면서, 반박하고 맞서는 정의를 권모술수 등 온갖 것을 동원하여 치졸하고도 악랄하게 도륙하고 있다. 왜인가? 아마도 “정의의 집은 영혼인데, 불의의 집이 똥배”이기 때문이 아닌가 싶다. 어느 가수의 노랫말처럼 “한 잔의 샴페인에 영혼을 팔아서”가 아닌가.

정의를 짓밟지 마라. 결단코 하지 말아라. 술주정하고 난 뒤 술 깨면 부끄러움이 찾아오듯, 한번 정의를 침범하여 짓밟는 순간 영원한 부끄러움을 남기게 된다. “자존감 확립을 위한 최선의 방법은 옳은 일을 하는 것"이라고 존 맥스웰은 말했다.

우리는 오늘도 '정의사회구현', '아름다운 나라 건설'을 외치고 있다. 우리가 갈망하는 그 같은 대한민국은 정의와 진리의 토대 위에 세워져야 한다. 일찍이 우리의 민족 지도자 도산(島山) 선생께서는 "진리는 반드시 따르는 자가 있고, 정의는 반드시 이루는 날이 있다"고 하지 않았던가. 하여 우리는 정의의 집인 맑고 밝은 영혼으로 찾아 들어야 한다.

다음의 『맹자』〈양혜왕(梁惠王)〉편에 나오는 예화를 들어 보자.

〈예화〉

"노 선생께서 천 리 먼 길을 이렇게 와 주셨으니 필시 우리 나라에 이익이 될 만한 비책이 있지나 않으신지요?" 하고 혜왕이 물었다.

"어찌 그렇게 이익만을 말씀하십니까? 중요한 것은 인의(仁義)입니다. 왕께서 나라의 이익밖에 생각하지 않으시면, 중신들은 자기 가정의 이익밖에 생각하지 않게 됩니다. 그러면 일반 관리나 서민들도 자신들의 이익밖에 생각하지 않습니다. 이렇게 각자의 이익만을 추구하게 되면 장차 온 나라가 위태로워질 것입니다.

만승의 나라에서 그 왕을 죽이는 자는 반드시 천승의 녹을 먹는 중신이요, 천승의 나라에서 그 왕을 죽이는 자는 반드시 백승의 녹을 먹는 중신입니다.

만승의 나라에서 천승을, 천승의 나라에서 백승을 먹는다면, 더 이상 아무런 부족함이 없을 것입니다마는, 인의를 뒤로하고 이익을 앞세우게 되면 나라 전체를 다 빼앗지 않고는 만족하지 않을 것입니다(苟爲後義而先利 不奪不饜). 인의 마음이 있는데 그의 어버이를 버리는 자가 없고, 의를 따르면서 그의 왕을 업신여기는 자 또한 없습니다(未有仁而遺其親者也 未有義而後其君者也)"라고 맹자가 답한다.

공자도 의를 귀하게 여겨 "눈앞에 이익을 보게 되면 먼저 의를 생각하라(見利思義)"고 하였다. 우리는 의에 살고 의에 죽는 정의로운 인간이 되어야 한다. 우리가 진정한 리더라면 더더욱 그리해야 한다.

『논어』〈위영공편〉에 보면 "군자(리더)는 의로써 바탕을 삼는다(君子義以爲質)"고 하였다. 리더의 행위가 정의에 바탕을 두지 않는다면 어떻게 될까. 공자는 〈양화편〉에서 "군자(리더)는 정의를 가장 높이 숭상해야 한다"고 하면서 "군자가 용기만 있고 정의가 없으면 난동을 부리게 되고 소인이 용기만 있고 정의가 없으면 도둑질을 하게 된다(君子有勇而無義爲亂小人有勇而無義爲盜)"고 하였다.

다음 『송명신언행록(宋名臣言行錄)』에 나오는 송나라 한기(韓琦)라는 재상의 이야기를 들어 보자.

〈예화〉 재상 한기

한기는 나라를 위한 좋은 일이라고 판단되면 다른 사람들의 평판 같은 것은 아랑곳하지 않고 당장 실행하였다.

한 중신이 "당신 같은 식으로 일을 하다가는 당신 한 몸이 다치게 될 뿐만 아니라 일족에게까지도 화가 미치게 될 거요. 내 보기에 현명한 일 같지가 않아요" 했다.

이에 한기는 "있는 힘을 다하여 나랏일을 하다가 언제라도 죽을 각오가 되어 있소. 문제는 그 일이 옳은가 그른가에 있을 뿐이오"라고 말한다.

(이찬도 옮김, 『중국고전의 인간학』, 동양문고, 1989)

맹자는 "생명도 지키고 싶고, 의(義)도 지키고 싶은데, 둘 중에 하나밖에 선택할 수 없다면 나는 생명을 버리고 의를 택하리라" 하였는데, 한기는 바로 그런 길을 택하고 있다. 이 얼마나 리더다운 발상인가. 진정 리더라면 조직을 위하여, 나라를 위하여 의로운 일, 착한 일을 소신껏 해야 하는 것 아니겠는가. 이 예화를 보면서 우리는 '그렇다면 이런 일은 언제, 어디서, 어떻게 해야 하는가' 하는 생각이 드는데, 다음 존 웨슬리(John Wesley)의 말을 들어 보자.

할 수 있는 모든 선을 행하라
할 수 있는 모든 수단을 동원하여,
할 수 있는 모든 방법을 동원하여,
할 수 있는 모든 곳에서,
할 수 있는 모든 시간에,
할 수 있는 모든 사람들에게,
할 수 있는 한 언제까지라도.

(Michael Lynberg, *Make Each Day You Masterpiece*, Andrews McMeel, 2001)

즉, 옳은 일을 하는 데는, 때와 장소도 무엇도 정한 것이 없이 언제, 어디서나 그리해야 한다는 말이다. 위의 예화에서 송나라 한기는 그렇게 하고 있다.

이런 일을 자신 있게 하는 리더를 누가 존경하지 않겠는가.

공자는 『논어』 〈이인편〉에서 "군자(리더)는 이 세상 일에 꼭 맞는다고 고집하는 일이 없고 반드시 그리해야만 한다는 당위도 없으며 오로지 정의에 입각해서 정의와 함께할 뿐이다"라고 하였다. 관중(管仲)도 "의에 맞지 않으면 천하 사람들을 마음으로 따르게 할 수 없다"고 하였으며, 명언에도 "신은 정의의 사람을 돕는다"고 하였거니와, 맹자의 말과 같이 "정의는 사람이 가야 할 옳은 길(義人之正路也)"인바, 그대는 참리더로서 정의의 길을 갈 뿐, 그 외 다른 길을 가서는 안 될 것이다.

맹자가 "스스로 돌이켜 보아 옳다고 생각되면 천만 사람이 반대한다고 할지라도 나는 나의 길을 가겠다" 하였는데, 블레인 리는 "우리가 옳다고 믿는 그 길을 갈 때 우리는 존경받는 삶을 살 수 있다"고 하였다. 그대 또한 정의로운 길을 걷고 존경받는 리더가 되기를 소망한다.

④ 공정성(중용, 균형감)

아리스토텔레스가 가장 이상적으로 하고 있는 삶의 모습이 중용(中庸)인데, 중용이란 '지나치거나 모자람이 없으며 어느 쪽으로도 치우치지 않음'으로, 극단과 과격에 빠지지 않는 것, 부족하거나 넘치지 않는 삶의 모습이다. 모든 일에 과부족이 없는 공평하고 떳떳한 것이다. 즉, 우리의 모든 생각이나 행위(태도)가 치우침 없이 한결같이 공정해야 함을 뜻한다는 것이다.

존경받는 리더가 되기 위해서는 공정성을 잃지 않도록 노력해야 한다. 공정성이란 하찮은 모순이나 차이점을 찾아내어 비교하고 비판하려는 것이 아니라, 마음속에 있는 일련의 신념과 가치들로부터 나오는 사고와 행동의 일치를 보여 주는 것이다. 이 공정성을 지켜서 변덕스럽지도 일시적이지도 않은 리더의 일관된 행동을 조직성원들은 신뢰하고 따르는 것이다. 티모시 존슨(Timothy Johnson)도 "리더가 불편부당함이 없이 늘 한결같은 사람일 때 직원들은 소신을 갖고 열정을 다해 일한다"고 말하듯, 리더의 공정성에서 조직의 활력이 나오는 것이다.

오늘의 사회가 불평등사회로 흘러가고, 사람들은 의욕을 상실하고, 많은 고통을 안고 있다. 왜인가, 이 사회의 지도자급 위치에 있는 사람들이 '자신의 이익에 따라, 상황에 따라' 원칙의 적용이 한결같지 못하기 때문이다. 원칙은 누구나가 옳다고 인정할 수 있는 보편성이 있음에도 그 보편성을 무시한 '어떤 유혹'에 따라 갈대처럼 흔들리고 있기 때문이다. 이 세상 어느 누구도 남과 다른 대우, 즉 차별 받기를 원치 않는데도 인간 존엄성을 무시한 차별 행위가 도처에서 나타나고 있다. 참으로 인간이 참기 어려운 것이 차별이다.

다음의 『전국책(戰國策)』에 나오는 중산왕(中山王)의 예화를 들어 보자.

〈예화〉

전국시대에 중산국(中山國)의 왕이 어느 날, 신하들에게 연회를 베풀었다. 그런데 이때 준비한 양고기 수프가 부족하여 뒷자리에 있던 한 사나이가 먹지를 못했다. 그 사나이가 불만을 품고 초(楚)나라로 도망하여 중산국을 치도록 초나라 왕을 부추겼다.

강대국인 초나라의 공격을 받은 중산 왕은 도망하여 외국으로 탈출을 꾀한다. 그런데 뒤에서 창을 든 두 명의 사나이가 쫓아오고 있었다. 왕은 급히 돌아서며 "웬 놈이냐!" 하고 소리친다.

그들은 "옛날에 대왕으로부터 한 광주리의 음식을 받아 굶어 죽음을 면한 자가 있었는데, 저희들은 바로 그 사람의 자식들입니다. 부친은 돌아가실 때 중산에 무슨 일이 생기면 죽음으로써 이 은혜에 보답하라고 하셨습니다. 지금이야말로 은혜에 보답할 때라고 생각하여 이렇게 달려온 것입니다" 하였다.

중산 왕은 탄식하며 "아주 작은 시혜도 곤란할 때 베풀면 큰 효력이 있고, 사소한 것이라도 상대의 마음을 상하게 하면 심한 보복을 당하게 된다. 나는 한 접시의 수프로 나라를 잃고, 한 광주리의 음식으로 두 명의 용사를 얻었나" 한나.

(이찬도 옮김, 『중국고전의 인간학』, 동양문고, 1989)

왕의 입장에서 보기에 너무도 사소하고 보잘 것도 없는 일이다. 그러나 그 사소한 것이 결국은 나라를 잃게 만드는 엄청난 요인이 된 것이다. 공정성은 그만큼 중요한 것이다. 균형감을 잃지 말자. 중용의 미덕을 살리자.

이 공정성에 대한 중요성을 『채근담』은 다음과 같이 열거하고 있다.

이상은 높고 넓어야 하나 너무 현실과 동떨어져서는 안 되고,
생각은 주도면밀해야 하나 사소한 것에 구애받아서는 안 되며,
취미는 담백해야 하지만 너무 속되지 않아야 하고,
지조는 엄격하고 밝아야 하나 격렬하지 않아야 한다.

훌륭한 재능도 다 발휘해 버리면 안 된다.
다 써 버리면 쇠퇴하게 된다.
훌륭한 행실도 적당히 하는 편이 좋다.

지나치면 오히려 비난이나 중상모략을 받기 쉽다.

기쁜 마음에 들떠서 경솔하게 일을 승낙하지 말 것이며
술 취했다고 해서 화를 폭발시키지 말 것이며
일이 순조롭게 된다고 해서 지나치게 일을 벌이지 말 것이며
피곤하다고 하여 마무리를 소홀히 해서도 안 된다.

달리 보면 이 말들은 적당주의로 비칠 수도 있지만 『역경(易經)』에서 어느 한 곳으로 치우치지 않는 마음을 중정(中正)의 도(道)라고 하는 것과 같이, 이는 어디까지나 중심을 잡고 신중에 신중을 기하여 정도를 걷자는 말이다. 참으로 의미 있는 내용들이다. 깊이 음미하고 실천할 수 있으면 좋겠다.

또 이런 말도 있다.

입을 즐겁게 하는 음식은 모두 위장을 상하게 하고 뼈를 썩게 만드는 독약이니 반 정도만 먹어야 화를 당하지 않는다.

마음을 들뜨게 하는 쾌락은 모두 육체와 정신(덕)을 망치는 매개물이니 적당한 선에서 멈춰야 후회가 없다.

오감을 즐겁게 하려는 것이 인간의 가장 강한 욕구가 될 터인데, 그것들을 절반쯤에서 멈추라는 것이다. 우리가 운전대를 잡으면 신나게, 힘차게, 마음껏 달려 보고 싶은 충동이 생긴다. 그러나 어떤가, 과속은 화를 부를 수도 있지 않은가. 과하면 탈이 난다. 하여 노자도 "지나치게 쏟아부은 물은 곧 넘치고, 너무 날카롭게 간 칼은 얼마 못 가 부러진다"

고 하지 않았던가. 또한 공자도 "지나친 것은 미치지 못함과 같다(過猶不及)"고 하였다.

그대가 한 조직의 관리자급이나 리더의 위치에 있는 존재라면 "청렴하면서도 너그럽고, 어질면서도 결단력이 있으며, 통찰력이 있으면서도 남의 흠을 들춰내지 않고, 강직하면서도 지나치게 바른 것에 치우치지 않는다. 바로 이런 것이 꿀을 넣어도 너무 달지 않고, 소금을 넣어도 너무 짜지 않은 이상적 경지이다"라고 하는 『채근담』의 말에 귀 기울여야 할 것이다.

꼭 필요하고 반드시 해야 할 일들이 소금처럼, 꿀처럼 제맛을 돋우는 선에서 부족하지도 넘치지도 않는 중용의 미덕을 그대가 발휘해 준다면, 그대가 이끄는 조직은 얼마나 아름답고 그대의 직원들은 얼마나 행복해 할까.

리더는 모든 거래와 관계를 공정하게 처리해야 한다. 모든 사람들을 공평하게 대하고 의사결정 시에는 공정한 절차를 따르며, 어떠한 상황에서도 편애와 편견 없이 한결같은 자세로 임하고, 특히 인사문제, 상벌문제에 있어서 더더욱 불편 · 부당이 없는 공정성을 기해야 할 것이다.

이 상벌문제에 관해 포은(정몽주) 선생은 "상벌은 나라의 큰 법규로 한 사람을 상 주어 천만인을 권장하고 한 사람을 벌주어 천만인을 두려워하게 하는 것이어서, 지극히 공정하고 지극히 밝지 않으면 그 중도(中道)를 잃어 온 나라의 인심을 감복시키지 못한다"고 하였다.

그리고 더 나아가 리더는 자기 상사의 공정치 못한 인사에도 눈감지 말고 공정성을 당당히 요구할 수 있어야 한다. 상사의 공정치 못한 행태를 뒷전에서 불평이나 하는 무기력한 행위는 자신의 불공정한 행태를 보이는 것이나 별로 다를 바가 없다. 조직을 위해, 직원들을 위해 당당히 공정성을 주장하고, 요구할 수 있는 그러한 리더를 직원들은 진정으로 존경하는 것이다.

다음 송(宋)나라 명재상 조보(趙普)의 예화를 들어 보자.

〈예화〉

송나라 태조(太祖) 때의 일이다.

어느 한 신하가 큰 공을 세워 승진이 기대되었으나 태조는 전부터 그를 미워해 승진의 허가를 내려 주지 않았다.

재상인 조보는 그의 승진을 거듭 간청하였다.

그러자 태조는 "도저히 승진을 시켜 줄 수 없다면 어쩔 셈인가?" 한다.

이에 조보는 "형벌로 악을 징계하고 상(賞)으로 공적에 보답하는 것은 만고의 진리입니다. 더욱이 상벌은 천하의 것이지 폐하 개인의 것이 아닙니다. 개인적인 감정을 가지고 상벌을 마음대로 한다는 것은 절대로 있을 수 없는 일입니다" 하였다.

마침내 태조는 조보에게 허가를 내려 그를 승진시킨다.

(이찬도 옮김, 『중국고전의 인간학』, 동양문고, 1989)

절대군주에게 감정이 개입되지 않는 공정한 인사를 주문한다는 것이 지극히 어려운 일인데, 참으로 그 지위에 있을 만한 인물다운 인물이다. 누가 이 같은 리더를 존경하지 않을 수 있겠는가.

『채근담』은 "꽃은 반쯤 핀 때가, 술은 조금만 취하도록 적당히 마신 때가 최고의 정취가 있다. 만약 꽃이 흐드러지게 피고 술에 흠뻑 취해 버린다면 곧 추한 모습에 이르게 된다"고 하였으니, 그대 아름다운 자연을 느끼며 그 가운데에서 그대의 사람들과 함께 즐겁고 행복한 생활을 하고 싶다면 중용의 덕을 실천함이 마땅할 것이다. 공자도 "중용의 덕을 행함이 덕의 극치이다"라 하였으니, 오로지 이를 옳게 순리에 따라 실천하여 뜻하는 그런 리더가 되었으면 좋겠다.

⑤ 겸손(예의)

우리는 도시화의 상징인 아파트, 즉 아파트 사회에서 생활을 하면서 종종 아파트의 몇 층이 로열층이냐고 묻곤 하는데, 답은 '좋은 사람들이 사는 층'이 로열층이라는 것이다. 그런데 좋은 사람들의 기준이 바로 '예의 바름'이라는 것이다. 우리가 인간관계에서 예의범절이 불량한 사람들과 함께한다는 것은 너무나도 곤혹스럽다.

동양 고전인 『역경(易經)』에서 우리 인간의 최고선은 '노겸(勞謙)'이라 하였다. '노겸'이란 '큰 공로가 있으면서도 겸손함'이다.

겸손(謙遜)은 '교만하지 않는 것, 자기 자랑을 하지 않는 것, 자신을 내세우지 않는 것, 스스로를 낮추는 것, 과욕과 지나침이 없는 것'이라고 했다. 그리고 『역경』에 따르면 우주와 인생에는 64괘(卦)가 있다고 하면서, 이 64괘는 우리 일상사에서 보듯, 어느 괘든 장점도 있고 단점도 있는데, 유일하게 15번째 괘인 '겸손'만은 단점 · 결점이 없이 끝까지 좋다고 한다.

다음의 임태희 전 대통령실장이 전하는 시 한 수 읽어 보자.

동백꽃처럼

너는 마음 고운 꽃
너는 따스한 사랑을 주는 꽃

찬바람 몰아치고 눈보라 흩날릴 때
화려함을 뽐내던 장미도
향기로움을 자랑하던 백합도
모두 모두 숨어버리건만
오직 너만이 설한을 마주하며
빠알간 불씨를 내어 봄을 부르는구나

세상의 따스함이 너로 하여 오고
개나리, 진달래가 너로 하여 피건만
너는 내색도 없이
수줍은 아가씨처럼 낯을 내세우지 않으니
노겸을 너로 하여 알게 되는구나
사랑과 노겸을 가르쳐 주는 꽃

동백꽃 너를 닮고 싶다
그저 너 같은 꽃이고 싶다.

겸손한 사람은 적이 없다고 한다. 다른 사람의 미움도 사지 않으며, 시기와 질투의 대상이 되지 않는다. 그러니 끝까지 좋을 수밖에 없는 것이다. 그래서 역경은 "공을 세우고도 겸손하다면 반드시 유종의 미를 거둘 수 있으며, 끝까지 길하다(勞謙君子有終吉)" 하였고, 또한 "겸손하면 만사형통하고 유종의 미를 거둔다(謙亨有終)"고도 하였다. "끝이 좋아야 모든 것이 좋다"고 셰익스피어는 말하는데, 유종의 미를 거둔다는 것은 진정으로 아름답고 위대한 일이다.

노자가 "가장 위대한 선(善)은 물과 같다(上善若水)"고 하였다. 왜냐, "물은 선하여 만물을 이롭게 하면서도 다투지 않으며 다중이 싫어하는 곳에 처하는 것을 꺼려 하지 않는다"는 물의 성질 때문이라는 것이다. 이 물과 같이 다중이 원하는 곳을 다투지 않고, 스스로 다중이 선호하지 않는 곳, 낮은 곳에 서기를 꺼리지 않는 겸양의 미덕을 갖춘 사람을 누가 마다하며, 존경하지 않을 수 있겠는가.

자신이 다른 사람보다, 즉 부, 권력, 직위, 학식, 용모, 그리고 재능 등의 면에서 좀 낫다고 생각하여 분수없이 기고만장하거나 잘난 체하지 말라. 반드시 화를 불러들여 스스로의 무덤을 파게 될 것이다. 하여 『예기』 〈곡례편〉에도 "교만함이 자라게 해서는 안 된다. 욕망을 마음껏 해서도 안 된다. 원하는 것이라도 분수를 넘어 만족해서는 안 된다(午不可長 欲不可從 志不可滿)"고 말하고 있다.

『서경(書經)』에 이르기를 "과욕을 부리면 오히려 손해를 자초하고, 겸손하면 도리어 이익을 얻는다. 이것이 하늘의 길(天道)이다(滿招損 謙受益 時乃天道)"라고 하였다. 겸손은 도덕의 근본이다. 근본을 잃으면, 근본이 무너지면 모든 것이 다 무너진다. 하여 옛 성현들은 예의를 숭상하고 예(禮)에 살려고 했다. "겸손하여 예의 바른 사람을 이길 자는 아무도 없다"고 하였다. "예절 바른 군자의 집은 도적 떼도 범하지 않는다" 하였다. "예에 맞게 행동하고 예에 살라." 이것이 리더(군자)의 길이다.

맹자는 예는 천리(天理), 곧 순리(順理)라고 하였다. 따라서 순리에 따르는 것이 또한 예라면, 예가 서지 못하면 우리는 어떻게 될 것인가?

동양 고전인 『좌전(左傳)』에 "예는 우리 인간의 등뼈와 같은 것이요 나라에 없어서는 안 될 근본이다(禮身之幹也 禮國之幹也)"라고 하였듯이, 예가 없으면 개인도, 사회도 제대로 서지 못할 것인즉, 예가 없다면 우리는 이미 사람도 아니고 조직도 국가도 아니다. 제대로 서지도 못하는 것이 어찌 인간이며 어찌 조직이나 국가라 할 수 있겠는가.

앞에서 겸손은 자신을 내세우지 않는 것, 지나침이 없는 것이라 하였는데, 맹자는 "사양하는 마음이 예의 실마리이다(辭讓之心 禮之端也)"라고 하였다. 사양한다는 것은 상대방을 존중하고 공경한다는 것이다. 상대방을 존중하고 공경한다면 나의 무례(無禮), 비례(非禮), 결례(缺禮) 같은 것이 나올 수 없다. 이 무례, 비례 같은 것들이 우리의 기분을 상하게 하고, 우리를 불쾌하게 만들고 분노하게 만든다.

다음 예화는 서울 시내 한 아파트 단지에서 있었던 실화로, 댓글도 상당히 올라와 있었으나 댓글 중 6개 정도만 달아 본다.

〈예화〉 동대표가 대단한 벼슬입니까? (2016. 6. 29. 20:35)

오후 4시가 넘은 시간.

뒤쪽 동 놀이터에서 몇몇 분들과 이야기를 나누고 있었습니다.

어느 남자 분이 저희 쪽을 쳐다보는 듯한 느낌이 들었으나

저희들은 이야기 중이라서 그냥 지나쳤죠.

그분이 저희 쪽으로 걸어오시더니

"아까부터 있었는데 보고서 아는 척도 안 하고 인사도 안 했다구…."

저희는 이야기 중이라서 몰랐다고 했죠.

○○○동 뒤쪽 동 동대표라고 하시더라구요.

몰라봤다면서 인사를 했어요.

그러고 나서 서로 이런저런 이야기들이 오고 갔어요.

이야기를 하던 중 그분이 난처하셔서 그랬는지 화가 나서 그러셨는지 저희들에게 "까불고들 있네!" 이러시더라구요.

화가 나고 당황스러웠어요.

동대표는 겸손하고 정직해야 하는 자리라고 생각합니다.

입주민들을 우롱하고 짓밟는 자리가 아니라 봉사하는 자리라고….

〈댓글들〉

A) 동대표면 본인이 먼저 인사를 해야 하는 거 아닌가요?
진짜 무슨 벼슬도 아닌데.

B) 어머, 잘못 들은 거 아니에요?
누구보고 인사하라 마라. 까불고들 있네?
누굽니까? 도대체 무슨 벼슬이길래 그 따위로 말하는 겁니까?
동대표니까 망정이지 더 큰 벼슬하면 아주 대단하시겠네요.

C) 오만함이 방점을 찍네요…. 그 동대표의 언어는 '격'이 없네요.
그 동대표 품격이 여기까진가 보네요.

D) 에고… 벼슬인 줄 알고 계시는 분에게 벼슬 대접을 안 해 드리니
그런 언행이….

조심들 하세요 ㅍㅎㅎ

E) 동대표에게 인사를 안 했다고, 아는 척하지 않았다고 한 동대표,

입주민 위에 동대표입니까?

감투 쓰면 겸손할 줄 알아야 하는데….

F) 도대체 몇 동 대표인지 궁금하네요.

에이 똥대표.

『법구경(法句經)』에 "녹이 쇠에서 나와 그 쇠를 갉아 먹듯 악이 내 안에서 생겨 나와 나를 갉아 먹는다"고 하였는데, 그 쓸모없는 오만방자함이 그의 고약한 심보에서 나와 그를 갉아 먹는 꼴이다. "예의범절이 사람을 만든다"는 속담을 잊지 말길.

인도의 시인 까비르는 이런 노래를 했다.

너는 왔다가 가는 한 사람의 나그네,

재산을 모으고 부와 권력을 자랑하지만

떠날 때는 아무것도 갖고 가지 못한다.

너는 주먹을 쥐고 이 세상에 왔다가 갈 때는 손바닥을 펴고 간다.

(류시화 엮음, 『산에는 꽃이 피네』, 동쪽나라, 1998)

손바닥을 좀 더 일찍 펴고 겸손해져라. 잠시 왔다 가는 객이 주먹으로 세상을 온통 추하게 휘젓지 말고 조신하게 여행을 마치고 가라. 그래야 훌륭한 여행자, 로열 트래블러(Royal traveler)로 존중받는다.

예(禮)는 올바르고도 아름다운 몸가짐이요 태도로, 마치 꽃의 아름다움과 향기와도 같은 것이다. 꽃의 아름다움과 향기가 그 꽃의 가치이듯

이, 인간에게는 예절이 바로 그 사람의 가치요 존엄성인 것이다. 그 예가 서게 되면 우리를 화평하고 유쾌하게 만들어 준다. 그 같은 가치와 존엄성이 사람을 사람답게 꾸며 주고, 리더를 리더답게 만들어 주는 것이다. 예를 잃으면 이미 인간이 아닌데, 예를 잃고서야 어찌 리더가 되고 존경을 받을 수 있겠는가.

『전습록(傳習錄)』에서 왕양명(王陽明)은 "인생의 대병(大病)은 오직 하나, '오(傲)'라는 글자이다"라고 말하는데, 오(傲)란 오만(傲慢)한 것으로, 겸허(謙虛)의 반대말이다. 오만은 거만하게 거들먹거리며 안하무인(眼下無人)의 태도를 취하는 것으로, 이 같은 안하무인은 어디에서도 환영받을 수 없다.

또한 왕양명은 "겸손은 모든 선(善)의 기본이며, 오만은 모든 악(惡)의 으뜸이다"라고 덧붙였는데, 행실이 겸손하면 그 위에 여러 가지 선(善)이 쌓이나 반대로 행실이 오만하면 그 주위에 악(惡)이 모이게 된다. 오만에 따르는 말이 오만불손(傲慢不遜), 오만방자(傲慢放恣)다. 오만불손, 오만방자하고도 망하지 않는 경우는 없다. 후한(後漢) 때의 학자인 순열(荀悅)은 방(放), 즉 방자한 것이 인간의 대병(大病)으로, 방은 곧 망(亡)이라 했다.

『역경(易經)』에서 "리더(군자)의 준칙은 교만과 자만을 싫어하고 겸허와 공손을 숭상하는 것이다"라고 말하듯, 예(禮)가 없고서는 리더로서의 자격이 없는 것이다.

공자는 "예(겸손)가 모든 덕행의 탄탄한 기초로, 좋은 품성을 갖추는 길을 닦는 요소이다"라고 하면서 "리더(군자)가 어떤 일을 행할 때에는 예로써 행하여야만 리더다운 리더가 된다(君子禮以行之 君子哉)"고 하였다. 하여 공자(『논어』 〈안연편〉)는 진정한 리더가 되고 싶다면 다음과 같아야 한다고 말하고 있다.

예가 아니면 보지도 말고	非禮勿視
예가 아니면 듣지도 말고	非禮勿聽
예가 아니면 말하지도 말고	非禮勿言
예가 아니면 행하지도 말라	非禮勿動

우리 인간의 눈과 귀는 주위의 수없이 많은 유혹에 끌리고 현혹당하는데, 그 모든 것을 극복하고 오직 예로써 행하라는 것이며, "리더가 예를 좋아하면 구성원(백성)들이 감히 존경하지 않을 수 없다(上好禮 則民莫敢不敬)"는 것이 또한 공자(孔子)의 말이다. 아울러 "예를 행함에는 다음과 같이 조화를 소중히 여겨야 한다(禮之用和爲貴)"고 말하고 있다(『논어』〈태백편〉).

공손하되 예가 없으면 초라하게 되고	恭而無禮則勞
신중하되 예가 없으면 두렵게 여기며	愼而無禮則葸
용감하되 예가 없으면 난폭하게 되고	勇而無禮則亂
강직하되 예가 없으면 박절하게 된다	直而無禮則絞

훌륭한, 위대한 어머니, 로열 맘은 어떤 어머니일까?

자녀를 많이 낳은 어머니도, 학벌이 좋은 어머니도, 사회적 지위가 높은 어머니도, 돈이나 보석이 많은 어머니도, 건강하고 예쁜 어머니도 아니다.

자녀들을 훌륭하게 길러 낸 어머니가 훌륭한 어머니다.

훌륭한 가정은 어떤 가정인가? 훌륭한 사람들로 구성된 가정이다.

아파트의 로열(훌륭한) 층은? 훌륭한 사람들이 사는 층이다.

로열 조직은? 훌륭한 직원들로 구성된 조직이다.

훌륭하다는 것의 제일 기준은 겸손이다. 예의범절이 반듯한 사람이 훌륭한 사람의 제일 기준이다.

따라서 로열 리더는 겸손(예)한 리더이다.

겸손한(예의 바른) 리더라야 존경을 받을 수 있고 조직도 로열 조직으로 만들 수 있다.

우리도 겸손하고 예의 바른 사람이 되어 로열 리더로 거듭나자.

⑥ 존중(인정감)

인간은 이 세상에 존엄한 존재로 태어났다. 그 누구도 타인으로부터 쉽게 차별받을 수는 없다. 그 존재 자체로 소중한 것이다. 그러나 현실은 갑과 을이 존재하고 차별이 너무도 심한 세상이 되었다. 이러한 세상에서 어떻게 존엄한 인간으로 보람된 삶을 살 수 있겠는가. '억울하면 출세하라'고 하지만 너무도 갑질이 심해 그도 어렵다. 지금 리더로 있는 그대도 그렇게 어려움 속에서 그 자리에 서게 되었을지도 모른다. '압박과 설움에서' 힘겨웠을지도 모른다. 그렇다면 그대만이라도 직원들을 그 고통과 설움에서 해방되게 해야 하지 않을까. 그리하여 즐거운 조직으로 만들어야 한다.

즐거움 속에 성장과 발전이 있다고 하였다. 그 즐거움의 제1요소가 '나'라는 하나의 인격체로 존중받는 것이다. 어디에서도 당당히 자기 목소리를 낼 수 있도록, 자부심을 갖도록 만들어 주는 것이다. 그러나 행여라도 겉으로만 존중해 주는 척하고 속으로는 얕보아서도 안 된다. 레스 기블린(Les Giblin)은 "속으로라도 어떤 사람이 보잘것없다고 생각한다면 당신은 그가 자신을 중요하다고 느끼게 만들 수 없다"고 말한다. 그리고 하시디즘(Hasidism)은 "모든 사람에게는 다른 사람에게는 없는 가려진 자신만의 소중한 무언가가 있다. 그러므로 모든 사람을 존중해야 한다"고 하였다. 그대가 다른 사람들보다 괜찮은, 나은 사람이라고 생각된다면, "신은 인간을 공평하게 만들었다"고 하듯이, 다른 사람도 분명 나보다 나은 무언가가 있을 것이라 생각하고 존중해 주어야 온당한 일이다.

맹자(孟子)가 "임금이 신하 보기를(아끼기를) 자기 손발같이 하면 신하는 임금을 자기 심장같이 존중한다. 임금이 신하 보기를 개나 말같이 하면 신하는 임금을 일반인(지나가는 행인)같이 대한다. 임금이 신하 보기를 흙이나 잡초같이 여기면 신하는 임금을 원수 보듯 한다"고 말했다. 노자(老子) 또한 "상대방을 존중하지 않으면 그도 당신을 존중하지 않는다"고 하였다. 즉, 자신이 상대방을 어떻게 대하느냐에 따라 그에 상응하는 대접을 받는다는 것이다.

다음의 『전국책(戰國策)』에 나오는 예양(豫讓)의 예화를 보자.

〈예화〉

진(晋)나라에 예양이란 사나이가 있었다. 그는 처음에 범씨(范氏), 중행씨(中行氏)라는 중신을 섬겼고, 다음에는 지백(智伯)이란 중신을 섬겼다. 그러나 지백이 세력 다툼에서 중신인 조양자(趙襄子)에게 죽임을 당한다.

주인을 잃은 예양은 산속으로 도망하여 "선비는 자기를 알아주는 사람을 위해 죽고, 여자는 자기를 사랑하는 사람을 위해 몸을 가꾼다"라며 내 기필코 주군의 원수를 갚고야 말겠다고 복수를 맹세한다.

그리하여 예양은 이름을 바꾸고 조양자의 궁전에 들어가, 화장실 벽을 칠하면서 암살의 기회를 엿보고 있었다. 어느날 조양자가 화장실을 들어서려 할 때, 갑자기 가슴이 두근거림을 느꼈다. 그는 벽 칠하는 일꾼 예양을 잡아 수색하였고, 그가 갖고 있는 흙손에 비수가 숨겨져 있는 것을 찾아냈다.

엄중히 문초하니 주군인 지백의 원수를 갚으려 한다는 것이다.

조양자의 측근들은 그 자리에서 예양의 머리를 베어 버리려 한다.

그러나 조양자는 이를 제지하며 "이 사나이는 의사(義士)다. 나만 조심하면 그만이다. 지백은 이미 죽고 자손도 없는데 가신이 원수를 갚겠다 하니 어찌 장하지 않은가" 하고는 그를 놓아주었다.

그러나 죽음을 면한 예양은 이번에는 몸에 옻칠을 하여 문둥이처럼 보이게 하고 머리를 삭발하고 눈썹을 밀어서 딴사람처럼 변신하고 숯을 먹어 목청까지 상하게 하고, 걸식을 하고 다니면서까지 조양자를 노리고 있었다.

조양자가 외출을 하던 어느 날, 그를 예양이 다리 중간에서 기다리고 있었다. 조양자가 다리 가까이에 이르자 말이 놀라 뛰어올랐다. 예양이 아닐까 의심한 조양자가 사람들을 풀어 수색해 보니 과연 예양이었다.

조양자도 이번에는 참지 못하고 예양을 꾸짖었다.

"너는 일찍이 범씨, 중행씨를 섬기지 않았느냐. 그들을 멸망시킨 자가 지백이 아니더냐, 너는 그 원수를 갚기는커녕, 오히려 정성을 다해 지백을 섬기고, 그 지백이 죽음을 당한 것에는 어찌하여 이렇게까지 원수를 갚겠다고 하는 것이냐?"

이에 예양은 대답했다. "범씨, 중행씨를 섬긴 것은 사실이나, 그들은 나를 보통으로 대해 주었기에 보통 정도로 대우하였을 뿐이오. 그러나 지백은 나를 국사(國士)로 우대해 주었기 때문에 나도 국사로서 보답하고 있는 것이오."

이 말을 들은 조양자는 저도 모르게 탄식하며 말했다. "예양아, 이미 지백에 대한 의리는 지켰다. 나도 참을 만큼은 참았다. 더 이상 용서할 수 없다."

그러자 예양이 조양자에게 다음과 같이 말한다.

"당신은 한 번 나를 살려 주었소. 천하의 사람들은 모두 입을 모아 당신을 칭송하고 있소이다. 이제는 나도 기꺼이 죽을 것이오. 다만 그 전에 청이 하나 있소. 당신의 의복이나마 칼로 자르게 해 주시오. 그렇게 하면 죽어도 여한이 없겠소."

조양자는 그 의기에 감동하여 의복을 벗어 주었다.

예양은 칼을 뽑자 기합 소리와 함께 뛰어오르면서 그 옷을 세 번 자르고 "지백 님의 은혜를 갚았다!"고 외치고는 자결한다.

(이찬도 옮김, 『중국고전의 인간학』, 동양문고, 1989)

사실 예양이 섬긴 지백이란 인물은 원래 평판이 좋은 인물은 아니었다. 그가 조양자에게 멸망한 것도 그런 자업자득의 결과라고 볼 수 있다. 그런데도 예양이 그런 인물을 위해 목숨을 건 것은 지백이 자기를 알아주고 국사로서 대우해 준 그 존중에 대한 마음이었으리라. 예양이 "선비는 자기를 알아주는 사람을 위해 목숨을 바친다"고 한 명언을 우리도 깊이 새겨서, 우리의 직원들을 성숙한 인격체, 존엄한 인간으로 존중해 주어야 할 것이다.

이언 시모어는 "인생은 부메랑과 같아서 보낸 만큼 되돌려 받게 되어 있다"고 하였다. 내가 눈총을 주면 눈총이 돌아오고, 악담을 주면 악담이 돌아오는 것이다. 톰 애링턴(Tom Arington)도 "내가 다른 사람들을 더 높은 수준으로 올려놓으면 그들 또한 나를 더 높이 올려놓는다"고 말한다. 내가 더 높은 수준으로 성장하고 다른 사람들로부터 존경받고 싶다면 먼저 상대방을 높여 주고 상대방을 존중해야 한다는 것이다. '내게서 나간 만큼 내게로 돌아오는 것'이 자연 법칙인 것이다.

사람들은 누구나 다른 사람들로부터 존경받고 싶은 욕구를 가지고 있다. 매슬로우의 욕구단계에서도 존경의 욕구는 고차원의 욕구에 속한다. 윌리엄 제임스는 "인정받고 싶어 하는 갈망은 인간의 뿌리 깊은 본성이다"라고 하였으며, 메리 케이 애시는 "사람에게는 섹스와 돈보다 더 갈망하는 것이 두 가지가 있는데, 그것이 바로 칭찬과 인정받는 것이다"라고 하였다. 그대가 한 조직을 이끄는 리더라면 당연히 조직성원들로부터 존경을 받고 싶은 것은 인지상정이다. 그렇다면 잭 홀리(Jack Hawley)의 "직원들을 존중해 주는 것이 존경받는 것의 중요 열쇠로, 그들을 먼저 존중해 줄 때 자신이 존경을 받게 된다"는 말을 존중해서 먼저 직원들을 존중해 주어야 할 것이다. 성서에도 "사람은 자신이 심은 대로 거둘 것이다"라고 하였듯이, 그들에게 자부심을 심어 주어야 한다.

다음의 '아더 왕(King Arthur)의 전설'에 나오는 예화를 들어 보자.

〈예화〉 존중의 힘 - 아더 왕의 전설 중

젊은 아더 왕이 이웃 나라 왕의 포로가 되었다.

이웃 나라 왕은 아더의 사람됨에 감복하여 죽이고 싶지가 않았다.

그 왕은 아더 왕에게 한 가지 제안을 한다.

"만일 내가 내는 문제의 답을 맞춘다면 살려 주겠다. 답을 찾는 기간은 1년을 주겠다."

아더 왕으로서 풀기 어려운 문제로 보였다.

아더 왕은 자신의 왕국으로 돌아와 모든 백성들에게 묻기 시작했다.

현자들, 성직자들, 공주, 그리고 심지어 창녀들에게까지 물었다.

하지만 누구도 만족할 만한 답을 주지 못하고 1년의 기한이 거의 다 다가오고 있었다.

그러자 신하들이 북쪽 마을에 늙은 마녀라면 그 답을 알 수도 있을 거라 한다. 그런데 문제는 그녀가 말도 안 되는 엄청난 대가를 요구한다는 것이다.

이제 기한의 마지막 날이 되었고, 그 늙은 마녀에게 물어보는 것 외에 달리 방도가 없었다.

아더 왕은 늙은 마녀에게 물었다.

마녀는 그 답을 안다고 한다.

그리고 예상대로 엄청난 대가를 요구한다.

아더 왕이 거느린 원탁의 기사들 중 가장 용맹하고 용모가 수려한 가웨인(Gawain)과 결혼하겠다는 것이다.

아더 왕은 충격에 휩싸이고 주저한다.

늙은 마녀는 꼽추인 데다 섬뜩한 기운까지 감돌고, 이는 뻐드렁 이빨 하나밖에 없고 입안에서는 하수구 냄새가 풍기며 계속해서 이상한 소리까지 내고 있다. 아더 왕은 이제까지 이처럼 더럽고 추한 생물은 본 적이 없었다. 그런데 이런 추한 마녀를 자기의 가장 충성스러운 가웨인과 결혼을 시킨다는 것은 도저히 있을 수 없는 일이었다.

그러나 가웨인은 자기가 충성을 바치는 아더 왕의 목숨이 달려 있는 문제이다. 그는 주저 없이 "전하, 그녀와 결혼하겠습니다" 한다.

모두가 눈이 휘둥그래져 놀랐으나, 결혼서약이 이루어지고 마녀는 왕에게 답을 준다.

아더 왕은 이웃 왕에게 질문의 답을 전했고, 그 왕은 정답이라고 했다. 그러나 아더 왕은 크나큰 고민에 싸인다. 어찌 그 추물과 가웨인을 결혼시킬 수 있느냐 하는 것이다.

그러나 가웨인은 참으로 대단한 인물이다.

늙은 마녀는 최악의 매너와 태도로 가웨인은 물론 모든 사람들을 대하지만, 그는 한치의 흐트러짐도 없이 그 마녀를 자신의 아내 될 사람으로 정중히 존중한다.

드디어 첫날밤이 되었다.

가웨인은 자신의 인생에서 최악의 경험이 될지도 모르는 그 침실을 향해 의연히 들어간다.

침실에 들어선 가웨인은 깜짝 놀란다.

가웨인의 인생에서 전혀 본 적 없는 최고의 미녀가 침대 위에서 자신을 기다리고 있는 것이 아닌가.

놀란 가웨인이 "어찌 된 일이오" 한다.

그녀는 "자신이 추한 마녀임과 그간 거친 태도에도 불구하고 항상 자신을 진정 아내 될 사람으로 인정하고 존중해 준 것에 대한 감사의 보답으로, 이제부터 삶의 반은 추한 마녀로, 반은 아름다운 미녀로 있겠다" 한다. 그러면서 그녀는 가웨인에게 묻는다.

"낮에 추한 마녀로 있고 밤에 아름다운 미녀로 있을까요, 아니면 그 반대로 할까요? 선택하세요."

만일 낮에 아름다운 미녀로 있는다면 주위 사람들에게 엄청난 부러움을 살 것이나 밤에 추한 마녀라면 어찌 살 것인가. 반대의 경우라면 낮에는 주위 사람들의 비웃음을 사겠지만 밤은 황홀하고 행복할 것이다. 선택이 그리 쉽지 않을 것이다.

그런데 가웨인은 거침없이 "직접 그대가 선택하시오" 한다.

그녀는 가웨인에게 "참으로 대단하십니다" 하고는 이렇게 말한다. "아더 왕에게 이웃 왕이 물은 질문이 '여자들이 진정으로 원하는 것은 무엇인가?'였는데, 그 답은 '자신의 삶을 자신이 주도하는 것'이었습니다. 그런데 당신이 이렇게 남의 평판이나 이목보다 저를 진정으로 배려하고 존중해 주시니 당신을 진심으로 존경합니다. 저는 이제부터 당신의 명성에 걸맞는 아내가 되기 위해 밤낮 모두 아름다운 미녀로 있겠습니다."

(이서진 엮음, 『행복 씨앗』, 새론북스, 2004)

참으로 황홀한 장면이다. 어떠한가. 상대방을 존중해 주고 그의 자부심을 세워 주는 것이 나의 자존감을 높이고 있음을, 바로 여기에 상생의 길이 활짝 열리고, 승승(win-win)의 찬란한 결실이 있는 것이다.

톨스토이는 단편인 〈세 가지 질문〉에서 "당신이 가장 존중해야 할 사람이 바로 당신이 만나고 있는 사람"이라고 말하고 있다. 지금 그대가 매일 만나고 있는 그대의 직원들을 존중하여, 조직 모두의 승승을 이루어내는 리더로 존경의 길을 힘차게 가길 바란다.

⑦ 신뢰성(정직성, 진실성)

존 맥스웰은 "신뢰는 리더십의 기초"라고 하면서, "이 신뢰는 따르는 사람들에게 미래를 위한 희망을 주는 강력한 요소이나, 리더가 이 신뢰를 깨뜨리게 되면 그는 이끄는 능력을 상실하고 만다"고 하였다. 이 점에 있어서는 피터 드러커도 "효율적 리더십을 위해 최종적으로 요구되는 것은 신뢰성으로, 신뢰를 주지 못하면 그 누구도 따르지 않는다"고 하였다.

따라서 리더는 모든 조직성원들로부터 신뢰를 받을 수 있도록 말하고 행동하여야 한다. '태공망'이 '육도삼략'에서 "신뢰란 거짓말을 하지 않는 것, 약속을 지키는 것"이라고 하였듯이, 말과 행동이 일치해야 한다. 그것이 아무리 힘들고 비싼 대가를 치른다고 하더라도 약속은 반드시 지켜야 한다. 다음 『관자(管子)』에 나오는 〈가의 회맹〉이라는 예화를 들어보자.

〈예화〉 가의 회맹(제의 환공과 노의 장공) 이야기

제나라 환공은 라이벌 노(魯)나라와 싸워 승리한다.

노나라 왕은 영토를 떼어 주는 조건으로 강화를 제의한다.

환공은 이를 받아들여 '가'라는 곳에서 강화회의가 열렸다.

그 회의 석상에서 노의 왕이 강화조약에 조인하려 할 때, 수행원인 조말(曹沫) 장군이 단상에 뛰어올라 환공에게 비수를 들이댔다.

"빼앗은 영토를 되돌려 주시오. 그렇지 않으면 목숨을 앗아 버리겠소."

환공은 "알았소, 그렇게 하리다" 하였다.

조말은 비수를 버리고 제자리로 돌아갔다. 헌데 환공은 분을 참을 수가 없었다. 그래서 조말을 처치하고 그 반환 약속을 취소하려 하였다.

이때 관중이 환공에게 간곡히 간했다.

"위협 때문에 부득이 하였다고 하나, 약속은 약속입니다. 그것을 무시하고 상대를 죽이는 것은 신의에 어긋납니다. 그것은 한때의 기분풀이(화풀이)에 지나지 않습니다. 백해(百害)가 있을 뿐 일이(一利)도 없다고 사료되옵니다."

그리하여 환공은 조말과의 약속을 지켜 빼앗은 영토(500여 리)를 그대로 노나라에게 되돌려 주었다. 이 소문은 순식간에 천하에 널리 퍼졌고, 대단한 반향을 불러 일으켰다. '환공은 신의가 두터운 인물'이라고 모두가 생각하게 되어, 환공의 덕망은 날이 갈수록 높아져 갔다.

환공은 얼마간의 영토를 내준 대가로 천하의 신뢰를 얻고, 패자가 되었다.

(이찬도 옮김, 『중국고전의 인간학』, 서울, 동양문고, 1989)

니체가 "인간만이 약속할 수 있는 동물이다"라고 하였는데, 리더에게 있어서야 더 말할 것 없는 것이 약속 이행이다. 거짓말과 속임수는 일시적 효과는 있을 수 있다. 그러나 결코 오래가지는 못한다. 하여 링컨도 다음과 같은 말을 하지 않았던가.

모든 사람을 잠깐 동안 속일 수는 있다.
소수의 사람을 항상 속일 수도 있다.
그러나 모든 사람을 항상 속일 수는 없다.

논어 〈자장편〉에 보면 "군자(리더)는 우선 신뢰를 받은 다음에 그 백성들(직원들)을 부려야 한다. 신뢰를 받지 못하면 백성(직원)들은 자신들을 괴롭히는 것으로 생각한다. 또한 신뢰를 받은 다음에 간해야 한다. 신뢰를 받지 못하고 간하면 자기를 비방(욕)하는 것으로 생각할 것이다"라고 하였다.

그리고 『논어』 〈위정편〉에도 공자와 노나라 계강자의 다음과 같은 대화가 나온다.

"백성들로 하여금 공경하고 충성하도록 하려면 어떻게 하여야 합니까?" 하고 계강자가 묻자

"백성들에게 믿음직스럽게 임하면 공경하게 됩니다(臨之以莊則敬)"

라고 공자가 답한다.

『수타니파타』에도 "이 세상에서 가장 으뜸가는 재산은 믿음이며, 맛 중에서 최고로 맛있는 것은 진실이다"라고 하듯이, 이 신뢰성, 진실성이 존경받는 리더가 되는 길이다.

그리고 이 신뢰성의 중심은 언제나 자기 자신에 대한 믿음일 것이다. 브라이언 트레이시는 "자기 신뢰가 위대함의 토대이다"라 하였고, 에머슨은 "자신에 대한 믿음이 성공의 첫 번째 비결이다"라고 하였으며, 셰익스피어도 "무엇보다 자기 자신에게 진실하면 어떤 사람과의 관계에서도 실패하지 않을 것이다"라고 하였다.

우리는 모든 커뮤니케이션에 있어서 엄정한 정직성이 요구되며, 정확하지 못한 표현이나 거짓 기타 어떠한 부정직한 행동도 일체 용납되어서는 안 된다. 모든 이해관계자(stakeholder)들에게 충심으로 헌신 · 봉사하는 자세를 견지함으로써, 그들이 자신에게 보내 주는 존경에 부끄럽지 않은 리더가 될 수 있도록 언행일치에 노력해야 한다.

다음 간디의 일화를 음미해 보자.

〈예화〉 간디의 일화

어느 날 한 부인이 간디를 찾아왔다.

"어떻게 오셨습니까?" 하고 간디가 묻는다.

"제 어린 아들이 사탕을 너무 좋아하는데 선생님께서 '사탕'을 먹지 말도록 한 말씀 충고해 주십사 하고 왔습니다."

그러자 간디는 "지금은 그 말을 해 줄 수가 없으니 한 달 뒤에 다시 오라"고 한다.

그 여인은 간디가 자신을 홀대하는 것에 몹시 기분이 상했다. 그녀는 그 위대한 지도자가 도움을 줄 것으로 기대하고 아주 먼 길을 온 것이다.

그녀는 4주 후 큰 기대 없이(오기로) 간디를 다시 찾아갔다.

아들의 손을 잡고 문을 들어서자 간디는 어린 아들 앞에 무릎을 꿇고 아이의 양손을 잡고 이렇게 말하는 것이 아닌가.

"얘야, 사탕은 몸에 해로우니 앞으로는 삼가도록 하거라."

그 아이의 어머니는 크게 감사하면서도 당혹해 하면서 간디에게 묻는다.

"왜 한 달 전에는 그 말씀을 안 해 주셨나요?"

그러자 간디는 이렇게 말했다.

"한 달 전에는 나도 사탕을 먹고 있었거든요."

(Lorin Woolfe, *The Bible on Leadership*, AMACOM, 2002)

참으로 위대한 분이 아닐 수 없다.

자신이 믿을 수 없는, 확신이 없는 말을 어린아이에게도 하지 못하다니, 참으로 놀랍기만 하다.

이 같은 리더를 누가 따르지 않고 존경하지 않겠는가!

사실상 신뢰성은 우리가 사회생활을 하는 데 있어서 그 무엇보다도 비교할 수 없이 중요한 요소로서, 브라이언 트레이시는 "신뢰성은 그 자체로 하나의 가치라기보다는 다른 모든 가치들을 보장해 주는 가치이다"라고 하였으며, 워런 베니스는 조직에서의 신뢰성의 기능을 다음과 같이 말하고 있다.

신뢰는 모든 시스템을 유지해 주는 사회적 접착제다.
신뢰는 모든 조직의 기본 요소로서 조직을 유지시키는 윤활유다.
신뢰는 조직을 작동하게 하는 윤활유다.
신뢰는 조직을 완전하게 지탱시키는 접착제다.
신뢰는 리더와 추종자를 함께 묶어 주는 감성적 접착제다.
신뢰는 리더십의 정당성을 측정하는 기준이다.

(Warren Bennis & Burt Nanus, *Leaders*, Harper Business Essentials, 2003)

아울러 빌리 조엘(Billy Joel)의 〈정직성(Honesty)〉이라는 노래를 불러 보며 신뢰성의 중요성을 생각해 보자.

정직성(Honesty)

빌리 조엘(Billy Joel)

당신이 다정함을 찾으려 한다면
그건 어렵지 않게 찾을 수 있어요

살아가는 데 필요한 사랑도 가질 수 있어요
하지만 당신이 진실함을 찾고자 한다면
차라리 장님이 되는 게 나을 거에요
(당신은 눈먼 것이나 마찬가지입니다)
진실을 보여 준다는 것은 너무도 어려워 보입니다
정직함이란 그토록 외로운 단어랍니다
모든 이들이 너무도 진실하지가 못해요
정직함이란 좀처럼 듣기가 어려워요
하지만 당신으로부터 가장 바라는 것이 정직함입니다
내 마음속을 모두 털어놓으면
내 말에 동감한다는 사람은
언제든지 찾을 수 있어요
하지만 나는 예쁘기만 하고
깜찍한 거짓말을 하는 그런 사람은 원하지 않아요
내가 원하는 모든 것은 믿을 수 있는 사람이랍니다

워런 베니스가 "신뢰성은 성공적 리더십의 가장 중요한 특징이며, 신뢰의 부재는 필연적으로 조직의 재난을 가져온다"고 하면서 "당신이 세상에서 가장 화려한 비전을 가졌다 하더라도 조직 내에 신뢰가 없다면 아무런 의미가 없다"고 하였는데, 존 러스킨은 "당신의 정직이 종교나 정책에 기초해서는 안 되며, 당신의 종교와 정책이 정직에 기초해야 한다"고 하였다.

그렇다면 위대한 비전을 위한 신뢰는 어떻게 만들어지는가!

우선은, 존 맥스웰이 "가장 위대한 일은 오직 당신이 다른 사람들을 신뢰할 때에만 일어난다"고 하였듯이, 상대방에 대한 신뢰이다.

다음 알렉산더 대왕의 예화를 들어 보자.

〈예화〉

알렉산더 대왕이 페르시아 원정에 나섰을 때 진중에서 심한 열병을 얻어 그 상태가 심상치 않았다.

여러 의사들이 백방으로 노력하였으나 병은 점점 악화되어 갔다.

이때 본국 파르메니오 장군으로부터 밀서 한 장이 전달되었다.

"의사 필립을 조심하십시오. 그는 페르시아 다리우스 왕의 첩자가 틀림없습니다."

바로 그때 필립이 들어섰고 왕은 밀서를 얼른 베개 밑에 감추었다.

"대왕 전하, 제가 아무래도 마지막으로 극약 처방을 해야 할 것 같습니다. 이 약이 바로 그런 약이라 한 사흘은 정신을 못 차리실 듯합니다. 저를 믿고 들어 주십시오."

대왕이 약을 받아들자 근위대장 크르타스가 얼른 나서서 그 약을 빼어 들었다. 그러자 왕은 "이게 뭐 하는 짓인가? 물러서라" 하고서는 그 약을 마셔 버렸다. 주위에 있던 신하들의 얼굴이 흙빛이 되었다.

병이 회복된 후 대왕은 베개 밑에 숨겨 둔 밀서를 필립에게 건넸다. 그 밀서를 펴 본 필립은 털썩 주저앉고 말았다.

얼굴이 백지장이 된 그는 대왕께 "그런데 어찌 그 약사발을…." 하고 말을 흐린다.

그러자 대왕은 "내가 그대를 믿는데 뭐가 두려우냐?" 한다.

칼 야스퍼스(Karl Jaspers)는 "무엇이 인간의 위기이냐, 상호불신이다"라고 하였다. 리더는 직원들이 존경하고 따를 만한 자세를 먼저 보여 주어야 한다. 알렉산더 대왕과 같은 자세를 보여 주는 리더를 누가 따르지 않을 것이며 누가 존경하지 않겠는가.

다음으로는, 블레인 리가 "표리부동 없이 말과 느낌과 생각, 그리고 행동을 일치시키는 것이 신뢰성을 실천하는 것"이라고 말하듯이, 언행의 일치인 것이다.

다음의 마하데브 데사이(Mahadev Desai)가 말하는 간디의 평을 들어 보자.

〈예화〉 데사이의 간디 평

간디가, 영국 의회에서 역사적인 인도 독립의 정당성에 대해 메모장도 없이 두 시간여의 연설을 마치고 그를 적으로 몰았던 상 · 하 의원들의 감탄의 기립 박수를 받았을 때, 의사당에 모여 있던 기자들이 꽉 메운 청중들로 인해 직접 간디를 인터뷰할 수 없게 되자 그의 비서인 마하데브 데사이에게 이런 질문을 던진다.

"어떻게 메모 한 번 보지 않고 그렇게 말할 수 있죠?"

그러자 데사이는 이렇게 말했다.

"당신들은 모릅니다.
당신들은 간디를 모릅니다. 보시다시피,
그가 생각하는 것은 그가 느끼는 것입니다.
그가 느끼는 것은 그가 말하는 것입니다. 그리고
그가 말한 것은 그가 행하는 것입니다.

간디가 생각하는 것, 느끼는 것, 말하는 것, 행동하는 것은 모두 일치합니다.
그래서 그에게는 준비된 원고가 필요 없습니다.
당신들과 나는 느끼는 것과 다른 생각을 하기도 합니다.
우리의 말은 누가 듣고 있느냐에 따라 다릅니다.
우리의 행동은 누가 보고 있느냐에 따라 다릅니다.
이런 점에서 간디는 우리와 다릅니다."

(Blaine Lee, *Power Principles*, Simon & Schuster Inc., 1999)

간디는 참으로 위대한 인물이다.

그를 보면 성서(〈잠언〉 30:7-8)에 '아굴'이 생각난다. 아굴은 하느님께 생전에 간청할 일이 두 가지 있다고 하였는데, 나는 이 간청을 들으며 심적 충격을 받았었다. 그것도 그 두 가지 간청 중 첫째가 "허황된 거짓말을 하지 않게 해 주십시오"이다.

간디처럼 언행, 그리고 모든 것이 일치하는 인물을 누가 신뢰하고 따르지 않겠는가. 누가 이런 지도자를 존경하지 않겠는가.

우리에게도 과거에는 간디 못지않은 지도자가 계셨었다. 바로 우리 민족의 선각자이자 지도자이신 도산 안창호 선생이시다. 그의 말을 들어 보자.

죽더라도 거짓이 없어라.
농담으로라도 거짓을 말아라.
꿈에라도 거짓을 말하였거든 통회하라.

선생께서는 "우리나라가 속이는 사람을 용납하지 않는 날이 오게 하고 싶다"고 말씀하셨다. 그러나 이 시대에는 그런 지도자를 볼 수 없는 것이 우리의 불행이고 또 불행이다.

나다니엘 브랜든(Nathaniel Branden)이 "인생을 가장 비참하게 만드는 것은 거짓말을 하는 것이 아니라 거짓으로 살아가는 것이다"라고 하였는데, 그런 무리들이 주위에 넘쳐 나고 있는 세상에서 살고 있는 우리는 얼마나 비참한가.

우리 인간에게 있어 가장 아름다운 일이 무엇일까? 이에 대해 마이클 린버그(Michael Lynberg)는 말한다.

> 한 줄기 진실과 친절의 촛불을 밝혀서
> 이 세상의 어둠과 절망이 완전히 사라지도록
> 자신의 역할을 다하는 것

진정 이런 인물이 참리더가 아니겠는가!

그대가 거짓 없는 진심의 등불을 켜서 우리의 비참한 어둠과 절망을 몰아내 주길 바랄 뿐이다.

⑧ 책임감

피터 드러커는 "리더십은 책임감이다"라 하였고, 칸트는 "인격이란 책임능력이다"라 하였는데, 스티븐 커비는 "책임능력이란 어떤 상황이나 어떤 여건에서도 자신의 반응을 스스로 선택할 수 있는 능력이다"라고 하였다. 우리의 그 어떤 선택은 스스로에게 한 약속이고, 그 약속을 지키고 결심을 실천하는 것이 책임감이다.

리더십에서 가장 강조하는 것이 인격이라면 리더에게 책임감은 더없이 귀한 덕목이다. 리더는 책임 있는 인격자가 되어야 한다. "당신이 당신 자신에 대해 전적으로 책임지기로 한 그날, 당신이 더 이상 변명하지 않기로 마음먹은 그날이 바로 당신이 정상으로 향하는 첫걸음을 내딛는 날이다"라고 심슨(Simpson)은 말한다. 그대가 참리더라면 자신의 역할에 대한 투철한 책임의식을 가져야 한다.

셰익스피어가 "세계는 무대이고, 모든 남녀는 배우이다"라고 하였다. 우리가 배우라면 각자 자기 배역에 책임을 다해야만 아름다운 연극으로 관객에게 감동을 줄 수 있을 것이다. 중국의 사상가 양계초(梁啓超)가 "책임을 자각하는 것이 인생의 시작이요, 책임을 완수하는 것이 인생의 끝이다"라고 하였듯이, 우리는 연극을 마치고 장막 앞에 서서 관객을 향해 인사를 할 때, 꽃송이가 날아오고 환호가 있어야 한다. 그것이 우리가 이 세상에 태어난 보람인 것이다. 바로 그 보람은 내 책임을 다했을 때 주어지는 박수갈채인 것이다.

리더는 자기 역할에서 가장 뛰어난 프로(pro)여야 한다. 맥스웰 몰츠는 'pro'에서 'r'을 'responsibility(책임)'라고 하였다. 즉, 리더는 으뜸가는 책임감이 있어야 한다는 말이다. 존 맥스웰이 "리더는 자기를 따르는 사람들보다 더 높은 삶의 기준을 정해야 한다"고 하였는데, 그 기준이 역할과 책임에 대한 기준인 것이다. 리더(슈퍼맨)로서의 무거운 책임의식을 가져야 한다는 것이다.

요즘 우리 사회는 온통 기만사회, 부정부패사회, 암흑사회, 실종사회, 폭력사회 등으로 도배되고 있다. 특히 성희롱, 성추행, 성폭력 등의 말이 난무하는데, 원래 성은 그것이 어떤 성(性 또는 聖)이든 그 성은 아름답고 성스러운 것이다. 그런데 그 무슨 해괴한 말들이 만들어졌단 말인가. 왜 그런가, 다음의 안나 러셀(Anna Russell)이 부른 개그송 한 토막을 들어 보자.

한 살 때 엄마가 고래 인형을 숨겨 버렸어,
그러니 내가 술고래일 수밖에.
두 살 때 아빠가 가정부에게 입 맞추는 걸 보았어,
그러니 내가 도벽이 있을 수밖에.
세 살 때 형이 좋기도 하고 밉기도 했어,
그러니 내가 애인들을 모두 독살할 수밖에.
참 다행이지, 배운 게 있어서 말이야,
내가 저지른 잘못은 모두 다른 사람 때문이라고.

전부 남의 탓이다. 그래서 그런 사회가 된 것이다. 우리는 책임보다 변명거리를 만들어 내려 골몰한다. 변명사회는 암흑으로 가는 사회이다. 우리는 밝은 사회로 가기 위해 책임사회를 만들어야 한다. 그런데 누가 할 것인가.

다음의 예화 〈그래서 너를 만들지 않았느냐(I created you)〉를 읽어 보자.

〈예화〉 그래서 너를 만들지 않았느냐

한 남자가 번화한 도시를 걷고 있었다. 그러던 중 먹을 것을 구걸하는 한 아이를 발견했다. 그 아이는 더러운 누더기를 걸치고 있었다. 남자는 화를 내며 하느님께 소리쳤다.

"어떻게 이런 일이 일어나도록 내버려 두십니까? 왜 이 죄 없는 아이를 도우시지 않으십니까?"

그러자 그의 마음에서 이런 소리가 들려왔다.

"나는 가만히 있지 않았다. 그래서 너를 만들지 않았느냐."

(Michael Lynberg, *Make Each Day You Masterpiece*, Andrews McMeel, 2001)

마더 테레사는 "가난은 하느님이 만드신 것이 아니다. 가난은 당신과 내가 만들어 낸 것이다. 우리의 책임이다"라고 하였다. 즉, 우리 모두가 각자의 역할에서 책임을 다해야 한다는 것이다.

리더는 왜 만들었느냐? 성서에 "너희는 세상의 소금이요, 빛이다"라고 쓰여 있듯이 '그래서 당신을 리더로 만들었다'는 말이다. 리더는 이 사회의 빛과 소금이 되는 존재이다. 소금은 부패를 막아 주는 소극적 역할만 하는 것이 아니라 우리가 먹는 음식을 맛있게 만드는 것에서부터 여러 가지 역할을 함으로써 우리의 건강 증진을 도와 주고, 빛은 밝게 비춰 줄 뿐만 아니라 이 지상의 모든 생명체가 발아하고 발육하도록 하는 근원적 역할을 한다. 그런데 소금이 그 책임을 외면하고 빛이 그 책임을 회피함으로써 우리의 사회가 부패사회, 암흑사회로 가고 있는 것이다.

영화 〈슈퍼맨〉에서 슈퍼맨의 역할은 지구를 보위하는 책임이다. 그 책임을 다하기 위해서는 슈퍼맨답게 보통의 사람들이 하는 일은 포기해야 한다. 슈퍼맨이 보통의 사람들처럼 로이스 기자와 하룻밤 재미를 보는 순간 온 지구는 조드 일당에게 산산이 파괴되고 만다.

존 맥스웰은 "리더는 자신과 조직을 위해서라면 책임 이외에는 무엇이든 포기할 수 있어야 한다"고 하였다. 슈퍼맨이 과오를 반성하고 제자리로 돌아와 조드 일당을 물리치고 지구를 구할 때, 우리 모두는 눈시울을 적시며 환호하고 또 환호했다. 리더(슈퍼맨)의 모든 것을 포기한 순수한 본분에 우리는 찬사를 보내며 그를 찬양하는 것이다. 하여 니체는 "자신의 책임을 저버리지 않는 것은 우리 인간에게 가장 고귀한 일이다"라고 하지 않았던가. 이 세상에서 오직 인간만이 책임을 질 수 있는 동물이다.

다음의 『탈무드』에 나오는 여행객과 쥐엄나무를 심고 있는 노인의 예화를 들어 보자.

〈예화〉 쥐엄나무를 심는 노인

어떤 여행객이 쥐엄나무를 심고 있는 한 노인을 우연히 만나 이야기를 나눈다.

"할아버지, 이 나무가 언제쯤 열매를 맺을까요?"

"글쎄, 한 70년 후쯤이 되겠지."

"할아버지께서 이 열매를 따 드실 때까지 사실 수 있을까요?"

"그렇진 않지, 하지만 내가 처음 이 세상에 왔을 때도 이 세상은 황량하지 않았어.

왜냐, 우리 아버지와 어머니들이 우리가 태어나기도 전에 우리를 위해 나무를 심으셨으니까.

그래서 나도 내 후손들을 위해 나무를 심는 거라네."

(Michael Lynberg, *Make Each Day You Masterpiece*, Andrews McMeel, 2001)

이처럼 자신이 죽은 후 후손들을 위해서까지 자신의 책임을 다하려는 그런 사람을 누가 존경하지 않을 수 있단 말인가, 하물며 지금 나와 함께 일하고 생활하는 조직성원들을 위해 책임을 다하는 리더에게는 더 말해 무엇 하겠는가.

마틴 루서 킹은 어떠한 일도 무의미한 일은 없다고 하면서 다음과 같은 말을 한다.

> 만일 우리에게 거리의 청소 일이 맡겨졌다면,
> 미켈란젤로가 그림을 그리듯,
> 베토벤이 음악을 만들듯,
> 셰익스피어가 시를 쓰듯
> 그렇게 우리는 청소해 내야 한다.

참으로 느낌과 의미와 울림을 주는 책임감의 표현이다. 어떤 일이 주어졌을 때 그저 "나 그거 다 했어" 하는 식의 행위가 아니라, '소명의식을 갖고 그 주어진 일을 맛있게, '아름답게 해내는 것'. 이것이 참다운 책임감이 아닐까. 어떠한 지위, 어떠한 직책이든 그 책무를 이처럼 해낼 때 책임사회가 만들어지는 것이다.

> 책임사회는 깨끗한 사회이다.
> 책임사회는 아름다운 사회이다.
> 책임사회는 밝은 사회이다.

왜냐, 소금(리더)이 소금의 역할(책임)을 다하고, 빛(리더)이 빛의 역할(책임)을 다하듯, 리더가 리더로서의 역할(책임)을 다하는 사회이기 때문이다. 이러한 사회, 이러한 조직을 만들어내는 책임감 있는 리더를 우리는 존경하고 경애하는 것이다.

⑨ 긍정성

그대는 지금 얼굴 표정이 밝은가요, 어두운가요.

그대는 밝은 표정을 원하는가요, 어두운 표정을 원하는가요.

물론 그대의 얼굴 표정도 밝기를 원하고 그대와 관계하는 상대방의 얼굴 표정 역시 밝기를 원하겠지요.

그렇다면 우리는 긍정적 감정(positive emotion), 긍정성(positivity)을 지녀야 한다. 긍정적 감정은 사람을 밝고 명랑하게 만들고, 부정적 감정은 사람을 어둡고 침울(melancholy)하게 만들기 때문이다. 부정적 감정, 부정적 사고를 가지고 있는 사람에게서 상대방을 향한 밝은 미소가 나올 수 없고, 우리를 위한 발전적 아이디어가 나오기 어렵다.

맥스웰 몰츠는 제4의물결시대에 리더의 중요한 자질로 긍정성을 들면서, "긍정적인 마음가짐을 지닌 리더는 주위 사람들에게 영감을 불러일으키고 용기를 북돋아 줄 수 있다"고 하였으며, 숀 아처(Shawn Achor)는 "긍정성이 인간의 사고력, 창의력을 확장시켜 준다"고 하였는데, 부정적인 사람에게서 어찌 발전을 위한 창의성을 기대할 수 있겠는가. 창의성이 가장 요구되는 시대에 그것을 기대할 수 없는 사람이 한 조직의 리더가 된다는 것은 있을 수 없는 일이다.

다음의 이언 시모어가 들려주는 예화를 들어 보자.

〈예화〉 시장 가능성

어떤 세계적인 신발 제조 업체가 1990년대 초에 남아프리카공화국으로 시장 확장을 위해 새로운 시장 잠재력 평가차 직원을 파견한다.

우선 회사 내에서 가장 경험이 많은 직원을 그곳에 파견했다.

남아공의 작은 마을에 도착한 그는 얼마 후 회사로 다음과 같은 전문을 보냈다.

"여기에는 모두 맨발임, 시장 가능성 제로, 즉시 귀환함."

사실상 회사에서는 큰 기대를 걸고 있었다.

회사는 포기하지 않고 몇 주 후 다시 시도했다.

이번에는 경험이 별로 없는 신참을 보냈다.

도착한 지 얼마 되지 않아 회사에 다음과 같은 전문이 날아들었다.

"여기에는 모두 맨발임, 시장 잠재력 무한대, 즉시 제품을 최대한 보내 줄 것."

이 예화에서 보듯, 한 조직의 성공과 실패를 좌우하는 중요 요소가 바로 그 일에 임하는 사람의 사고방식, 태도(마음가짐)인 것이다.

부정적인 사람은 결코 열려 있는 문을 보지 못한다. 마이클 린버그가 "황금 같은 기회는 바로 우리 앞에 종종 나타나서 우리가 잡을 수 있도록 기회를 주고 있다"고 하였는데, 부정적인 사람은 결코 그것을 잡지 못한다. 오로지 긍정적 자세를 갖고 있는 사람만이 잡을 수 있는 것이다. 다음의 실례를 하나 들어 본다.

〈예화〉

지난해 11월부터 우리 이웃에 큰 공사가 벌어지고 있다.

오래된 집들을 허물고 고층 건물을 세우고 있는 것이다.

이른 새벽부터 저녁 늦게까지 햄머 소리, 굴삭기 소리, 파는 소리, 부수는 소리, 기계 소리 등등, 정말로 시끄럽고 정신이 없다.

동네 주민들이 아우성이다.

그런데, 문학을 한다는 '지예'라는 아가씨는 주민들과 달랐다.

"동네 사람들은 다 시끄러워 못살겠다고 아우성인데 아가씨는 어때?" 하고 물었더니,

"저도 하루 이틀, 한 며칠간은 정말 골이 아팠어요, 그런데 지금은 안 그래요."

"어째서지?"

"제가 늦잠 자고, 늦게 일어나고, 좀 게으른 것 같은데요, 저분들 덕분에 요즘은 무척 일찍 일어나고 조금은 부지런해졌거든요, 요즘은 저분들보다 먼저 일어나려 경쟁이라도 하는 것 같아요. 그리고 저분들은 눈발이 날리는 저 추운 날씨 속에서도 저렇게 열심히 일하는데, 나는 따뜻한 방에서 엄마가 해주는 밥 먹으면서 게으름을 피워서야 되겠는가, 저분들보다 부지런히 글이라도 더 많이 읽고, 더 많이 써야지 하고 생각하고 있거든요."

"아니, 이 소란 속에서 어떻게 그런 마음을 가질 수가 있지?"

"제가 이 일을 계기로 철이 좀 든 것 같아요. 언젠가 읽은 책에서 긍정적인 사람은 어렵고 힘겨운 상황에서도 희망의 메시지를 찾아내고 그 속에서 더 많은 새로운 기회를 발견해서 자신의 창의적 능력으로 발전시켜 간다고 했거든요.

그리고 다른 차원에서 보면 어차피 지어질 건물이고 또 그런 큰 건물이 들어선다는 것은 우리 주변이 새롭게 단장된다는 의미도 있지 않겠어요, 그리 보면 좋은 것이지요." 한다.

참으로 맞는 맛있는 말이다. 숀 아처가 "긍정적인 감정은 지력과 창의력을 확장시키고 스트레스와 긴장감을 신속하게 해소시키는 역할을 한다"라고 말하였는데, 나는 그 아가씨의 야무진 한 마디 한 마디가 참으로 좋게 느껴졌고 그 아가씨가 다시 보였다.

우리가 긍정적일 때 새로운 눈이 트이고 새로운 문이 열리게 되는 것이다. 앙드레 지드(Andre Gide)도 "문 하나가 닫히면 이내 다른 문이 열린다"고 하지 않았던가. 그 문을 찾고 그 문으로 나가야 한다. 그 문이 희망인 것이다.

희망이 없으면 우리 인간은 죽은 목숨이다. 생명 줄이 붙어 있어도 그것은 죽은 목숨이다. 단테의 『신곡』에서 보면 지옥의 청동 문에 "이곳에 들어오는 자, 모든 희망을 버리라"고 쓰여 있다. 지옥은 바로 희망이 없는 곳이고, 그곳은 죽은 자들이 가는 곳이다.

그대는 리더이다. 리더는 누구인가. "리더는 희망의 배달부이다"라고 공자도 나폴레옹도 말한다. 어떠한 경우, 어떠한 상황에서도 희망을 만들어 내어 조직성원들에게 희망을 전달하지 못하는 사람은 진정 리더가 아니다. 그런 사람은 리더가 될 수 없다. 리더가 되어서도 안 된다.

그런데 그 희망을 줄 수 있으려면 리더가 긍정성의 소유자가 아니면 안 된다는 것이다. 긍정성이 '희망의 집'이기 때문이다.

다음 〈무명 용사의 기도〉를 들어 보자.

무명 용사의 기도(Prayer of an Anonymous Civil Soldier)

나는 신에게 내가 원하는 걸 이룰 수 있도록, 강하게 만들어 달라고 부탁했다.

하지만 신은 나를 나약하게 만들었다. 겸손히 복종하는 법을 배우도록.
나는 신에게 더 훌륭한 일을 할 수 있도록 도와달라고 부탁했다.
하지만 신은 내게 허약함을 주었다. 더 의미 있는 일을 하도록.
나는 행복할 수 있도록 부유하게 해 달라고 부탁했다.
하지만 난 가난함을 부여받았다. 지혜로운 사람이 되도록.
나는 사람들의 찬사를 받을 수 있도록 권위를 달라고 부탁했다.
하지만 난 열등감을 부여받았다. 신의 필요성을 느끼도록.
나는 인생을 즐길 수 있도록 모든 것을 달라고 부탁했다.
하지만 난 삶을 부여받았다. 모든 것을 즐길 수 있도록.
나는 내가 바라던 것을 아무것도 받지 못했다.
하지만 내가 희망한 모든 것이 이루어졌습니다.
내 자신 보잘것없음에도 불구하고
무언의 내 기도는 응답을 받았습니다.
모든 사람들 중 나는 가장 귀한 축복을 받은 자입니다.

(Michael Lynberg, *Make Each Day You Masterpiece*, Andrews McMeel, 2001)

이 기도에서 하나님은 정반대로 응답하신다. 그렇다면 우리는 하느님께 침 뱉고 죽는 길밖에 무엇이 있겠는가. 그런데도 그 용사는 응답을 다 받았다고 한다. 그 응답이 무엇인가? "우리가 변함없이 긍정성에 집중한다면 우리에게 가장 유용한 세 가지 — 행복, 감사(의 마음), 낙천주의 — 선물을 받게 될 것이다"라고 숀 아처가 말하였는데, 바로 그런 선물을 응답으로 받고 있는 것이다.

우리는 긍정적 감정의 소유자가 되어야 한다. 골먼(Daniel Goleman)이 "부정적 감정은 간접흡연처럼 주변 사람들을 무고한 희생자로 만들 수 있다"고 하지 않았는가. 긍정의 빛으로 나도 밝고 직원들도 밝고, 우리 모두가 밝은 그런 조직이 되어야 한다.

이언 시모어도 긍정적으로 생각하라고 하면서 "우리 마음은 자석과도 같아서 긍정적인 것이든 부정적인 것이든 우리가 생각하는 대상을 끌어당긴다. 쇠 한 조각은 자력이 흐를 때(긍정적일 때)는 자기 무게의 열두 배에 달하는 무게를 들어올릴 수 있지만, 자력이 사라지면(부정적일 때) 아무것도 들어올릴 수 없다"고 하였다. 나의 힘을 배가하고 우리의 힘을 극대화하는 최고의 엔진이 바로 그대의 긍정성이며, 숀 아처가 "행복으로 달려가는 최고의 엔진은 긍정성이다"라고 하였듯이, 그대가 그 엔진이 되어 그대의 조직이 힘차게 발전하고 아름답게 빛나도록 만들어야 하지 않을까.

존 밀턴(John Milton)은 『실낙원(Paradise Lost)』에서 이런 말을 했다.

> 마음은 하나의 세상이다.
> 마음은 지옥에서 천당을 만들어 내기도,
> 천당에서 지옥을 만들어 내기도 한다.

참으로 가치 있는 멋있는 말 같다. "행복하기 때문에 웃는 것이 아니라 웃기 때문에 행복해지는 것"이라고 했다. 맥스웰 몰츠도 "밝기 때문에 밝게 행동하는 것이 아니라 밝게 행동하기 때문에 밝아지는 것"이라고 했다.

그대의 긍정의 마음으로 그대의 조직을 천당으로 만들어 그대의 직원들이 천당에서 밝게 일하도록 하는 그런 리더가 되었으면 좋겠다. 한 사람의 일생(인생)은 그 사람의 생각이 만들어(그려) 내는 것이다.

2) 역량의 요소

우리 속담에 "알아야 면장을 하지"라는 말이 있듯이, 그 직위, 직책에 합당한 능력이 바로 이 역량이 되는데, 클래런스 랜들(Clarence B. Randall)도 "리더는 그가 알아야만 하는 것을 알아야 하고, 그가 아는 것을 사람들에게 명확하고 흡족하게 알릴 수 있어야 한다"고 하였는데, 리더는 마땅히 그 위치에 합당한 능력과 전문 지식 · 기술을 갖추고 있어야 한다는 것이다.

이 역량의 요소는 앞의 모델링의 요소에서 밝힌 지(知 · 智)가 이에 해당되는데, 사람들이 당신의 말을 따르고 당신을 리더로서 인정하느냐 않느냐 하는 것은 전적으로 당신의 능력에 달려 있는 것이다. 물론 지식이 리더를 만드는 것은 아니지만, 그렇다고 해서 지식이 없다면, 그는 참리더로서의 힘(권위)을 가질 수 없는 것이다. "지혜롭지 못한 머리는 다리를 피곤하게 한다"는 속담도 있고, 베이컨이 말했듯이 "아는 것이 힘"이기 때문이다.

인도 설화 〈히토파데사〉(Hitopadesa)는 "모든 보물 가운데 지식이 가장 귀중하다." 하였고, 세이경(Lore Say)은 "무지는 신의 저주요, 지식은 하늘로 날아오르는 날개"라고 하였는데, 솔로몬 또한 '지혜'에 대해 다음과 같이 노래하고 있다.

> 지혜를 얻는 자
> 행복할 것이로다.
>
> 지혜를 얻는 것은

양질의 금을 얻는 것보다 나을 것이로다.

그대의 어떤 재보도
이것과 비교할 수 없으리

지혜의 오른손엔 장수(長壽)
왼손엔 부와 명예가 있도다.

지혜의 길은 즐거운 길

리더에게 요구되는 역량의 요소는, 공통적으로 필요로 되는 공통역량과 계층별 또는 개별적으로 요구되는 개별역량으로 구분될 수 있는데, 관리자인 리더에게 요구되는 공통역량으로는 의사결정(decision-making), 의사소통(communication), 권위(authority·power), 갈등관리(conflict), 조정관리(coordination) 등과 관련된 내용들이 되겠고, 개별역량은 각자가 맡고 있는 업무와 관련된 전문 지식과 기술이 되겠다.

이 역량에 대해서는 각자가 지속적으로 갈고닦아야 하는데, 우리 인간은 어느 정도의 기본이 되는 것들은 갖추고 있으므로, 그 분야별 역량을 길러 내기만 하면 된다.

인간의 능력에 대한 에드거 앨버트 게스트(Edgar Albert Guest)의 '능력'이라는 시 한 수를 읽어 보자.

〈예화〉 능력

에드거 앨버트 게스트

당신은 위인들이 갖춘 것을 다 갖추었어요.
두 팔, 두 손, 두 다리, 두 눈
현명하다면 사용할 두뇌도 있지요.
마음만 먹으면 위대해질 수 있어요.
위대한 공적을 남긴 사람 누구나
당신보다 나을 것 없는 처지에서 출발했답니다.

당신의 약점은 바로 당신 자신,
당신의 위치를 선택하는 사람도 바로 당신,
어디로 가고 싶은지의 결정도 당신 몫이죠.
하느님께서는 당신에게 평생을 위한 능력을 주셨지만
되고 싶어 하는 바는 스스로 결정하도록 하셨지요.

용기는 영혼에서 우러나야 하는 것
승리하려면 의지를 날 세워야 하는 것
당신은 위인들이 갖춘 것을 다 갖추었어요.
그들 모두 당신과 같은 입지에서 출발했어요.
그러니 자신을 안 만큼 외쳐 보세요. "나는 할 수 있다"라고.

이 시에서 보듯, 우리는 이미 기본적으로 갖출 것은 훌륭하게 갖추고 있으나, 각자가 필요로 하는 역량은 별도로 갈고닦아야만 한다. 물론 이 역량들을 갈고닦는 것에 대해서는 뒤의 모델링의 방법(행동화) 부분에서 다루어져야 하나, 알아야 한다는 측면에서 이 부분에서 언급하고 넘어가겠다.

'아는 것이 힘'이라 했다. 알기 위해서 우리는 배워야 한다. 워런 베니스는 "리더는 영원한 학습자이다"라고 했다. 즉 자신을 교육시키는 일을 절대로 멈춰서는 안 된다는 말이다. 격언에도 "인생은 배움의 축적이다"라고 했다. 그리고 이언 시모어는 "최고에 이르기 위한 유일한 길(방법)은 많이 배우고 열심히 노력하는 것뿐이다"라고 하면서 지속적인 훈련과 배움을 강조하였다.

그는 "풋내기일 때에는 계속 자라는 중이지만, 멈추면 썩기 시작한다"는 속담을 인용하면서 다음과 같이 말한다.

> 절대로 성장을 멈추지 말라.
> 절대로 배움을 게을리하지 말라.
> 게으름 피우는 순간 우리 또한 썩어 들어가기 시작할 것이니.

흔히 배운다고 하면 대학을 연상하기 쉬우나 우리가 배운다고 하는 것은 그 같은 학벌을 말함이 아니라, 쉽게 말해서 책을 사서 읽는다는 정도로 이해해도 무리가 없다.

리처드 스틸(Richard Steele)은 "독서와 정신의 관계는 운동과 신체의 관계와 같다(Reading is to the mind what exercise is to the body)"고 하였다. 우리의 육체는 운동을 해서 살찌우지만 우리의 머리는 독서를 통해서 살찌우게 되는 것이다.

중국 격언에 "자식에게 물려주는 가득한 황금 상자는 책 한 권만 못하다" 하였고, 벤저민 프랭클린은 "지갑에 있는 마지막 동전 한 푼까지 털어 정신을 살찌우는 일에 투자한다면, 그 정신이 지갑을 두둑이 채워줄 것이다"라고 하면서 독서를 강조하였다.

워런 베니스는 "학습은 리더의 필수적 연료로서, 끊임없이 새로운 이해와 새로운 생각, 새로운 도전의 불꽃을 일으키고 그 상태를 유지시키는 에너지원이다. 학습은 오늘날처럼 급속히 변화하는 복잡한 환경에서는 필수 불가결한 것이다. 한마디로 '배우지 않는 자는 리더로서 생존할 수 없다'"고 말했다.

괴테는 "가장 유능한 사람은 부단히 배우는 사람"이라 하였는데, 특히 공자는 배움의 중요성에 대해 다음과 같이 말하고 있다.

> 지혜를 좋아하나 배우지 않으면 방탕하여지고
> 신의를 좋아하나 배우지 않으면 타인을 해치게 되고
> 어진 것을 좋아하나 배우지 않으면 어리석어지고
> 용기를 좋아하나 배우지 않으면 난폭해지고
> 정직함을 좋아하나 배우지 않으면 가혹해지고
> 굳셈을 좋아하나 배우지 않으면 경망된 행동을 하게 된다.

아울러 공자는 "참으로 배우는 자는 자기를 위해서 배우고 남을 위해서 배우지 않는다(爲己之學 爲人之學)"고 하였다. 즉 진정으로 갈고닦는 사람은 자기 완성을 위해 배우나, 그렇지 못한 사람은 이름을 팔기 위해 배운다는 것이다.

우리는 자기 완성을 위해 열심히 갈고닦아야 한다.

4. 모델링의 방법

1) 성찰

① 성찰의 중요성

모델링을 어떻게 해야 할 것인가는 우선 자기 성찰로부터 시작해야 한다.

소크라테스는 "성찰하지 않는 삶은 살 만한 가치가 없는 삶이다"라고 하였다. 성찰 없는 미래, 성찰 없는 발전을 기대할 수 없기 때문이다.

다음의 법정 스님 말씀을 들어 보자.

법정 스님은 마르틴 부버(Martin Buber)의 글을 인용하면서 이렇게 말씀하신다.

> 너는 네 세상 어디에 있는가?
>
> 너에게 주어진 몇몇 해가 지나고 몇몇 날이 지났는데
>
> 너는 네 세상 어디쯤에 와 있는가?
>
> 인간이 안으로 살피는 일에 소홀하면

동물적인 속성만 쌓여 가면서
삶의 전체적인 리듬을 잃어버린다.
우리가 같은 생물이면서도 사람일 수 있는 것은
자신의 삶을 스스로 되돌아보면서
반성할 수 있는 그런 기능을 지니고 있기 때문이다.

(류시화 엮음, 『살아있는 것은 다 행복하라』, 조화로운 삶, 2006)

인간을 인간일 수 있도록 만들어 주는 것이 바로 성찰이라는 말이다. 우리가 지금까지 열심히 달려온 걸음을 잠시 멈추고, 숨 고르기를 하면서 달려온 길을 되돌아보는 것은 가치 있는 미래로 나아가기 위한 템포 조절이며 점검의 단계인 것이다. 자동차로 말하면 목적지까지 가는데, 자동차의 상태는 문제가 없는지, 가솔린은 충분한지, 바른 길로 달려왔는지, 가는 도로의 상태는 어떠한지, 이 길이 바른 길인지 등등을 점검하여 보는 것과 같은 것이다.

다음 오르탕스 블루(Hortense Vlou)의 〈사막〉이라는 시를 읽어 보자.

사막

오르탕스 블루

그 사막에서 그는
너무도 외로워
때로는 뒷걸음질로 걸었다.
자기 앞에 찍힌 발자국을 보려고.

경쟁사회에서 어쩔 수 없이 앞만 보고 달려왔는지도 모른다. 그래서 외로운 것일지도 모른다. 그렇더라도 때로는 삭막한 삶의 걸음을 멈추고 뒤돌아 자신의 발자취를 살펴보려는 의식적 노력이 필요하다. 글씨를 쓸 때 앞에 쓴 글자들을 보지 않으면 글씨가 삐뚤게 써진다. 지금 멈춰 서서 뒤돌아보는 것은 결코 정지가 아니라 뒷걸음질 같은 앞으로의 나아감이다. 다시 돌아서서 걸을 때는 새로운 사색, 새로운 영감으로 더 넓은 시야가 트이고, 더 맑고 밝은 다른 앞을 보게 될 것이며, 더 힘찬 발자국을 남기게 될 것이다.

스피노자는 "현재가 과거와 다르길 바란다면 과거를 공부하라"고 하였다. 지금의 내가 만족스럽지 못하고, 지금의 내 삶이 바람직하지 못하다면 만족스럽고 바람직한 내가 되기 위하여 지금까지 달려온 내 여정을 살피고 반성하여 새로운 길을 열어 가야 할 것이다.

공자가 "잘못을 하고도 고치지 않으면, 그것이 진정으로 잘못을 저지르는 것이다(過而不改是謂過矣)"라 하였고, 케네디 또한 "실수는 그것을 시정하지 않고 내버려 두었을 때에만 비로소 잘못이 되는 것이다"라고 하였듯이, 성찰은 과거의 실수를 반성하여 새로운 길을 열어 가기 위한 역할을 하는 것이다. 바른 성찰이 있어야 바른 개선, 바른 발전이 있게 된다.

'인간만이 거울을 보는 유일한 존재'라고도 했다. 바로 우리가 만물의 영장이기 때문에 만물의 영장다운지 보기 위하여 거울을 들여다보는 것이다. 우리가 외출하기 전에 거울을 보듯이, 성찰은 미래를 위한 첫 번째 관문인 것이다. 성찰은 내가 거울을 들여다보듯, 아름다운 나, 가치 있는 나, 나다운 나를 만들기 위한 행위인 것이다.

공자는 "일일삼성(一日三省)"이라고 하였다. 바쁘고 고달픈 세상에 세 번은 어떻더라도 한 번만이라도 되돌아 살펴보는 것은 어떨까?

다음의 알프레드 노벨(Alfred Bernhard Nobel)의 예화와 조네타 맥스웨인(Johnnetta McSwain)의 예화를 들어 보자.

〈예화〉 알프레드 노벨의 사망 기사

노벨, 그는 수많은 사람들을
서로 죽이게 함으로써
많은 돈을 벌어들인 사람이다.

노벨은 이 기사를 읽고 큰 충격을 받았고, 그 일로 노벨상이 만들어지게 되었다(사실은 노벨의 동생이 사망했는데, 기자가 알프레드 노벨이 사망한 것으로 알고 기사를 썼음).

〈예화〉 거울에 비친 모습(A look in the Mirror)

"서른 살 생일날 아침,
거울에 비친 내 모습은 정말로 마음에 들지 않았어요.
나는 어이없게도 축하할 만한 것이라곤 하나도 없었어요.
돈도, 집도, 직장도, 남편도 아무것도 없고,
더 열심히 살아 보겠다는 의지조차도 없었어요.
그런데 문득 달라져야겠다는 생각이 들었어요,
계속 이대로 살아간다면 두 아들도 곤경에 처할 거라는 생각이 들었고, 두 아들이 그렇게 되도록 내버려두고 싶지 않았어요."

과거로 돌아가 보면, 조네타 맥스웨인은 자신의 가치와 잠재력을 모른 채 30년 넘게 살아왔다. 그녀는 아이를 원치 않는 미혼모에게서 태어났고, 태어나자마자 그녀의 언니 소냐와 함께 앨라배마에 사는 할머니에게 맡겨져 사촌과 함께 살았다. 안타깝게도 세 아이 모두 함께 살던 삼촌들에게 정신적 · 신체적 · 성적으로 학대를 당했다. 조네타의 몸과 마음은 상처투성이였다.

조네타의 어머니는 아이들이 학대를 받았다는 사실을 알고, 아이들을 데리고 이사를 했다. 그러나 학대는 거기에서 그치지 않았다. 이번에는 어머니가 집에 들이는 남자들이 문제였나. 마침내 언니 소냐는 반항이라도 하듯 몸을 팔고 마약에까지 손을 댔다. 조네타는 마약은 건드리지 않았지만 고등학교를 중퇴하고 거리를 전전하다가 열아홉 살에 미혼모로 첫아이를 낳았으며, 20대 중반에 둘째 아이를 낳았다. 그녀는 정부에서 지원하는 저소득층 아파트에 거주하며 정부 보조금과 애인들이 건네는 돈에 기대 살았다. 더러는 물건을 훔치기까지 해야만 했다. 그녀의 집안 남자들 중에 고등학교를 마친 사람은 단 한 명도 없고, 반면 일찍 죽거나 감옥에 간 사람은 많았다.

자기의 두 아이들을 그렇게 되도록 내버려 두고 싶지 않았던 것이다.

"그래서 나는 변해야겠다고 결심했고, 먼저 고등학교 검정고시를 준비했어요. 그러나 12주 준비반에 들어가 공부하고 시험을 치렀지만 합격에 실패했고, 다시 최대한 가까운 시일에 재시험 일정을 잡았으며, 마침내 시험에 합격하여 졸업하게 되었어요.

나는 이왕 변화하려면 기존에 살던 곳을 멀리 떠나 새롭게 시작하는 것이 좋겠다고 생각하고, 가족들 중 누구도 시도해 본 적 없는 일에 도전하기로 했어요. 그것은 바로 대학에 들어가는 것이지요.

나는 '내가 원하는 사람이 될 기회를 잡아야 해' 하고 외쳤어요.

시간은 걸렸지만 결국 나는 거처를 옮겼고, 곧이어 케네소주립대학에 입학했어요. 그때 제 나이 서른셋이었어요.

한 학기도 빠짐없이 최선을 다했으나 책을 읽는 것이 낯설었고, 겁도 먹었고, 쉽지가 않았어요. 그러나 나는 잘 살아 보기로 결심한 이상, 꼭 똑똑해야만 배울 수 잇는 건 아니라 생각하고, 결심, 의욕, 집중력을 다해 노력하였어요.

그리고 무엇보다 생각을 바꾸기로 했어요.

나는 '똑똑한 사람처럼 생각해야 한다'고 말이에요.

나는 열심히 공부했고, 똑똑한 학생들을 찾아다니며 많은 조언도 받았어요. 얼마 지나지 않아 나는 우수한 학생들과 똑같이 공부하고 생각하게 되었어요. 그리고 나는 미래에 대한 비전을 소중히 간직했고, 학기 초마다 학사모와 가운을 걸치고 거울 속에 나 자신을 바라보며 졸업하는 날을 상상했어요.

어느새 저는 이전과는 다른 사람이 되어 있었고, 3년 만에 학사 과정을 마쳤고 대학원을 진학해 사회복지 석사 학위를 받았으며, 그리고 지금은 박사 과정을 밟고 있어요."

(John C. Maxwell, *The 15 Invaluable Laws of Growth*, Center Street, 2012)

이 예화는 존 맥스웰이 전하는 것인데, 조네타 맥스웨인이 거울에 자신을 비춰 보는 성찰이 없었다면 그녀에게 이 같은 행보는 일어나지 않았을 것이다. 이같이 성찰은 마음의 눈을 뜨게 해 주는 중요한 것이다. 우리가 걸음을 멈추고 잠시 여유를 갖고 자신을 되돌아보는 것은 우리의 인생 후반전을 위한 소중한 순간을 넘어 내 삶의 꽃을 피우게 해 줄 분수령이 될 수도 있음을 조네타는 우리에게 보여 주고 있다. 그녀는 마치

'가장 징그러운 송충이가 가장 아름다운 비단벌레로 변신'하듯이 주위 사람들의 시선을 받는 아름다운 여인이 되었다.

② 성찰의 방향(준거)

성찰의 준거는 당연히 앞에서 논의된 모델링의 요소 — 품성(character)과 역량(competence) — 가 되겠으나, 폴 고갱의 성찰의 명화(1897년작)의 제목 〈우리는 어디서 왔고, 무엇이며, 어디로 가고 있는가?〉처럼 성찰하는 것이 옳은 방향일 것이다. 하여 첫째는 현재의 나의 위치와 역할, 두 번째는 현재의 위치에 처한 이유, 세 번째는 미래의 희망 위치(소망하는 미래상), 네 번째는 미래로 가기 위한 방법(행동 방안) 등으로 방향이 집약될 수 있다. 잠시 고갱의 명화를 감상해 보자.

폴 고갱, 〈우리는 어디서 왔고, 무엇이며, 어디로 가고 있는가?〉

이 성찰의 부분에서는 첫 번째와 두 번째만을 잠시 언급하고, 세 번째와 네 번째는 각각 장을 달리하여 언급하기로 한다.

i) 현재의 위치와 역할

나는 누구이며, 지금 어디에 서 있는가?

괴테는 "자기 스스로를 알려고 하는 사람만이 진정으로 평가받을 수 있다" 하였고, 윌리엄 머레이(William Murray)는 "인간이 자신을 명확히 아는 순간 신도 움직여 준다"고 하였다.

우리가 미래로 나아가기 위해서는 현 위치에 서 있는 자신을 제대로 아는 것이 무엇보다 중요하며, 그것이 바로 출발점이 되는 것이다.

신은 우리에게 위대함의 씨앗을 심어서 이 세상에 내놓았다. 나는 어떠한 씨앗인가?(독수리인가, 사자인가, 아니면 무엇인가?) 그것을 알고 그 역할을 하는 것이 나의 사명이다. 마이클 린버그가 "나는 이전에도 없었고 이후에도 없는 유일무이한 존재로, 나와 똑같은 특성과 잠재력을 가진 사람은 앞으로도 영원히 나타나지 않을 것이다"라고 말하듯이, 이 세상에서 내 역할은 오직 나만이 할 수 있다는 것이다. 오직 나만이 내 노래를 연주할 수 있다는 말이다. 내가 내 사명을 잘 알아서 누구도 대신할 수 없는 그 일을 통해 이 세상에 공헌해야만 하는 것이다.

바로 우리는 자신이 서 있어야 할 위치에 제대로 서 있으며, 자신의 역할을 제대로 해 왔고, 제대로 하고 있는지를 제대로 성찰해야 한다.

ii) 현재의 위치에 처한 이유

나는 어떻게 해서 지금 이 자리에 있는가?

나의 지나온 발자취를 살펴서 나를 당당하게 이 자리에 설 수 있도록 해 준 것들이 있다면 그것은 무엇이며, 반대로 내가 나다움이 못 되었다면 그것은 무엇 때문이었는지를 내면의 소리에 귀를 기울여서 진실되게 알아보자는 것이다. 즉, 자신이 '제대로 한 일은 무엇'이고 '제대로 하지 못한 일은 무엇'인지를 분석해 보자는 것이다.

내가 선 이 자리가 바람직하지 못하다면, 그 원인은 무엇인가를 찾아 밝혀 보는 것은 미래의 발전을 위해 당연할 일일 것이다. 그 찾는 방법 중 하나는 '지금 알고 있는 것을 그때도 알았더라면' 절대로 이런 일은 하지 않았을 것이라고 생각되는 것을 찾으면 된다.

이미 앞에서도 말했듯이 스피노자는 "현재가 과거와 다르길 바란다면 과거를 공부하라"고 하였다. 그리고 조지 산타야나(George Santayana)는 "과거를 기억하지 못하는 사람은 과거를 되풀이할 운명에 놓인다"라 하였으며, 단재 신채호 선생님은 "역사를 잊은 민족에겐 미래가 없다"고 하였다. 역사는 미래를 통찰하는 힘을 길러 준다. 내가 과거에 어떻게 했기에 지금 이 모양으로 있는가 하는 것을 확실히 인식해야 반성이 따르고, 진정한 반성이 있어야 개선 또는 변화가 있게 되고, 그 바람직한 변화가 나다운 나를 만들어 줄 것이다.

만일 '우리가 제대로 서지 못한 이유'를 한 가지만 제시한다면 그 주범은 우리의 '잘못된 습관'이라는 것이 다수의 견해이다. 그런데 그 습관은 잘못된 행위에 의한 것이고, 그 행위는 잘못된 사고에서 비롯된 것이라는 것이 스티븐 커비, 그리고 더 거슬러 올라가면 간디의 견해이다.

2) 소망하는 인물상

나는 장차 어떤 사람이 되고 싶은가?

특히, 지금까지의 자신의 모습이 바람직하지 못하다고 생각된다면 더더욱 자신이 원하는 모습을, 지금이 인생 후반전이라 생각하고, 깊이 생각하여 바람직한 모습을 그려 내야 한다. 의미 있는 존재로 만들어 내야 한다. 내가 내 운명과 영혼의 주인이자 설계자이다.

우리는 우리의 미래를 바람직하게 만들 수 있다. 왜냐, 우리는 누구나 신으로부터(창조주로부터) 부여받은 위대한 존재가 될 '나만의 씨앗'을 잉태하고 태어났기 때문이며, 더욱이 우리 인간은 하느님의 형상을 본떠 만든 참으로 귀한 존재이기 때문이다. 흔히들 '모든 것은 마음먹기에 달려 있다'고 말한다. 마음을 바르게, 크게 먹고 바람직한 자신의 미래를, 진정으로 소망하는 아름다운, 멋진 인물상을 그려 보자. 우리 민족의 위대한 지도자이신 도산 선생께서 "우리 중에 인물이 없는 것은 인물이 되려고 마음먹고 힘쓰는 사람이 없기 때문이다. 인물이 없다고 한탄하는 그 사람 자신이 왜 인물 되기 공부를 아니 하는가" 하셨듯이, 그대가 소망하는 아름다운, 멋진 인물상을 거침없이 그리자.

브라이언 트레이시는 "삶에서의 모든 향상은 마음속 그림의 향상에서 시작된다"고 하였다. 그리고 성서(〈마태복음〉 17:20)는 "너희가 못 할 일은 하나도 없을 것이다"라고 전한다. 우리는 리더다. 리더로서의 갖추어야 할 이상적인 모습을 그려야 한다.

과연 내가 소망하는 인물은 어떤 것일까?

그것은 세상 사람들이 일반적으로 선호하는 인물이기보다는 진정으로 자신이 되고 싶고, 하고 싶고, 갖고 싶은 것에 초점을 맞추되, 훗날 어떤 사람으로 기억되고 싶은지 진지하게 생각하여 그려 내야 할 것이다. 존 맥스웰은 "우리는 젊은이에게 장차 장성해서 무슨 일을 하려느냐?보다 장래에 어떤 인물이 되려느냐?를 물으라"고 하면서 "어떤 인물이 될 것인가를 결정하는 것이 무엇을 성취할 것인가를 결정하는 것보다 중요하다"고 하였다.

잠시 민태원 님의 〈청춘예찬〉 한 구절 들어보자.

청춘예찬

민태원

석가는 무엇을 위하여 설산(雪山)에서 고행(苦行)을 하였으며,

예수는 무엇을 위하여 황야(荒野)에서 방황하였으며,

공자는 무엇을 위하여 천하를 철환(轍環)하였는가?

밥을 위하여서, 옷을 위하여서, 미인(美人)을 구하기 위하여서 그리 하였는가?

아니다. 그들은 커다란 이상, 곧 만천하의 대중을 품에 안고 그들에게 밝은 길을 찾아주며, 그들을 행복스럽고 평화스러운 곳으로 인도하겠다는 커다란 이상을 품었기 때문이다.

그러므로, 그들은 길지 아니한 목숨을 사는가 싶이 살았으며 그들의 그림자는 천고(千古)에 사라지지 않는 것이다.

우리가 소망하는 분명한 것은 부나 권력 같은 것은 아니라고 본다. 그보다는 이 세상에서 가장 중요한(가치 있는) 사람이라고 느낄 수 있는, 자긍심을 가질 수 있는, 어디에 내놓아도 부끄럽지 않은 그런 것으로, 그

러한 자신을 그려 내야 한다.

다음 타고르(Rabindranath Tagore)의 시 〈기탄잘리(Gitanjali: 신께 바치는 노래)〉를 읽어 보자.

기탄잘리

라빈드라나트 타고르

죽음이 당신의 문을 두드리는 날
그대는 무엇을 내놓으시겠습니까?
오, 나는 나의 손님 앞에 삶으로 가득 찬
그릇을 차려 놓겠습니다.
결코 빈손으로
죽음을 떠나보내지 않을 것입니다.
내 생명의 마지막 시간에 죽음이 나의 문을 두드리는 날,
나는 모든 가을날과 여름날 밤의 향기로운 열매들을,
분주한 삶에서 얻은 모든 수고와 이삭을
죽음 앞에 바칠 것입니다.

이 『기탄잘리』는 타고르에게 노벨상을 안겨 준 유명한 시집인데, 안병욱 교수는 다음과 같이 각색하여 불렀다.

어느 날 죽음의 신이 아무 예고도 없이 갑자기 찾아와
당신의 문을 두드릴 때 빈손으로 그를 돌려보내서는 안 된다.
내가 일생 동안 이룩한 소중한 업적을 생명의 광주리 속에

가득 담아서 죽음의 신 앞에 내어놓아야 한다.

그를 빈손으로 돌려보낸다는 것은 부끄러운 일이다.

내가 마지막 죽음의 순간에 신 앞에, 그리고 모든 사람들 앞에 자신 있게 내놓고 싶은 것은 절대로 부끄러운 것은 아니며, 자랑스러운 것, 자랑해야만 하는 것일 것이다. 그런 인물상을 그려내야 한다.

그러면 어떻게 그려낼 것인가?

그 방법이 어렵나면 스티븐 커비가 제시하는 'being(되고 싶은 것)의 도표'(〈도표 4〉)를 활용할 수도 있다. 이 being의 도표는 자신이 운명하였다고 가정하고 장례일에 조문객들로부터 받고 싶은 평가(찬사)를 적어 보는 것이다.

〈도표 4〉 being

	관계	평가(찬사)
역할 주요 (대상) 인물		
역할 주요 (대상) 인물		
역할 주요 (대상) 인물		
역할 주요 (대상) 인물		
역할 주요 (대상) 인물		
역할 주요 (대상) 인물		

① 도표 기술 방법

i) 역할

자신이 개인 또는 조직 생활에서 수행하고 있는 여러 가지 역할들을 말한다.

개인 생활에서는 아들딸, 형제자매, 남편 또는 아내, 부모, 조카, 손자, 친구 등으로서의 역할을 할 것이고, 조직 생활에서는 상사, 동료, 부하 등으로서의 역할을 할 것이며, 일반 사회생활에서는 자원봉사자 그리고 사회단체의 어떤 역할을 할 것이다. 이 같은 역할들을 '관계' 란의 위쪽에 기재한다.

ii) 주요 (대상) 인물

자신의 특정 역할에 대상이 되는 인물이다.

자신의 역할이 가정에서 남편이라면 대상이 되는 주요 인물은 아내가 될 것이고, 자신의 역할이 학생이라면 주요 인물은 특정 스승님이 될 것이며, 자신의 역할이 직장에서 상사라면 주요 인물은 특정 부하(예: 홍길동)가 될 것이다. 따라서 그 주요 인물의 성함을 '관계' 란의 아래쪽에 기재한다.

iii) 평가(찬사)

자신의 특정 역할에서 주요 인물들로부터 가장 듣고 싶은 말이다.

예를 들면, 영화 〈뷰티풀 마인드〉에서 알리시아 내시(부인)는 존 내시(남편)로부터 "당신은 내가 존재하는 이유이며, 내 존재의 모든 이유입니다"라는 찬사를 받는다.

그대도 남편으로부터 그러한 찬사를 받고 싶다면 바로 그 같은 찬사의 말을 '평가' 란에 기재한다.

참고로 몇 분의 받고 있는, 또는 받고 싶어 하는 평가(찬사)를 들어본다.

A. 관중(管仲)

후손인 공자(孔子)로부터 "그분이 아니었다면 중화의 문명은 사라져 버리고 말았을 것이다", "피 흘리는 전쟁을 멈추게 하였으니 그 누구보다도 인(仁)한 사람이다"라는 찬사를 받고 있다.

B. 논개

후손인 변영로 시인으로부터 다음과 같은 찬사(시)를 받고 있다.

거룩한 분노는
종교보다도 깊고
불붙는 정열은
사랑보다도 강하다
아 강낭콩꽃보다도 더 푸른
그 물결 위에
양귀비꽃보다도 더 붉은
그 마음 흘러라
흐르는 강물은
길이길이 푸르리니
그대의 꽃다운 혼

어이 아니 붉으랴

C. 이순신 장군

이순신 장군은 적국인 일본 해군 함대 총사령관인 도고 헤이하치로부터 다음과 같은 찬사를 받고 있다.

세계 해군 사상 군신(軍神)은 이순신 한 사람뿐이다.
그에 비하면 나는 부사관에 불과하다.
나를 넬슨 제독에 견줄 수는 있겠지만
이순신에 견주는 것은 당치도 않다.
나는 이순신 장군의 신발끈을 맬 자격조차도 없다.

D. 유관순

이화여고 후배 이영숙으로부터 다음과 같은 찬사(시)를 받고 있다.

하나의 꽃잎은 천공을 쪼개며
우리의 하늘을 파랗게 하였고
하나의 꽃잎은 함께 하여서
우리를 이렇듯 자유롭게 하였고
그리고 한 꽃잎은 해마다 피어서
언니의 만세소리를 울립니다.

E. 앤 설리번(Anne Sullivan)

제자인 헬렌 켈러는 설리번 선생님을 만난 그날을 "영혼의 생일

(soul's birthday)"이라고 말하며, "나의 삶에 불을 밝혀 준 선생님"이라는 찬사를 하고 있다.

F. 간디(Mohandas Gandhi)

에크낫 이스와란(Eknath Easwaran)으로부터 "정치적이고 정신적인 지도자였을뿐만 아니라 위대한 스승이었다"라는 찬사를 받고 있다.

인도 국민들로부터는 "위대한 영혼(Mahatma: Great Soul)"이라는 찬사를 받고 있다.

G. 벤저민 프랭클린(Benjamin Franklin)

나는 '부자로 죽었다'는 말보다 '쓸모 있게 살았다'는 말을 듣고 싶다.

H. 에이브러햄 링컨(Abraham Lincoln)

내가 죽으면 나를 가장 잘 아는 사람이 "당신이 잡초를 뽑고 꽃을 심은 곳은 언제나 그 꽃이 자랄 만한 곳이더군요"라고 말해 주길 바란다.

I. 그 외

"너는 내 소중한 보배야."

"나는 당신이 어딜 가든 따를 겁니다."

"내게 아들이 있다면 꼭 너처럼 되었으면 좋겠다."

"그대는 나를 더 나은 사람으로 만들어 주었어요."

being의 도표에서 자신이 받고 싶은 평대로 그러한 인물이 된다는 것이 쉬운 일은 아닐 것이다. 그러나 레스 브라운(Les Brown)이 "이전에 한 번도 성취한 적이 없는 것을 성취하기 위해서는 이전에 한 번도 되어 본 적이 없는 사람이 되어야 한다"고 하였듯이, 자신이 평가(찬사)받고 싶은 인물로 되지 못한다면, 우리는 역시 인생 전반전과 같은 그런 삶을 살 수밖에 없게 된다.

에이브러햄 링컨은 "누구나 마흔을 넘기면 자기 얼굴에 책임을 져야 한다" 하였고, 매슬로우는 "자신이 될 수 있는 사람보다 조금이라도 못한 사람으로 남아 있으면 하루하루가 불행의 연속이다"라 하였으며, 조지 워싱턴 카버(George Washington Carver)는 "이 세상에 왔다 가는 사람은 누구나 이곳을 왔다 간 분명하고 합당한 이유를 남겨야 한다"고 하였다. 나는 무엇을 어떻게 남기고 갈 것인가? 우리는 신으로부터 부여받은 나만이 가지고 있는 그 씨앗다운 내가 되어야 한다.

다음 카를 바르트(Carl Bard)의 시를 읽어 보며 다시 한 번 진하게 생각하여 보자.

벗이여, 누구도 다시 돌아가서
새로운 시작을 할 수는 없지만
누구나 지금부터 시작해서
새로운 마무리를 할 수는 있다네

(John C. Maxwell, *The 15 Invaluable Laws of Growth*, Center Street, 2012)

앞에서 "모든 것은 마음먹기에 달려 있다"라고 했다. 나의 앞날, 나의 미래는 내 마음, 내 생각에 의해 결정된다. 우리는 아름다운 멋진 마무리를 마음먹어야 한다. 끝이 좋아야 하기 때문이다.

데카르트가 "나는 생각한다. 고로 존재한다"고 했다. 그리고 에머슨은 "삶은 한 사람이 평생 어떤 생각을 하느냐에 따라 달라진다"고 하였다. 나를 '나다운 나', '아름다운 나'로 그려 놓고, 자신이 바로 '그런 사람'이라고 생각하자. 그리고 그런 사람처럼 행동하자. 그러면 그대는 그런 인물이 되는 것이다. 앞에서 거울을 들여다 본 조네타 맥스웨인이 이미 보여주었다.

윌리엄 제임스는 "우리 시대의 가장 위대한 발견은 마음 자세를 바꿈으로써 삶을 바꿀 수 있다는 사실을 발견한 것이다"라고 말한다. 크게 생각하고 크게 행동하자(Think big, act big), 그리고 간절히 바라자. 간절한 꿈은 이루어진다고 했다.

3) 행동 방안

현재의 위치에서 목표위치(소망하는 인물)로 가기 위해 해야 할 일은 무엇인가?

소극적으로는 현재의 위치에 있게 된 이유(원인)를 점검 · 분석하여 그 잘못된 점을 시정하기 위한 노력을 기울이는 것이며, 적극적으로는 잘못된 점의 시정을 넘어 전혀 새로운 방법을 시도(모색)하는 것이다. 과거의 어떤 특정한 것에 연연하거나 집착하지 말고 미래만을 생각해야 한다. 도산 안창호 선생께서도 "과거는 다 잊어버리시오. 우리는 과거에 사는 자가 아니라 미래에 살 자외다"라고 외치셨다.

알렌 코헨(Alen Cohen)은 "성장하려면 과거와 전혀 다른 현재와 미래를 창조해야 한다" 하였고, 존 맥스웰은 "지금까지 가져 본 적이 없는 것을 갖고 싶다면 지금까지 해 본 적이 없는 것을 해야 한다"고 하였다. 과감하게 도전하자. 맥스웰 몰츠도 "성공은 도전하는 사람에게만 미소를 보낸다"고 하였다. '내일을 그대의 것으로 만들어라'. 그러기 위해 그대는 신께서 주신 자기 안에 숨 쉬고 있는 비범함의 씨앗을 믿고 크게 행동해야 할 것이다.

머라이어 캐리(Mariah Carey)는 〈영웅(Hero)〉이란 노래에서 다음과 같이 말하고 있다.

> 당신의 마음을 들여다보세요.
> 거기엔 영웅이 있어요.
> 자기 자신 그대로의 모습을 두려워하지 말아요.
> 그리고 강해지세요.
> 그러면 마침내 그 사실을 알게 될 거예요.
> 영웅이 자신 안에 존재한다는 것을.

내 안에 영웅을 믿고 희망찬 자신의 미래를 만들어 가자.

그러면 그러한 미래를 위해 무엇을 어떻게 해야 할 것인가?

우선 행동계획을 세워 글로 적어야 한다. 그리고 그 행동계획표를 가장 잘 보이는 곳에 게시하고 매일 그것을 보면서 가슴에 새기고, 행동화하고 습관화되도록 하여야 한다.

① 계획화: 행동계획의 작성

공자는 "성공에는 무엇보다 치밀한 준비가 선행되어야 한다. 준비가 없이는 실패만 있을 뿐이다"라 하였고, 동양의 명저인 『중용(中庸)』은 "무릇 어떤 일이든지 미리 계획을 세워 행하면 이루어지고 계획이 없으면 망치게 된다(凡事 豫則立 不豫則廢)" 하였으며, 알렉 매켄지(Alec Mackenzie)는 "계획 없는 행동이 모든 실패의 원인이다"라 하였다. 그리고, 브라이언 트레이시는 "계획의 수립과정에서 보낸 1분이 계획의 실행과정에서 10분을 절약해 준다. 계획수립에 실패하는 것은 실패를 계획하는 것이다"라 하였다. 자신을 위한 제대로 된 계획을 세우자. 새로운 인물, 바람직한 인물이 되기 위한 멋진 계획을 구상하자. 그리고 그 계획은 짐 론(Jim Rohn)이 "우리가 계획에 공을 들이면 계획도 우리에게 공을 들인다"고 말하듯, 공을 들이고 또 들여서 세워야 한다. 루이스(Clive Staples Lewis)가 "오늘이 마지막 날인 것처럼 살되 내 삶이 백 년 동안 계속될 것처럼 계획을 세워라"라고 하듯이 그 같은 정성을 들여야 한다.

계획은 반드시 글로 적어야 한다. 왜 적어야 하는가?

그 이유는, 인간의 삶은 생각이 지배하게 되는데, "글로 쓰기 전과 써 놓은 후의 생각이 다르기 때문"이라는 것이 존 맥스웰의 말이다. 그리고 헨리에트 앤 클라우저(Henriette Anne Klauser)는 "종이 위의 기적, 쓰면 이루어진다"고 하였다. 왜냐, 글로 적어서 늘 볼 수 있는 곳에 게시해 놓으면 오가며 자주 보게 되고, 자주 보게 되면 그만큼 관심이 가고, 관심을 갖게 되면 동하게 되기 때문이다. "관심이 삶의 열쇠로, 우리의 삶도 우리의 관심이 향하는 그곳을 향해 간다"고 브라이언 트레이시는 말했고, 존 키호(John Kehoe)도 "모든 새로운 믿음이 번성하기 위해서는 관심이 요구된다"고 하였다. 즉, 관심이 있는 것에 행동이 따르게 된다는 것이다.

다음의 브라이언 트레이시의 예화를 들어 보자.

내 삶이 뒤바뀐 날

브라이언 트레이시

나는 열여덟 살에 고등학교를 자퇴했다.

나는 조그만 호텔에서 접시 닦기를 시작으로, 세차장, 수위, 그리고 여기저기를 떠돌아다니며 온갖 막노동으로 겨우 생계를 유지했다. 제재소, 공장, 농장, 대목장에서도 일했다.

우물 파는 일, 건설 노동자로, 화물선 선원으로도 일했다. 그러면서 차 안이나 싸구려(값싼) 하숙집에서 잠을 잤다. 헛간이나 건초 더미에서도 잠을 잤다.

교육도 받지 못하고 내세울 만한 기술도 없었다.

이 사무실, 저 사무실, 이 집 저 집을 찾아다니면서 물건을 팔아야 했다. 물건 하나를 팔아서 하루 숙박비만 근근이 치렀다.

나는 어린 시절 불우하게 자랐고 학창 시절에는 평균 이하의 성적을 받았으며, 그 탓에 성장하면서 자아 이미지도 좋지 않았고 자신감도 없었다. 내가 어떤 일이든 잘할 수 있으리라는 생각은 꿈에도 하지 않았다. 설사 무엇인가를 시도해서 잘해 냈을 때에도, 그냥 우연이나 행운으로 돌려 버렸다. 여러 해 동안 나는 내가 무슨 일을 하든 평균 또는 평균 이하라고 여기면서 살았다.

20대 중반 이후로 많은 우여곡절을 겪었고, 22가지의 다른 분야에서 일을 해 왔다.

그러던 어느 날 나는 종이 한 장에 터무니없는 목표를 적어 보았다.

그리고 그 목표를 위한 계획을 세우고 그것을 날마다 실행하기 시작했다.

경험 부족과 가끔씩 드러나는 무지의 소치로 인해 일을 망치는 경우도 많았으나 나는 계속해 나갔다.

목표달성을 위한 계획을 실행에 옮긴 지 어언 1년 만에 내 삶은 변화를 맞기 시작했다. 그해 1월 나는 임대 가구로 들어찬 임대 아파트에서 살았고 3만 5천 달러나 되는 빚을 지고 있었으며, 값도 다 치르지 못한 중고차를 몰고 다녔다. 그러던 내가 12월에는 10만 달러짜리 아파트에 살고 있었고 새로 장만한 메르세데스 벤츠를 몰고 다녔다.

내 성취를 방해하는 장애물은 스스로가 지레짐작하는 한계뿐이다.

내가 만일 5분 동안 당신의 성공에 도움이 될 만한 딱 한 가지만 전해 줄 수 있다면, 나는 이런 말을 해 주고 싶다.

"목표를 설정하고, 그것을 성취하기 위한 계획을 세우고, 날마다 그 계획을 실천하기 위해 노력하십시오"라고.

(*Goals!*, Berrett – Koehler Publishers, Inc., 2010)

브라이언 트레이시는 종이 위에 자신의 계획을 적음으로써 형편없는 애벌레로부터 아름다운 나비가 되어, 그는 지금 전 세계를 훨훨 날고 있다. 그는 "해야 할 일들의 목록을 작성하게 되면, 잠재의식 속에서도 그 목록들이 작동하게 된다. 그래서 그 항목들을 성취하는 데 도움이 될 아이디어와 통찰(Ideas and insights)을 얻게도 된다"고 말한다.

그러면 행동계획은 무엇을 어떻게 작성할 것인가?

행동계획의 내용은 모델링의 요소가 되겠으나, 반드시 심신 양면의 발전 계획이 되어야 한다. 매력적인 인물이 되려면 심신이 모두 아름다워야 한다. 그리고 그 계획표 작성은 헨리에트 앤 클라우저가 "꿈을 기록하는 방법에는 옳고 그름이 없다"고 말하듯, 특별한 형식은 없다. 나의 삶은 내가 만드는 것이다. 내 운명의 설계자는 나다. 자신만의 계획표를 작성해야 한다. 흉내를 내거나 모방을 해서는 안 된다. 허먼 멜빌(Herman Melville)은 "모방으로 성공하기보다는 독창력으로 실패하는 것이 더 낫다" 하였고, 에머슨도 "절대 모방하지 말고 자기 자신을 고집하라"고 하면서, "남을 부러워하는 것은 무식이며 흉내 내는 것은 자살행위이다"라고 하였다.

모방은 조화(造花)다
조화는 향기가 없다
조화는 늘 그 모양이다
조화는 벌이 오지 않는다
조화는 나비도 오지 않는다

아무런 향기도 없고 아무도 찾아 주지 않는 사람이 된다면 그는 죽은 사람과 같다. 죽은 사람이 어떻게 리더가 될 수 있겠는가. 그러므로 자기다움을 찾고 자기다움을 만드는 계획을 작성해야 한다. 그래야만 아름답게 빛이 난다. 그리고 혹여 이 계획서 작성이 서툴다면 그 형식은 스티븐 커비가 제시하는 〈도표 5〉와 같은 것을 활용할 수도 있다.

즉, 앞 〈도표 4〉의 '소망하는 인물상'에서 '평가(찬사)' 란에 각 역할별로 기재된 그러한 인물이 되기 위하여 지금부터 해야 할 계획(다짐)들을 기재한다. 그 같은 찬사를 받을 수 있는 인물을 만들어 내는 계획인 것이다.

〈도표 5〉 행동계획(Action Plan)

역할별	행동계획(다짐)

오늘을 그대의 '새날', '새 운명'(New day, New fate)으로 새겨라. 우리는 현재에 살고 있고 미래가 우리를 기다리고 있다. 그리고 마이클 린버그의 다음 말을 곱씹자.

> 오늘을 새로운 출발점으로 삼아라.
> 그대의 미래는 과거와 달라야만 한다.
> 어제는 이미 지나가 버렸다.
> 어제에 안주해 있는 것은,
> 오늘을 포함한 남은 인생을,
> 명작으로 만들 수 있는 능력을 훼손시킬 뿐이다.

계획은 미래를 위한 준비단계이다. 나폴리언 힐(Napoleon Hill)은 "마냥 원하기만 하는 것과 원하는 것을 받을 준비가 된 것은 다르다"고 하였으며, 속담에도 "배우는 사람이 준비되었을 때 스승은 나타난다"고 하였다. 오늘을 새날로 정하고, 지금부터 과거에 연연하지 말고 새로운 다짐, 새로운 계획표를 만들어 새판을 짜자.

② 행동화

냰시 펄(Nancy Pearl)은 "상상을 실행하는 자가 세상을 바꾼다"고 하였다. 계획을 세운 다음 그 계획표에 따른 힘찬 출발을 시작해야 한다. 괴테는 "아는 것만으로는 충분하지 않다, 이를 적용해야 한다. 의지만으로는 충분하지 않다, 이를 행동에 옮겨야 한다" 하였고, 윌리엄 댄포스(William Danforth)는 "행동이 따르지 않는다면 그 어떤 계획도 종이 낭비일 뿐이다"라고 하였다. 이렇듯, 행동 없는 계획은 허구이며 공허할 뿐이다. 행동이 없는 계획은 마치 작사와 작곡은 해 놓고 연주가 없는 것과 같은 것이다. 부르지 않는 노래는 이미 노래가 아니다. 당신의 노래는 마음껏 불러져야 한다.

다음 간디의 말을 들어 보자.

> 행동의 결과보다는 행동 그 자체가 중요한 것입니다.
>
> 어떤 행동의 결실은 당신의 힘으로 맺어지지 않을지도 모릅니다.
>
> 그러나 그것이 당신이 그 일을 더 이상 하지 않아야 하는 이유가 될 수는 없습니다.
>
> 그리고 그 행동이 어떤 결과를 가져올지 알 수 없을지도 모릅니다.
>
> 그러나 당신이 아무것도 하지 않는다면 아무런 결과도 얻을 수 없을 것입니다.

옳은, 필요한, 해야 할 계획을 세웠다면 결과는 하늘에 맡기고, 즉 "하늘은 스스로 돕는 자를 돕는다(盡人事待天命)"는 마음으로 행하는 것이 중요하다.

그러면 무엇을 행동화할 것인가?(행동화의 대상)

두말할 것도 없이 심신 양면을 단련하는 행동화이다. 로마 풍자 시인인 유베날리스(Decimus Iunius Iuvenalis)는 "건전한 신체에 건전한 정신이 깃든다"고 하였다. 우리 민족의 지도자요 선각자인 도산 안창호 선생께서도 훌륭한 리더가 되기 위해 단련해야 하는 것이 인격의 수양(德: 품성), 체력 단련(體), 그리고 지식의 습득(知: 역량)이라고 하였다.

심신의 단련에서 신체(외면)의 단련은 당연히 몸에 좋은 음식을 섭취해야 하고 자신에게 맞는 규칙적인 운동과 적절한 휴식이 필요할 것이며, 마음(내면)의 단련은 모델링의 요소, 특히 품성의 연마가 될 것이다.

심신 단련의 한 방법으로 마이클 린버그는 "희망을 주는 책을 읽어라, 영혼을 위무하는 음악을 들어라, 좋은 음식을 맛있게 먹고, 신선한 공기를 마시며, 운동과 휴식을 취하면서 자신을 돌보라"고 말하고 있다.

특히 품성을 강조하는 것은 존 맥스웰이 "품성의 함양이 인간 성장의 수준을 결정한다"고 말하듯, 우리가 좋은 품성을 얼마나 갖추느냐에 따라 우리의 성장 수준이 달라지게 되기 때문이다. 좋은 품성의 함양이야말로 우리들 성장의 기반이자 엔진인 것이다. 그러나 사람들은 대체로 겉모습에 많은 신경을 쓰고, 내면을 소홀히 하는 경향이 있는데, 존 맥스웰은 "내면을 더 갈고닦을수록 시간이 지나면서 외면 또한 더 좋아지게 된다"고 하였다. 즉, 내면의 됨됨이가 외면에 영향을 주게 된다는 것인데, 그는 "우리가 마음, 정신, 영혼을 소홀히 하여 돌보지 않으면, 내면뿐만 아니라 외면까지 망가져 버린다"고 말하고 있다.

따라서 우리는 먼저 내면을 반듯한 품성으로 채워야 한다. 그것이 우리들 성장의 토대가 될 것이다.

다행스러운 것은 그 내면은 바꿀 수 없는 것이 아니라, 우리가 주도권을 갖고 얼마든지 계발할 수 있다는 점이다. 그럼에도 우리가 품성으로 좌우할 수 있는 선택권을 제대로 발휘하지 못한다면 결국 우리는 우리 삶의 주도권을 포기하는 것이 되어 다른 사람들의 삶에 끌려다니게 되고 만다는 것이 또한 존 맥스웰의 견해이다.

그러면 어떻게 행동화할 것인가?

i) 시간을 내라

'시간을 내야 한다'는 것은 계획된 일들을 실행하는 데 필요한 시간인데, 우리가 생활을 하다 보면 여러 일에 쫓겨 시간을 내기가 쉽지 않다. 그러나 진정으로 자신을 사랑하는 사람이라면 "자신에게 한턱 쓰라"고 한 이언 시모어의 말과 같이, 지금까지 열심히 달려온 자신에게 잠시 쉬면서 스스로의 힘을 키울 시간을 주어야 한다. 랍비 힐렐(Hillel)은 "자기가 자신을 위하지 않으면 누가 자신을 위한단 말인가?"라고 묻고 있는데, 자신을 아름답고 빛나게 만들 시간을 반드시 가져야 한다. 오비드(Ovid)는 "휴식을 가져라, 휴식을 취한 땅은 풍성한 수확을 안겨 준다"고 하였는데, 괴테가 "사람은 최소 하루 한 번은 소곡(小曲)을 들어야 하고, 좋은 시 한 편을 읽어야 하며, 아름다운 그림 한 폭은 감상해야 하고, 가능하다면 이치에 맞는 말 몇 마디는 해야 한다"고 한 이것이 시간을 낸 만큼 우리를 풍성하게 해 주는 것이 아닐까 한다. 그리고, 격언에도 "일만 하고 쉬지 않으면 바보가 된다"고 하였다. 하여 우리는 잠시 여유를 갖고 쉬면서 가치 있는, 바람직한 나를 만들기 위해, 신께서 우리에게 주신 특별한 재능, 위대한 씨앗을 잘 꽃피울 수 있는 시간을 반드시 가져야 한다.

다음의 이언 시모어가 전하는 〈시간을 내라(Take Time)〉는 시를 읽어 보자.

시간을 내라

'생각할' 시간을 내세요, 힘의 근원이 됩니다.
'즐길' 시간을 내세요, 영원한 젊음의 비결입니다.
'독서할' 시간을 내세요, 지혜의 근간이 됩니다.
'사랑하고 사랑받을' 시간을 내세요, 신께서 주신 특권입니다.
'다정하게 대할' 시간을 내세요, 행복으로 가는 길입니다.
'웃을' 시간을 내세요, 영혼의 음악입니다.
'베풀' 시간을 내세요, 이기적으로 살기에는 너무 짧습니다.
'자선을 할' 시간을 내세요, 천국으로 가는 열쇠입니다.

우리가 조금만 시간을 내어도 이처럼 보람된 많은 축복을 받을 수 있는 것이다. 그러므로 우리가 멋진 인생, 아름다운 인생을 살고자 한다면 제아무리 바쁘더라도 자기수련을 위한 시간은 반드시 내야 한다. 브라이언 트레이시도 "최고가 되기로 결심하였다면, 어떤 대가를 치르고라도, 어떤 희생을 감수하고서라도 어떤 시간이라도 투자해야 한다"고 조언하고 있다. 나는 내가 위해야 한다. 나를 위한 시간은 반드시 내야 한다.

ii) 도전을 위해 분투노력하라

귀중한 시간을 만들어 냈다면, 이제는 그 시간을 귀하게 사용해야 한다. 귀하게 사용한다는 것은 계획목표들을 이루기 위해 일미칠근(一米七斤: 쌀 한 알을 만들려면 농부가 일곱 근의 땀을 흘려야 한다)의 자세로 촌음을 아껴서 자신을 단련시켜야 한다.

속담에 이르길 "사람은 누구나 자기 행복의 개척자이다. 갈고닦지 않는 보석은 빛나지 않는다" 하였고, 키케로(Marcus Tullius Cicero)는 "아무리 비옥한 땅도 경작하지 않으면 열매를 맺지 못하듯, 배우지 않는 지성도 마찬가지다"라고 하였다(배움에 관해서는 앞의 역량에서 논하였다. 참고 바람). 자신 안에 영웅이 숨 쉬고 있고, 신께서 심어 놓은 위대함의 씨앗이 숨죽여 기다리고 있어도 연마하지 않으면 결코 위대한 빛을 낼 수가 없다.

다음 장석주의 시 〈대추 한 알〉을 읽어 보자.

대추 한 알

장석주

저게 저절로 붉어질 리는 없다
저 안에 태풍 몇 개
저 안에 천둥 몇 개
저 안에 벼락 몇 개

저 붉은 한 알의 대추는 몰아치는 태풍과 내려치는 천둥 · 번개의 험한 고통(고난)과 모진 시련을 꿋꿋이 이겨내고, 불어오는 미풍에 영롱한 자태를 한들거리며 뽐내고 있다. 마치 만화나 영화에서 무림 최고수가

적들을 추풍낙엽처럼 제압하고 머릿결을 날리며 산 정상에 늠름히 서 있는 모습을 연상하는 것은 어떨까. 자랑스러운 '나'가 되기 위해서는 절차탁마(切磋琢磨: 옥·돌 등을 갈고 닦아서 빛을 냄, 즉 열심히 학문과 덕행을 닦음), 각고의 노력이 요구된다.

다음 윌리엄 펜(William Penn)의 명언을 들어 보자.

> 고생하지 않고는 열매를 거둘 수 없고,
> 가시밭길을 걷지 않고는 왕의 길을 걸을 수 없으며
> 쓴맛을 보지 않고는 영광을 맛볼 수 없고
> 고난을 이겨내지 않고는 왕관을 쓸 수 없다.

참으로 의미심장하지 않은가. 〈대추 한 알〉과 별반 다르지 않다. 고난이 인간을 강하게 만들고, 역경이 사람을 위대하게 만든다고 했다. 자신이 소망하는 인물이 되는 월계관을 쓰기 위해 어떠한 한계에든 도전하고 분투노력해야 한다. 짐 론은 우리에게 다음과 같이 묻고 있다.

> 모든 생명체는 최대한 성장하려 죽을힘을 다하나 인간은 그렇지 않다.
> 나무는 얼마나 크게 자랄 수 있나? 자랄 수 있는 한 가장 크게 자란다.
> 반면에 인간에게는 존엄한 선택권이 주어져 있다.
> 우리 인간은 모든 가능성을 발휘할 수도 있고 그렇지 않을 수도 있다.
> 모든 도전에 맞서 자신이 어디까지 뻗어 나갈 수 있는지 확인해 보고 싶지 않은가?
>
> (John C. Maxwell, *The 15 Invaluable Laws of Growth*, Center Street, 2012)

이 물음에 대한 답은 평범(Average)의 옷을 벗어 버리는 것이다. 평범에 대한 에드먼드 가우데트(Edmund Gaudet)의 말을 들어 보자.

'평범'은 밑바닥의 꼭대기, 가장 나쁜 것 중 나은 것,

꼭대기의 밑바닥, 가장 좋은 것 중 가장 나쁜 것.

'평범'은 뻔하고, 그저 그렇고, 있으나 마나 하고, 시시하고, 별볼일 없는 것.

'평범'은 게으름뱅이가 인생이라는 무대에 당당히 설 배짱도 없이 태만하게 되는 대로 살아가면서 하는 변명.

'평범'은 아무 목적도 없이 공간만 차지하는 것, 인생에 무임승차하는 것, 자신에게 투자한 신에게 이자 한 푼 지불하지 않는 것.

'평범'은 삶으로 시간을 흘려보내는 게 아니라 시간으로 삶을 흘려보내는 것, 죽을힘을 다해 일하는 게 아니라 그냥 시간을 죽이는 것.

'평범'하게 산다는 것은 자기 자신, 인류, 신에게 크나큰 범죄를 저지르는 것.

가장 슬픈 묘비명은 이것이다. "평범 씨 여기 잠들다, 자신이 평범하다고 믿지만 않았더라면 자신이 이룰 수 있었던 것도 모두 여기 잠들어 버렸노라."

(John C. Maxwell, *The 15 Invaluable Laws of Growth*, Center Street, 2012)

우리는 자기 삶의 도전과 분투 없이 현실에 안주하여 '중간만 가면 된다'는 사고방식을 가지고 평범하게 그리고 편안하게 지내려고 하는데, 이 같은 생각은 나이가 들수록 더욱 농후해진다. 그러나 가우데트의 말에서 보듯, 결코 바람직한 것이 못 된다.

다시 한 번 인생 후반전을 생각하며 다음의 법정 스님이 전하는 말씀을 들어 보자.

늙어 가며 자신에 대한 관리가 소홀하면
그 인생이 초라하게 마련이다.
꽃처럼 새롭게 피어나는 것은 젊음만이 아니다.
나이를 먹을수록 한결같이 자신의 삶을 가꾸고 관리한다면
날마다 새롭게 피어날 수 있다.
화사한 봄의 꽃도 좋지만
늦가을 서리가 내릴 무렵에 피는
국화의 향기는 그 어느 꽃보다도 귀하다.

(류시화 엮음, 『살아있는 것은 다 행복하라』, 조화로운 삶, 2006)

아널드 베넷(Arnold Bennett)은 "실제 가장 슬픈 비극의 주인공은 삶에서 최상의 노력을 다 기울이지 않는 사람, 자신의 모든 능력을 발휘하지 않는 사람, 자신의 한계에 용감히 맞서지 않는 사람이다"라고 하였다.

존 그린리프 휘티어(John Greenleaf Whittier)는 "입이나 펜에서 나오는 모든 슬픈 말들 중 가장 슬픈 말은 '그럴 수도 있었는데'"라고 하였는데, 내 인생이 어느 정도 흐른 후 이 같은 후회와 한탄을 남기지 않으려면 독수리나 솔개와 같이 구각을 벗고 제2의 삶을 위한 환골탈태의 분투가 있어야 한다. 독수리나 솔개는 스스로 자신이 지니고 있는 모든 깃털, 발톱, 부리를 처절할 정도로 짓부숴 버린다. 그리고 새것으로 바꾼다. 물론 그

같은 행위가 결코 쉬운 것은 아니다. 그러나 신께서 주신 위대함을 이루는 일에 비한다면 그만한 각오는 있어야 하지 않을까.

제임스 론(James Rohn)은 자신을 성장시키기 위한 "자기 훈련의 아픔은 가볍다"고 말하는데, 여기에 덧붙여 존 맥스웰은 다음과 같이 말하고 있다.

> 자기 훈련에 대해 사람들은 둘 중 하나를 택한다.
> 희생을 통한 성장에서 오는 자기 훈련의 아픔을 택하든지
> 아니면 쉽게 살다가 기회를 놓치고 나서 한탄하는 통한의 아픔을 선택하든지 한다.
> 자기 훈련의 아픔은 가볍다. 하지만
> 후회의 아픔은 천만근처럼 우리를 짓누른다.
>
> (John C. Maxwell, *Developing The Leaders Around You*, Thomas Nelson, Inc., 1995)

오래된 격언에도 "고생이 백 근이면 후회는 천 근이다"라고 하였다. 자신의 미래를 위한 단련을 성장통이라 생각하고, 무림 최고수가 되기까지 피나는 각고의 노력을 마다하지 않듯 자기 훈련의 아픔을 감내하자. 그리고 환골탈태한 독수리처럼 변한 자신을 그리며 "나는 과거의 내가 아니야!" 하고 외치자.

그러기 위해 브라이언 트레이시의 다음 말을 의미있게 받아들이고 의미 있는 행동으로 옮기는 것은 어떨까?

> 인생 최상의 날들이 그대 앞에 놓여 있다.
> 가장 행복한 순간들은 아직 오지 않았다.
> 미래는 그 어떤 과거보다 멋질 것이다.

과거는 당신의 미래가 아니다.

그 순간들, 그 미래를 위해 열심히 나아가자.

iii) 열정을 갖고 인내하라

모든 위대한 성취는 열정과 인내의 산물이다. 앞 단계에서의 분투노력도 열정과 인내의 뒷받침 없이는 지속해 나가기 어려운 것이다. 작심삼일이 되지 않도록 반드시 열정과 인내가 뒤따라 주어야 한다. 오식 자신의 열정과 인내로 계획목표를 성취하려 노력해야지 어떤 행운이나 요행을 기대해서는 안 된다.

지그 지글러는 "성공으로 가는 엘리베이터는 작동하지 않는다. 그러나 계단은 항상 열려 있다"고 하였다. 정상을 오르는 그 가파른 계단을 열정과 인내로 오르려 한다면 언제나 기회는 주어지는 것이다.

그대, 최고의 교양인이 되고 싶은가? 브라이언 트레이시는 "매일 15분씩 위대한 고전 문학 작품들을 읽으면 7년 후에는 지금까지 쓰인 가장 위대한 작품 100권을 독파할 것이고, 당대의 가장 교양 있고 박학다식한 사람들 가운데 한 사람이 될 것이다"라고 하였다. 우리의 매일이 바쁘고 힘들더라도 촌음의 시간을 아껴 무엇이든 하고자 하는 열정과 인내로 마주하면 된다. 링컨은 단지 책 한 권을 빌리기 위해 수 마일을 걸어갔다. 이런 열정을 발휘해야 한다.

내 꿈, 나의 인물상은 이루어져야 한다. 그대, 지금까지 지지리도 못나게 살아온 그 인생이 불쌍하지도 않은가?

춘향전에서 춘향이가 변 사또에게 아무 죄도 없이 끌려가 모진 고통을 당하고, 가녀린 여인의 몸으로 장을 맞고, 그리고 옥에 갇혀, 더 이상

참지 못하여 자신을 포기하고 말았다면 얼마나 가여운가? 그녀는 그 엄청난 고통 앞에 얼마나 포기하고 싶었을까. 그랬다면 그녀의 인생은 얼마나 불쌍한가? 그러나 그녀는 끝까지 포기하지 않고 견디고 또 견뎌 냈다. 결국 그녀는 나라로부터 정렬부인으로 봉해지고 이 도령의 정실부인이 되었다.

걷기가 자신의 건강을 위한 명약임을 모르는 사람은 없다. 히포크라테스도 "걷는 것이 최상의 보약이다"라 하였다. 그러나 그 보약이 되는 걷기도 매일 실행한다는 것이 만만치 않고 꾀가 나서 '오늘만은 예외로 하자' 또는 '오늘만은 특별한 일이 있으니까' 하며 하지 않는다. 이렇듯 어떤 일을 지속적으로 한다는 것은 그 일에 대한 열정과 인내가 없이는 불가능한 것이다.

다음의 작가 데비 매컴버(Debbie Macomber)의 예화를 들어 보자.

〈예화〉

데비 매컴버는 작가가 되려는 자신의 꿈을 추구하려고 결심한다. 그녀는 타자기를 임대해서 주방 테이블 위에 올려놓고 매일 아침 아이들이 학교에 간 다음 타이프를 치기 시작한다. 아이들이 집으로 돌아오면, 그녀는 타자기를 치우고 저녁 식사를 만들어 준다. 아이들이 잠자리에 들면, 그녀는 다시 타자기를 주방 테이블 위에 올려놓고 또다시 타이프를 친다. 그녀는 그런 생활을 2년 반 동안 해온다.

그러던 어느 날 밤 남편인 웨인(Wayne)이 그녀에게 이렇게 말한다.

"여보, 미안하지만, 당신은 아무런 수입도 못 올리고 있어. 우리는 더 이상 이렇게 지낼 수가 없어. 내 수입만으로는 살 수가 없거든, 뭐라도 좀….”

데비는 자기가 집안 살림을 유지하고 네 아이들을 책임지기 위해서 1주일에 40시간씩 일을 해야 한다면, 글쓰기를 포기해야만 한다는 절망감에 싸인다. 그녀는 그날 밤 비탄에 잠겼고, 마음이 너무나 무거워서 잠을 이룰 수가 없었고, 어두운 침실에서 천장만을 뚫어져라 쳐다보았다.

다음 날 아침에 그녀는 남편에게 말한다.

“여보, 난 징말로 작가로서 성공할 수 있어요. 난 정말로 그렇게 생각해요.”

웨인은 오랜 시간 침묵을 지킨다. 그런 다음 대답한다.

“알았어, 여보, 그럼 그렇게 해.”

그렇게 해서 데비는 다시 자신의 꿈을 찾아 주방 테이블 위에 타자기로 되돌아갈 수 있었고, 또다시 2년 반 동안 한 장 한 장 타이프를 쳐나갔다. 그녀의 가족은 그동안 휴가도 없었고 1페니짜리 동전까지도 아꼈으며, 헌 옷들을 입고 지냈다.

그런 희생과 인내가 마침내 결실을 보게 되었다. 5년 동안의 고군분투 끝에 데비는 자신의 첫 번째 책을 펴내게 되었으며, 현재까지 그녀는 100권 이상의 책들을 출판했고, 많은 책들이 『뉴욕타임스』 베스트셀러 목록에 올랐다.

(Jack Canfield & Janet Switzer, *The Success Principles*, Harper Collins, 2005)

이 예화는 “인내는 쓰나 그 열매는 달다”라고 하는 루소의 말을 실감케 하고 있다. 탐험가 피어리(Robert Peary)는 북극에 도착하는 데 7번을 실패했고 8번 만에 성공했다. 그리고 인내의 증거(대명사)라고 할 수 있는 작가 터니 오델(Tawni O'Dell)은 13년 동안 6권의 출판되지 않는 소설을 썼고, 300장의 거절 쪽지들을 받았다. 그러던 그녀의 첫 번째 소설인 『시골길들(Back Roads)』이 2000년 1월에 출판되었고, 오프라 윈프리(Oprah Winfrey)는 오프라 북 클럽(Oprah Book Club)에 그녀의 책을 선정했고, 그 소설은 『뉴욕타임스』 베스트셀러 목록 제2위에 8주 동안이나 올라 있었다. 열정과 인내의 맛은 참으로 달콤하고 짜릿하다.

에디슨도 "나의 성공은 한 가지 일에 매달려 중단 없이 지속적으로 노력하는 능력 덕분이다"라고 하지 않았던가, 우리도 그리하자.

다음 에드거 앨버트 게스트의 〈포기하지 말라〉는 시구 중 몇 수만 읽어 보자.

포기하지 말라(Don't Quit)

에드거 앨버트 게스트

터벅터벅 걷는 길마다 오르막으로 보일 때
돈은 떨어지고 빚만 쌓여 갈 때
웃고 싶어도 한숨만 나올 때
주변의 관심이 오히려 부담스러울 때
아무리 힘들어도 끝까지 싸워 나가라
아무리 일이 잘못되어 가는 듯 보여도 포기하지는 말라
쉬어야 한다면 쉬더라도 포기하지는 말라
어느 날 갑자기 성공이 찾아올 수 있으리니.

고지가 바로 저기인데 여기서 포기할 수는 없지 않은가.

위대한 성공은 한결같이 온통 포기하고 싶은 심정뿐인 그 시점에서 참고 또 참는 엄청난 인내에서 이루어진다. 공자도 "가장 위대한 승리는 결코 쓰러지지 않는 것이 아니라 쓰러질 때마다 다시 일어나는 것이다"라고 하듯이, 비틀거릴지언정 열정과 인내로 버텨 낸다면 기필코 자신의 목표에 도달하고야 말 것이다.

③ 습관화

계획화한 것을 행동화한 다음에는 그 행동화가 습관화되어야 한다. 일상화 · 습관화되어야만 계획된 것들이 완성되어 소망하는 인물이 될 것이다.

흔히 "인간은 습관의 동물"이라고들 말하는데, 윌리엄 제임스도 "인간의 삶이란 습관의 다발"이라 하였고, 아리스토텔레스는 "인간은 반복적으로 행하는 것에 따라 결정되는 존재이다. 따라서 탁월함이란 한 번의 행동이 아니라 바로 습관에서 나오는 것이다"라고 하였으며, 파스칼은 "습관은 제2의 천성"이라고 했다. 그러므로 우리가 어떠한 습관을 어떻게 들이느냐에 따라 우리의 인생이 좌우된다는 것이다.

스티븐 커비도 이렇게 말했다.

> 생각이 바뀌면 행동이 바뀌고
> 행동이 바뀌면 습관이 바뀌고
> 습관이 바뀌면 인생이 바뀐다.

결국 우리의 습관이 우리의 운명, 우리의 삶을 결정하게 되는데, 우리의 일상을 생각해 보면 대부분의 경우, 우리 일상에서의 행동들이 습관화된 대로 자연스럽게 자동적으로 흘러감을 알게 된다. 그 자연스럽게 흘러간다는 것은 어떤 특별한 생각이나 매 순간 일일이 행위를 결정해서 이루어지는 것이 아니라 습관화된 대로 크게 신경 쓰지 않고 거의 무의식적으로 이루어지고 있다는 것이다. 이 얼마나 편리하고 고마운 것인가. 물론 이것은 좋은 습관의 경우를 말하는 것이다.

우리는 좋은 습관을 길러야 한다. 그 습관을 기르기 위해 우리는 계획된 것을 계속 되풀이해서 실천해야 한다. 되풀이 또 되풀이하는 것이 습관화이다. 되풀이해서 실천하는 것은 무엇이든 새로운 습관이 된다.

브라이언 트레이시는 "좋은 습관을 기르고 그것을 주인으로 섬기라"고 하였다. 왜 주인으로 섬겨야 하는가? 격언에 "처음에는 우리가 습관을 만들지만, 나중에는 습관이 우리를 만든다" 하였고, 존 맥스웰도 "사람이 습관을 만들고 그 습관은 우리의 미래를 결정한다"고 하기 때문이다.

그렇다면 계획화한 것들을 어떻게 습관화된 행동으로 이끌 수 있는가?

이언 시모어는 '새로운 습관을 만들거나 나쁜 습관을 고치는 방법'을 제시하고 있는데, 그것을 'MADE IT-28(Make a Determined Effort – Invest the Time for 28 days)'이라고 하였다. 'MADE IT-28' 공식(formula)은 그냥 "노력하라(M.A.E: Make An Effort)"가 아니라 "단호한 노력을 보여라(M.A.D.E: Make A Determined Effort)"인 것이다. 즉, "28일간 단호한 노력을 투자하라"는 말이다. 연속 28일 동안 기존의 습관을 바꾸거나 새로운 습관을 만들기 위해 단호한 노력을 보인다면 정말로 좋은 습관을 들이게 될 것이라고 그는 강조하고 있다.

이언 시모어는 이 공식을 적용하는 3단계를 다음과 같이 제시하고 있다.

i) 1단계: 미루지 말고 당장 시작하라

이 1단계와 관련된 몇 가지 속담들을 종합해 보면 "가장 중요한 용기는 시작하는 용기이고, 시작은 성공의 절반이며, 성공은 시작에서 출발하는 것이니 오늘 할 수 있는 일을 내일로 미루지 말라"가 되겠는데, 어제보다 더 나은 미래를 만들기 위해 결코 오늘 해야 할 일을 내일로 미루어서는 안 된다는 것이다. 왜냐, 존 맥스웰은 "지금 해야 할 일을 미룰수록 실천하지 않을 가능성은 더 커진다" 하였고, 이언 시모어는 "지연은 실패의 가장 비극적인 요인 중 하나이다"라고 하였기 때문이다. 우리는 방학 때 자랑스럽게 계획을 세워놓고 "내일부터 시작이다", 다시 "내일부터 시작한다" 한 것이 방학이 다 끝나도록 시작 한 번 제대로 못 해 보고 끝난 경험들을 갖고 있지 않은가. 내일, 내일 하면서 미루기만 한 그 내일은 결코 오지 않았다.

다음 벤저민 프랭클린의 말을 들어 보자.

> 오늘 부름을 받을 때에 일을 하라.
>
> 오늘 하루는 내일 이틀보다 더 가치가 있다.
>
> 오늘 할 수 있는 일을 절대 내일로 미루지 말라.

오늘 해야 할 일, 오늘 할 수 있는 일을 오늘 하는 것이 원칙이고 순리이다. 그 순리, 그 원칙이 습관화되어야 우리의 계획된 일들이 순조롭게 성사될 수 있는 것이다. 오늘만큼은 오늘을 위해 자신 있게 살아 보자.

우리가 가지고 있는 가장 고약한 병 중의 하나가 미룸(미루는 것)인데, 이 미룸이 회피를 낳고, 회피가 구실(합리화)을 만들어 내고, 구실이 나태를 불러오고 나태가 파멸을 만들어 내게 된다. "오늘은 선물"이라고 했다. 그 오늘을 귀하게 활용하는 습관을 만들어 내자.

ii) 2단계: 한 번에 한 단계에만 집중하라

과도한 욕심을 내지 말고 한 번에 한 가지 습관을 만드는 데 초점을 맞추어야 한다. 능력 이상의 욕심을 내게 되면 힘에 겨워 일찍 지쳐서 쉽게 포기하고 만다.

마이클 린버그는 "만일 성공으로 가는 길이 있다면, 그것은 한 번에 한 걸음씩 천천히 걸어가는 것이다"라 하였고, 공자는 "천 리 길도 한 걸음부터 시작한다" 하였으며, 격언에도 "로마는 하루아침에 이루어지지 않았다"고 말하고 있다. 조급하게 욕심내지 말고, 멀리 내다보고 한 발 한 발 나아가야 한다. 과도하게 욕심내어 중도에 지쳐 쓰러지지 않도록 해야 한다.

브라이언 트레이시는 "코끼리를 어떻게 먹느냐?"는 물음에 "한 번에 한 입씩"이라고 답했다. "거대한 목표는 어떻게 성취하는가?" 이것도 거대한 코끼리를 먹는 방법과 똑같다. 즉, "한 번에 한 단계씩, 한 과제씩 성취한다"가 답이다. 어마어마한 작업을 한 번에 해치워 버릴 수는 없다. 어마어마한 코끼리를 한 입에 먹어 치울 수 없듯이. 그러나 한 번에 한 입씩 먹어서 그 거대한 코끼리를 다 먹어 치우듯 처음은 미미하여 보잘것없어 보이나, 성서(욥기)에서 말하듯 "시작은 미미하나 그 끝은 창대하리라" 하지 않았던가. 단테도 "아주 작은 불꽃에서 장엄한 화염이 폭발한다"고 하였다. "한 가지 성공이 또 다른 성공, 그리고 또 다른 성공으로 이어진다"는 이언 시모어의 말을 믿으며 하나하나 성취해 나가는 습관을 만들자.

iii) 3단계: 신념(굳은 결심)을 갖고 행동하라

'흔들림 없는 마음의 중심'이 신념이다. 인간은 신념에 의해 그 삶이 결정된다고 해도 과언이 아니다. 쇼펜하우어가 "인간의 본질은 의지이며, 인간 삶 자체도 의지가 이끌어 간다"고 하였는데, 그 의지의 주인이라고 볼 수 있는 것이 신념인 것이다. 신념이 제대로 서야 앞 단계들을 힘차게 추진해 나갈 수 있는 것이다.

아우구스티누스는 "신념은 아직 보지 못한 것을 믿는 것이며, 그 신념에 대한 보상은 믿는 것을 보게 된다는 것이다"라고 하였다. 신념은 지금은 없지만 있다고 믿는 확신인데, 신념이 결국은 지금 보이지 않는 것을 볼 수 있도록 해 준다는 것이다. 지금은 우리의 계획이 잘 보이지 않지만 신념만 확고하다면 머지않아 보게 될 것이라는 말이다.

신념은 불가능을 가능케 할 수 있는, 우리 인간 삶의 중요 요소이자 원동력으로, 이 신념이 없이는 우리의 꿈은 이룰 수가 없는 것이다. 현대그룹의 고 정주영 회장은 "길이 없으면 길을 찾으면 되고, 찾아도 없으면 길을 만들면 된다"고 말했다. 그는 보통 사람으로서는 도저히 할 수 없는 불가능한 일들을 해냈다. 그의 그 같은 굳은 신념이 그것을 가능케 한 것이다. 누군가가 '처음부터 길이 있는 것이 아니라 사람이 다니면 길이 생긴다. 운명이 있는 것이 아니라 내가 가면 그 길이 운명의 길이다'라 하였는데, 보통의 사람들은 어떤 도전 앞에서 의심과 두려움으로 좌절하거나 운명으로 돌리나, 그는 자신을 믿고 한 번 해서 안 되면 두 번, 세 번, 그리고 될 때까지 열 번 찍어 안 넘어가는 나무 없다는 신념으로 길을 열어 보인 것이다. 일찍이 카르타고의 명장 한니발도 "우리는 길을 찾거나 아니면 만들게 될 것이다"라고 하였다.

우리는 위대하게 태어난 존재이다. 적어도 2~3억 분의 1의 치열한 경쟁과정을 거쳐 이 세상에 태어난 위대하고 존귀한 존재이다. 위대한 존재인 만큼 위대하게, 존귀한 만큼 존귀하게 빛나는 인생을 만들어야 한다. 나 자신을 위대한 명작으로 만들어야 한다. 마이클 린버그는 "모든 사람의 감탄을 받으며 영원히 기억될 불후의 명작을 만드느냐, 아니면 잠재력이 묻어나지 않은 미완성의 졸작에 그치느냐는 그 일에 얼마나 진지하게 공헌하느냐에 따라 결정된다"고 하였다. 계획한 일들이 아무리 힘겹더라도 내 존재의 의미를 생각한다면 이대로 내 인생이 굴러가도록 내버려 둘 수는 없지 않은가?

죽음의 나치 수용소에서 악몽 같은 삶을 살아온 빅터 프랭클(Viktor Emil Frankl)은 "아우슈비츠(Auschwitz)에서 말로는 도저히 표현할 수 없는 공포를 겪었다. 배고픔, 추위, 수면 부족, 혹독한 노동, 육체적 · 정신적 고통, 죽음에 대한 끊임없는 위협과 공포, 질병 등등, 그러나 이 같은 비참한 상황에서조차 삶에 대한 의미를 부여할 수 있었고, 결국 그 존재의 의미 속에서 강한 신념으로 버티며 살아남을 수 있었다"고 말했다. 잠시 그 당시 그의 신념을 들어 보자.

> 1천 5백여 명의 수감자들이 거의 다 죽어 나가고 있고, 피골이 상접한 극한의 고통 속에서도 '나는 살 수 있다'는 굳은 신념을 갖고 다음과 같이 의지를 다졌다.
>
> "나는 죽어서는 안 된다. 끝까지 살아남아서 아내를 만나야 하고, 부모님을 만나야 한다. (이미 그의 부모님, 아내, 형 모두 이 수용소에서 사망했으나 그는 모르고 있었다) 그리고 나는 이 수용소에서 보고 느끼고 체험한 악랄한 참상을 전쟁이 끝나면 책으로 출간해 세상에 발표해야 한다."
>
> (안병욱, 『후회없이 살아라』, 자유문화사, 1998)

우리가 세운 계획이 아무리 힘겨워도 빅터 프랭클의 상황과는 비교도 안 될 것이다. 우리의 일분일초를 굳은 신념을 갖고 끊임없이 계획된 행동에 투자한다면 습관화의 깊은 뿌리를 내리게 될 것이다.

다음 도스토옙스키의 예화와 같은 생각을 갖고 행동하는 것은 어떨까?

〈예화〉

사형 선고를 받은 한 남자가 교수대로 끌려갔다.

이제 그에게 남은 시간은 겨우 몇 분,

죽음 앞에 선 그는

"만약 내가 죽지 않는다면!

내게 다시 삶이 주어진다면,

아! 그 영원함.

그 영원한 시간을 모두 내 것으로 만들 것이다!

1분을 1년같이 살 것이다.

단 1분도 낭비하지 않으리라!"

(Michael Lynberg, *Make Each Day You Masterpiece*, Andrews McMeel, 2001)

생에 대한 그의 바람이 하늘에 닿았음일까? 그는 사형 집행 직전, 극적으로 집행 유예로 풀려나게 된다. 이것은 도스토옙스키의 소설 속 이야기이나, 실제로 총살형이 언도되었다 풀려난 도스토옙스키 자신의 말이다.

"이 세상에 위대한 진실이 하나 있는데, 그것은 간절한 마음으로 원한다면 반드시 이루어진다"는 것이라고 코엘료(Paulo Coelho)는 말하면서, "무언가를 간절히 원할 때 온 우주는 그 소망이 실현되도록 도와준다"고 하였다.

다음 피그말리온(Pygmalion)의 예화를 한번 보자.

〈예화〉 사랑합니다. 그대 내 사랑이 되기를

이주향 교수

사랑에 빠져 키스를 나누는 열정적인
여인의 환상적 자태.
피그말리온은
"세상은 넓고 여자는 많아도 마음 놓고
사랑할 여자가 없다"고 한다.
왜 그에겐 그런 여인이 없었던 걸까?
그가 본 세상의 여자들은 헤픈 존재들,
'함께 꿈꿀 수 없는 여자,
함께 미래를 설계할 수 없는 여자였던 것'.
피그말리온과 정열적인 키스를 나누는
저 아름다운 몸매의 여인 갈라테아!
세상에는 간직해 둘 만한 가치 있는 여자가
없다고 세상의 여자를 사랑하지 못한 그가
직접 조각하여 만든 여인.
그는 자기 속의 여인을 현실화해
'아름답고 정열적이고 따뜻하고 정숙한 여인을.'

피그말리온은 상아로 아름다운 여인을 깎아 놓고
사랑의 여신 아프로디테에게 간곡히 빈다.
'눈 맑고 피부 맑은 내 여인이 마음 맑은 여인으로
따뜻하게 태어나기를, 피가 돌고 살이 붙어
자신과 사랑을 나눌 수 있기를!'

(『경향신문』, 2011. 4. 25., 29면)

그 간절한 기도는 사랑의 여신인 아프로디테의 마음을 움직여 결국 피그말리온의 소망이 이루어진다.

우리는 위대하게 태어난 만큼 우리의 삶은 소중한 것이다. 따라서 우리는 행복하고 아름다운 삶을 살아야 한다. 그러기 위해 계획된 일들을 아무리 힘겹더라도 습관화하여 완성시켜 나가야 할 것이다.

성서(〈마태〉 7:7)는 "구하라, 받을 것이다. 찾아라, 찾아질 것이다. 문을 두드려라, 열릴 것이다"라고 말한다. 그리고 이언 시모어도 "힘겨운 노력을 대신해 줄 마법이나 비법이나 영약은 존재하지 않는다. 유일한 비책은 굳은 결의와 인내뿐이다"라고 하였듯이, 하면 된다는 신념을 믿고 지속적으로 행동하면 습관화되어 결국 그 소망하는 인물로 아름답게 피어날 것이다.